桑名叢書Ⅲ

連鶴史料集

―魯縞庵義道と桑名の千羽鶴―

＜上＞現在の長圓寺（三重県桑名市）／＜下＞魯縞庵義道顕彰碑（長圓寺境内）

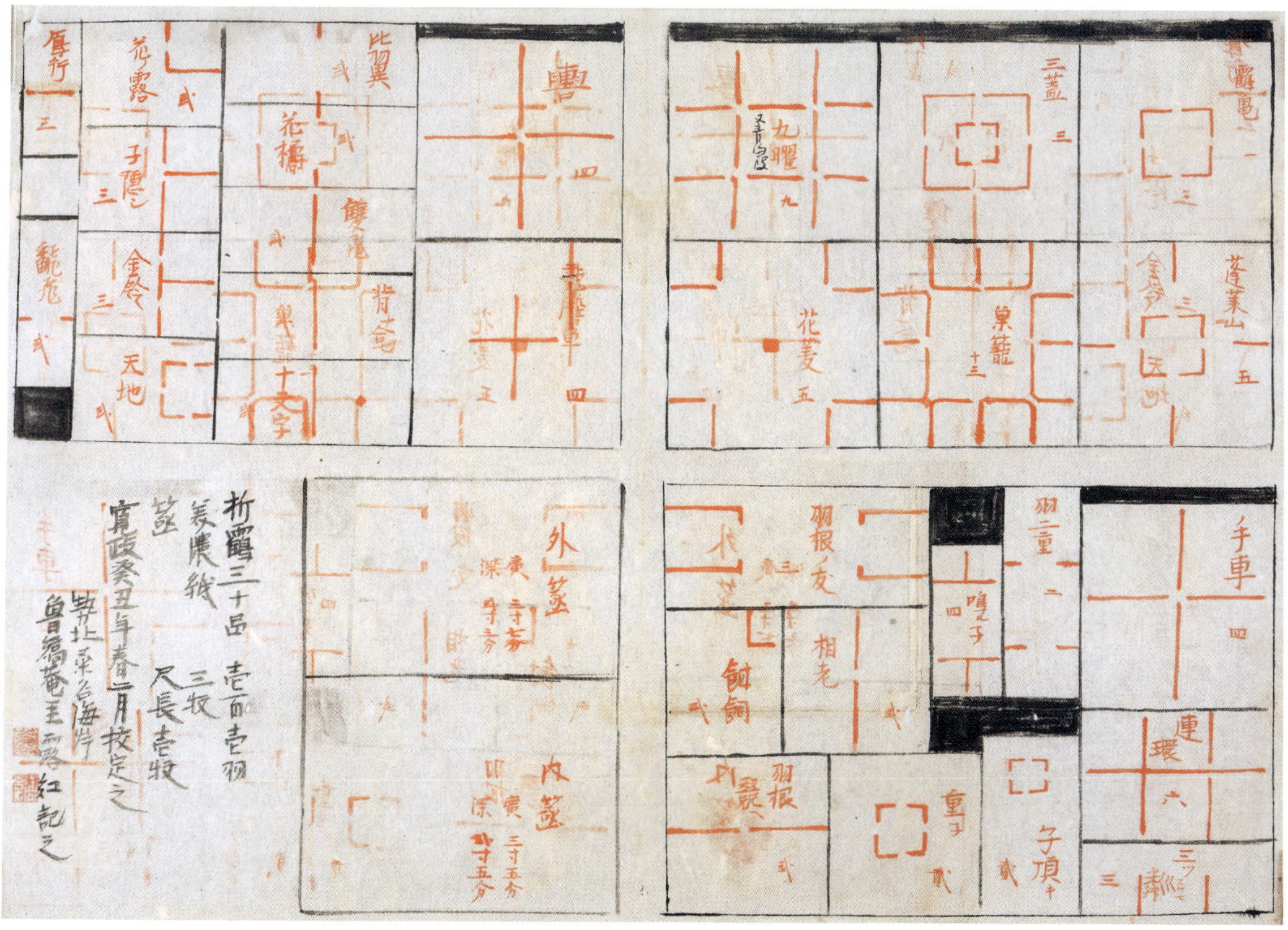

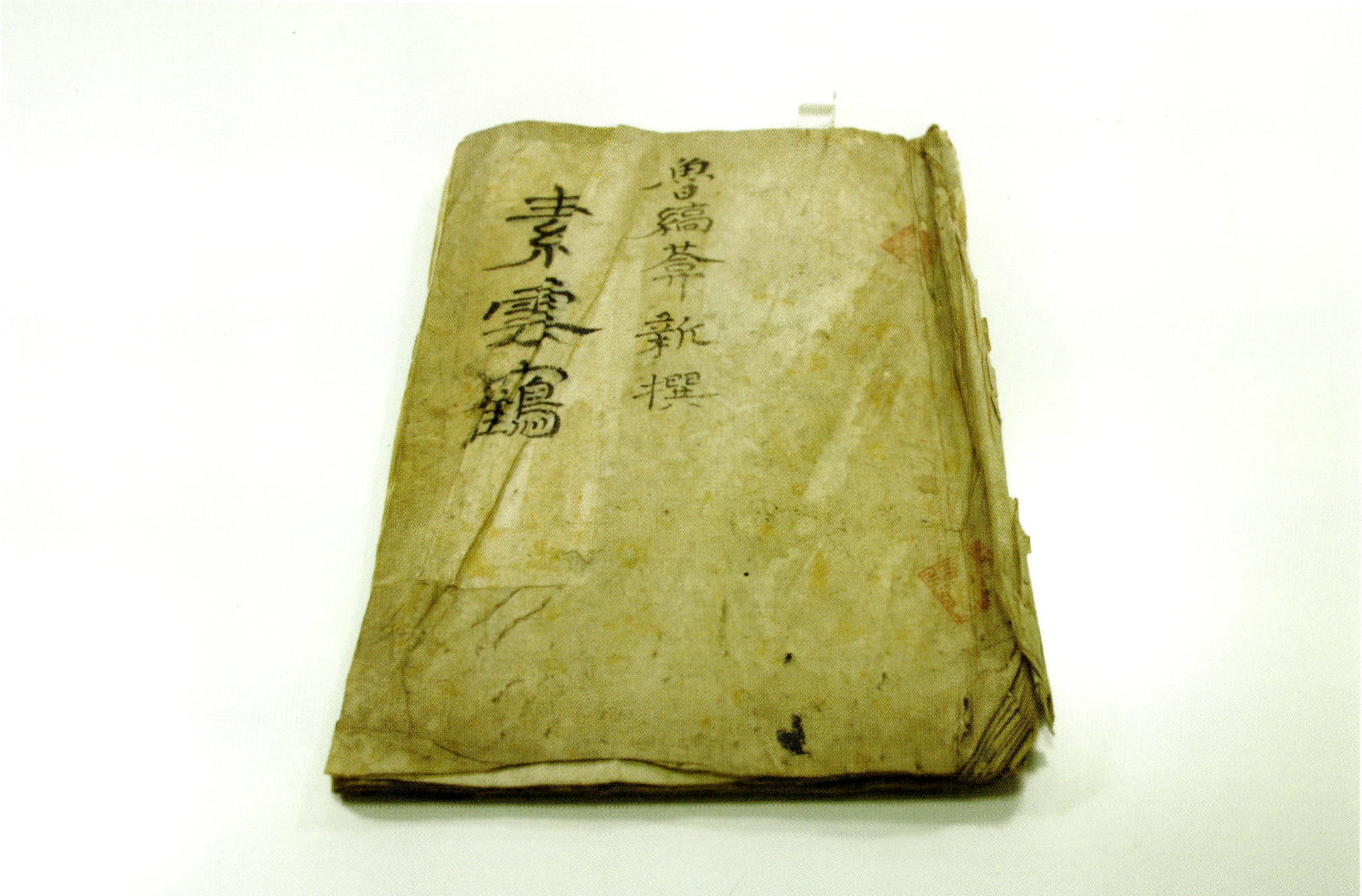

＜上＞『素雲鶴』の内／＜下＞修復前の『新撰 素雲鶴』

桑名の千羽鶴

（『秘伝千羽鶴折形』より復元）

青海波《せいがいは》

妹背山《いもせやま》

百鶴《ひゃっかく》

釣舟《つりふね》

葭原雀《よしわらすずめ》

楽々波《さざなみ》

呉竹《くれたけ》

雛遊《ひなあそび》

ごあいさつ

「桑名の千羽鶴」として知られる連鶴は、江戸時代中頃、桑名長圓寺の住職、魯縞庵義道によって考案されたものです。一枚の紙に切込を入れるだけで連続した鶴を折るという驚異的な技術は、『秘伝千羽鶴折形』という本の形で世に問われ、当時の人々からも絶賛されました。今日、『秘伝千羽鶴折形』に掲載された四九種類を、桑名市の指定文化財として伝承しておりますが、平成二六年に新たな史料が長圓寺から発見されました。

伊勢湾台風によって被害を受けていた史料の修復が完成したのを機に、新発見史料の印影をはじめ、魯縞庵義道に関する史料を含め、史料集を刊行する運びとなりました。収録のほとんどは初公開の史料です。

桑名発信の文化、正に「本物力こそ、桑名力。」の最たるものの一つと言えます。これを機に、桑名の千羽鶴がより羽ばたいていくことを期待するものです。

本史料集を刊行するにあたり、ご協力・ご尽力を賜りました関係各位に厚く御礼申し上げます。

平成二八年三月　桑名市長　伊藤徳宇

凡例

一、本史料集は、近年発見された連鶴に関する史料を、印影等によって広く知らしめる事を目的とする。

二、連鶴に関する史料と共に、その考案者である魯縞庵義道に関する史料を公表する事によって、より理解を深めるため、義道に関する史料を併載する。

三、本書の執筆は、桑名市博物館歴史専門官大塚由良美が担当した。

連鶴史料集　目次

魯縞庵義道について

連鶴の考案者魯縞庵義道は、桑名の長圓寺十一世住職である。九世住職昇道の二男として宝暦十二年（１７６２）六月二〇日に生まれ、幼名は岩松、得度して義道一圓と名乗る。「魯縞庵」は号である。

昇道の長男右近は早世しており義道は実質上跡継ぎであったと思われるが、三女（長女・次女早世）天留が京都光明寺から義聞を婿に迎え一〇世を継がせている。そして、明和六年（１７６９）に天留が一九歳の若さで没した。この時義道はわずか七歳である。義聞と天留の間に子どもは無く、義道は義聞の猶子となっている。そして、義聞が寂した天明元年（１７８９）十一世を継いでいる。弱冠十九歳である。これらの事情や年号も定かでは無いが、想像するに、昇道が病気などの理由で住職として職務が全うできなくなった時、義道があまりに幼く住職となる事が出来なかったため、天留に婿を取ったと思われる。天留と義道は十二歳も年の離れた姉弟である。九世を退いた昇道が寂したのは義道が三七歳の時で、昇道が住職を続けられなかった理由は謎である。

義道は幼少より折紙を好み、長圓寺を訪れた二人の人物に折形の秘伝を授けられている。そして、十八年の歳月をかけて、寛政五年（１７９３）にまず三〇種類の連鶴を完成させ、翌寛政六年（１７９４）までに「百鶴品目」「続百鶴品目」「続後百鶴品目」を完成させ、これらを集めて『素雲鶴』を著した。『素雲鶴』跋文には、「毎圖傍題於誂句成一小冊」とあるので、義道は一つ一つの連鶴に題名を付け、句を添えた冊子を作った事になる。この鶴の名前は『新撰　素雲鶴』にあるように漢文調の名前であったと思われるが、「句」は狂歌であったのか、俳句であったのか、残念ながら跋文では判然としない。

義道は更に二五種類を折り始めたりして、寛政九年（１７９７）には、これら百種類余の中から選抜した連鶴を編纂した『秘伝千羽鶴折形』が刊行された。義道はその後も連鶴を考案し、文政元年（１８１８）には『新撰　素雲鶴』を著したが、引き続き文政六年（１８２３）まで考案していた事が『新撰　素雲鶴』で確認できる。

このように、魯縞庵義道の出自と連鶴考案過程が新規に発見された史料で確認する事が出来たが、義道の文化面を見落としてはならない。義道は本稿でも紹介するように、『桑府名勝志』『久波奈名所図会』など多くの著書を著し、俳句や漢詩を嗜む文化的素養が高かった。このためか、木村蒹葭堂や桑名藩・長島藩の儒学者など多くの文人達と交流している。この度発見された『松響集』に、長圓寺本堂落慶のため、大名画人として著名な長島藩主増山雪斎に絵を依頼して下賜されている記述があり、長圓寺の戦災焼失が大変惜しまれるところである。

『秘伝千羽鶴折形』が刊行された事によって、連鶴を再現する事が出来、現在この折形は「桑名の千羽鶴」として桑名市の文化財に指定されている。

『素雲鶴』跋文

甲寅草稿　魯縞菴松響集

寛政六年（１７９４）に成った義道自筆の漢詩集であるが、ここに『素雲鶴　跋』が収められている。

内容は、義道は幼少の頃から折紙を好み、東海から来た人や北越から来た僧侶に様々な折形を教わった。そこで色々工夫し、寛政五年（１７９３）連鶴三十余種類を考案、翌春には七十余種類を完成させた。そして、寛政六年（１７９４）に、図毎に題と句を付けた小冊子『素雲鶴』を作った。その内容は、「新撰百品」「続百品」「拾遺百品」「増補百品」で、合計五百羽の連鶴に、「附録百品」とある。

素雲鶴跋
世稱書画者或圖百鳥百獸之形或写百
壽百福之字各自異趣以為奇観世余自
童形以来好剪白紙製於折形偶會于東
海游人授受於蝲蝦亀鶴之折形亦逢于
北越客僧傳習於蓮菱杜若之摸様遅々
春天論其巧拙無厭沉々秋夜揀其似
不似無倦旦暮能鍛練折形久矣去癸丑
春剪裁方紙狭序折鶴々々收討而漸得
三十品毎品或二羽三羽聯綿到十有余

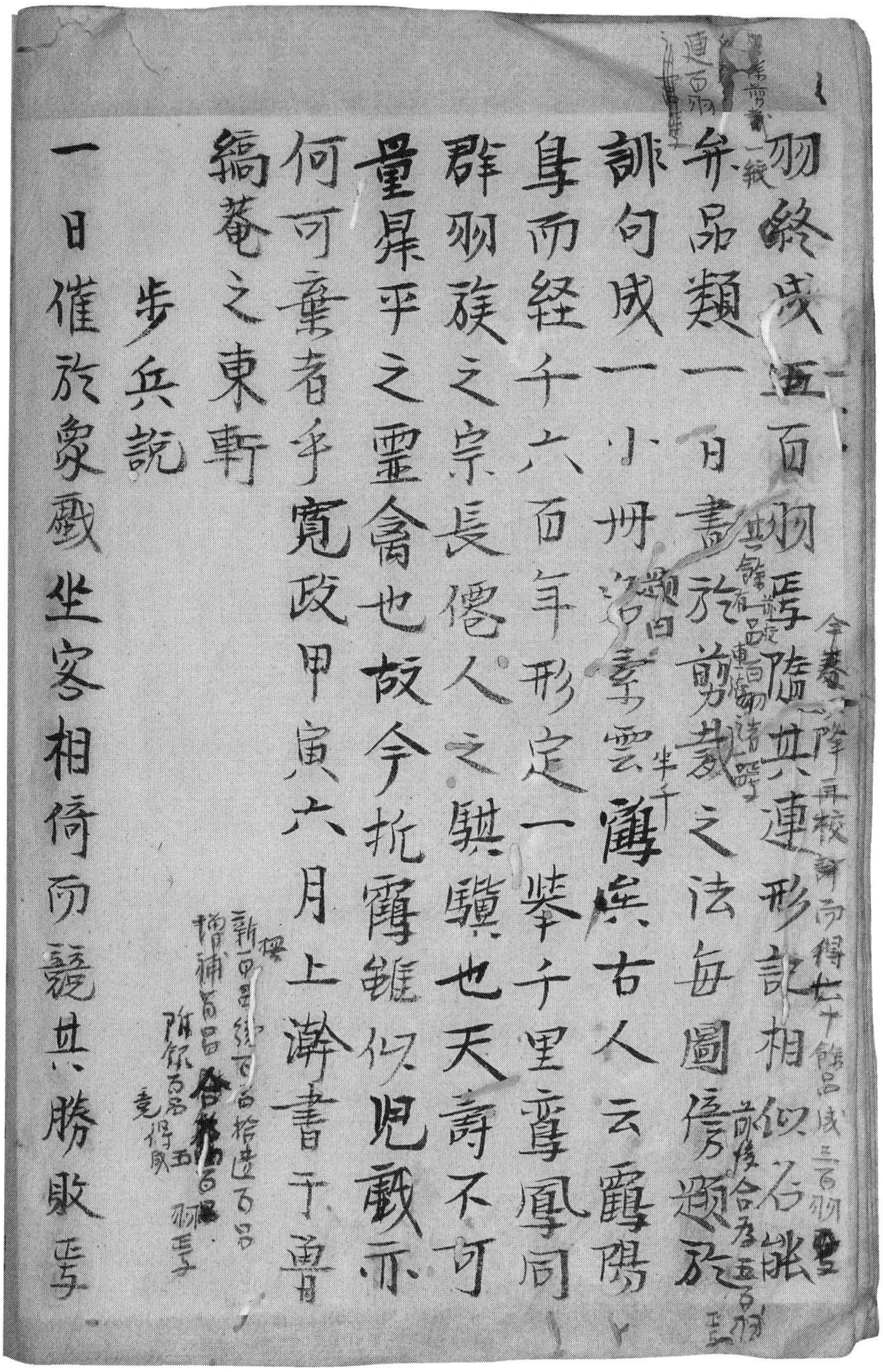
羽終成五百羽焉陰其連形訖相似者能
并品類一日書於剪裁之法毎圖傍題於
誹句成一小冊名云雋兵古人云爵陽
身而経千六百年形定一挙千里尊鳳同
群羽族之宗長僊人之騏驥也天壽不可
量鼎乎之靈禽也故今折鶴雖似児戯亦
何可棄者乎寛政甲寅六月上澣書于魯
縞菴之東軒

歩兵説

一日催於象戯坐客相倚而競其勝敗焉

『甲寅草稿　魯縞庵　松響集』より　『素雲鶴』跋文翻刻

素雲鶴跋

世稱書画者或圖百鳥百獣之形或写百
壽百福之字各自異躰以為寄観也余自
童形以来好剪白紙製於折形偶會千東
海游人授受於蠏蝦亀鶴之折形亦逢千
北越客僧傳習於蓮菱杜若之模様遅々
春天論其巧興拙無厭沈々秋夜揀其似
不似無倦且暮能鍛錬折形久矣去癸丑
創製於十百品
春剪裁方紙数庁折鶴日々校訂而新得
二　餘
三十品毎品或二羽三羽聯綿到十有余

一　今春以降再校詳而得七十餘品成三百羽焉
羽終成五百羽焉随其連形記相似名能
[虫]剪裁一紙　前校
連百羽　其餘一品百羽者焉
之十品焉　有　連游之一品　前後合為五百羽焉
弁品類一日書於剪裁之法毎圖傍題於
題曰　半千
誂句成一小冊名素雲鶴矣古人云鶴陽
鳥而経千六百年形定一舉千里鸞鳳同
群羽族之宗長僊人之騏驥也天壽不可
量昇平之霊禽也故今折鶴雖似児戯亦
何可棄者乎寛政甲寅六月上澣書于魯
縞庵之東軒

新撰百品続百品拾遺百品
増補百品合五百羽焉
附録百品
竟得成

『素雲鶴』の内

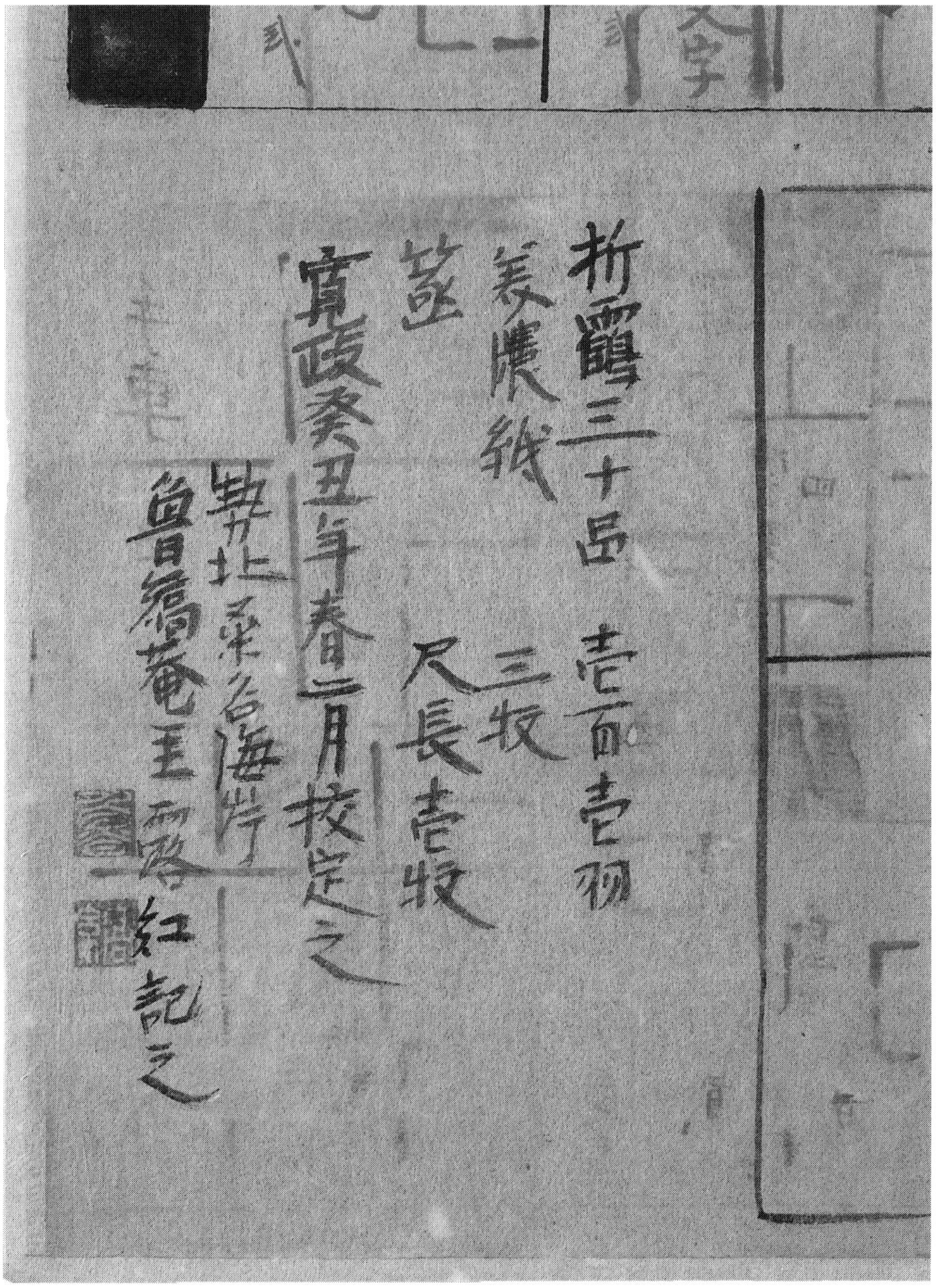
折鶴三十品　壱面壱羽
美濃紙　三枚
箋　尺長壱枚
寛政癸丑年春一月校定之
勢北桑名海岸
魯縞庵主　露紅記之

寛政癸丑年春一月（1793）の年号と、魯縞庵義道の署名と落款がある。これは、『松響集』に収められた「素雲鶴跋」の内容と符合し、義道が最初に考案した三十種類である。従って、跋文の「今春以降」に考案した七十種類と共に『素雲鶴』に収められていたと考えられる。

『素雲鶴』が本来どのような形であったのかは詳らかではないが、本書は美濃紙一枚にいかに効率よく製図をすれば良いかの実例を示したもので、義道は人々に示すため書いたものでないかと想像される。そして、義道は折り上げた連鶴を箱に入れて管理していたようで、本紙には箱の寸法まで記入されている。

また、本書では、義道は何故か「露紅」と署名している。本図が書かれた寛政五年頃義道は「魯縞」を「露紅」と署していたらしい事は木村蒹葭堂の日記でも確認する事が出来る。しかし、白文方印の落款は「魯」「縞」である。

本書は伊勢湾台風の浸水被害にあった『新撰　素雲鶴』の表紙の中に四折の状態で入っていたので、朱墨が滲んでしまっている。

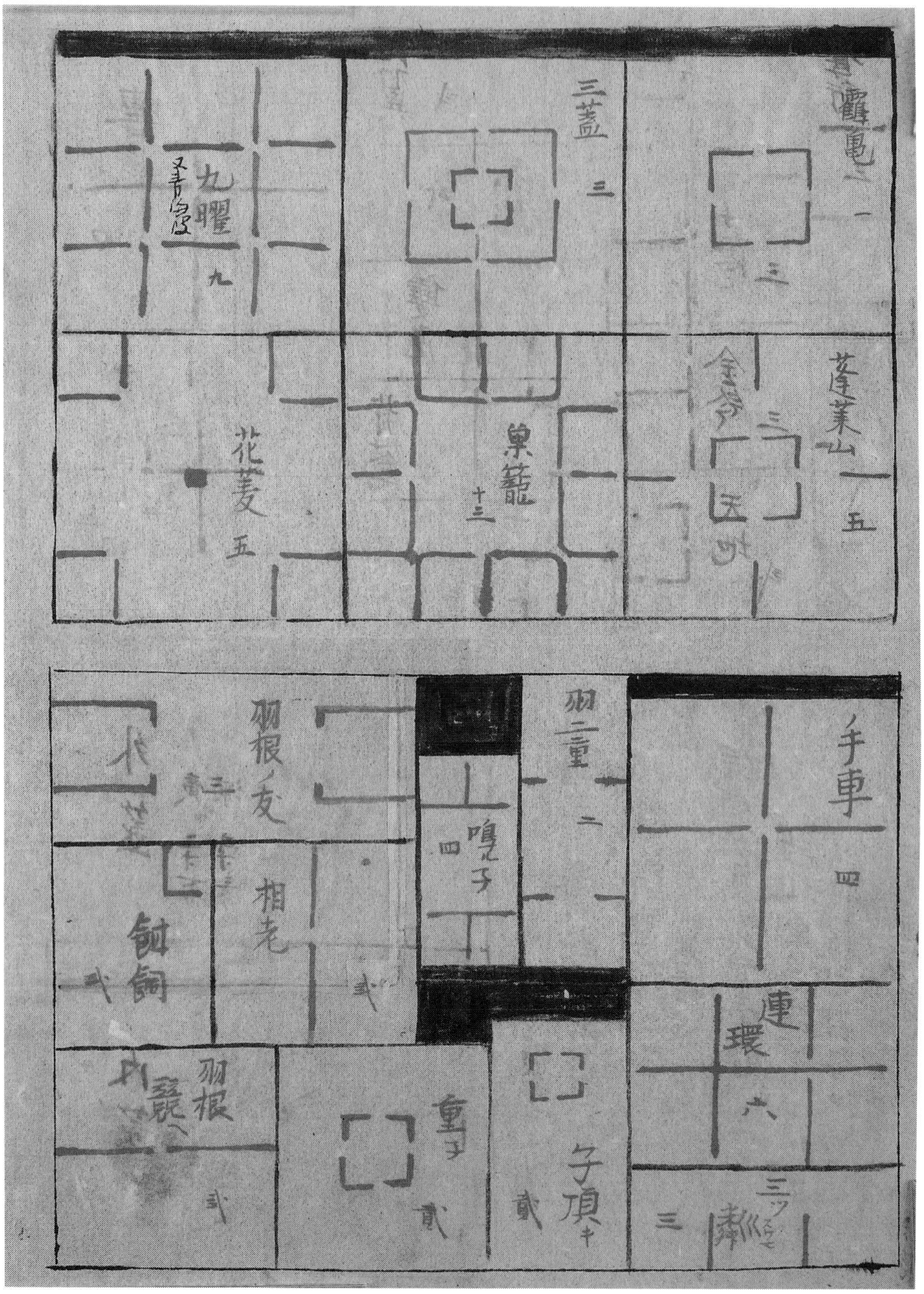
九曜
花菱
巣籠
蓬莱山
相老
手車
連環
鳴子

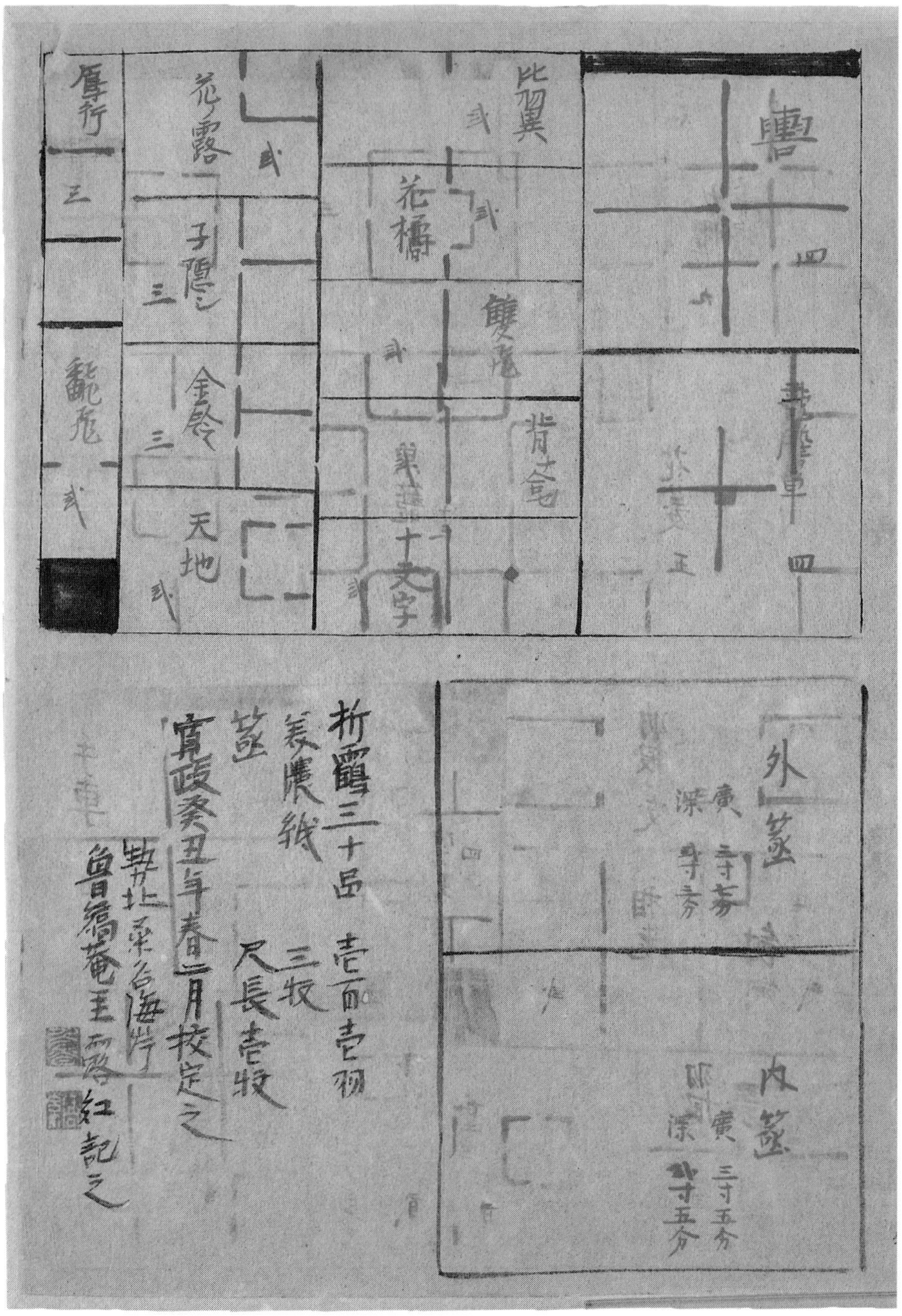

比翼
天地
十文字
外筥
内筥
折鶴三十品　壹百壹羽
美濃紙　三枚
筥　尺長壹枚
寛政癸丑年春二月校定之
勢北桑名海岸
魯縞庵主

魯縞庵義道所持『秘伝千羽鶴折形』

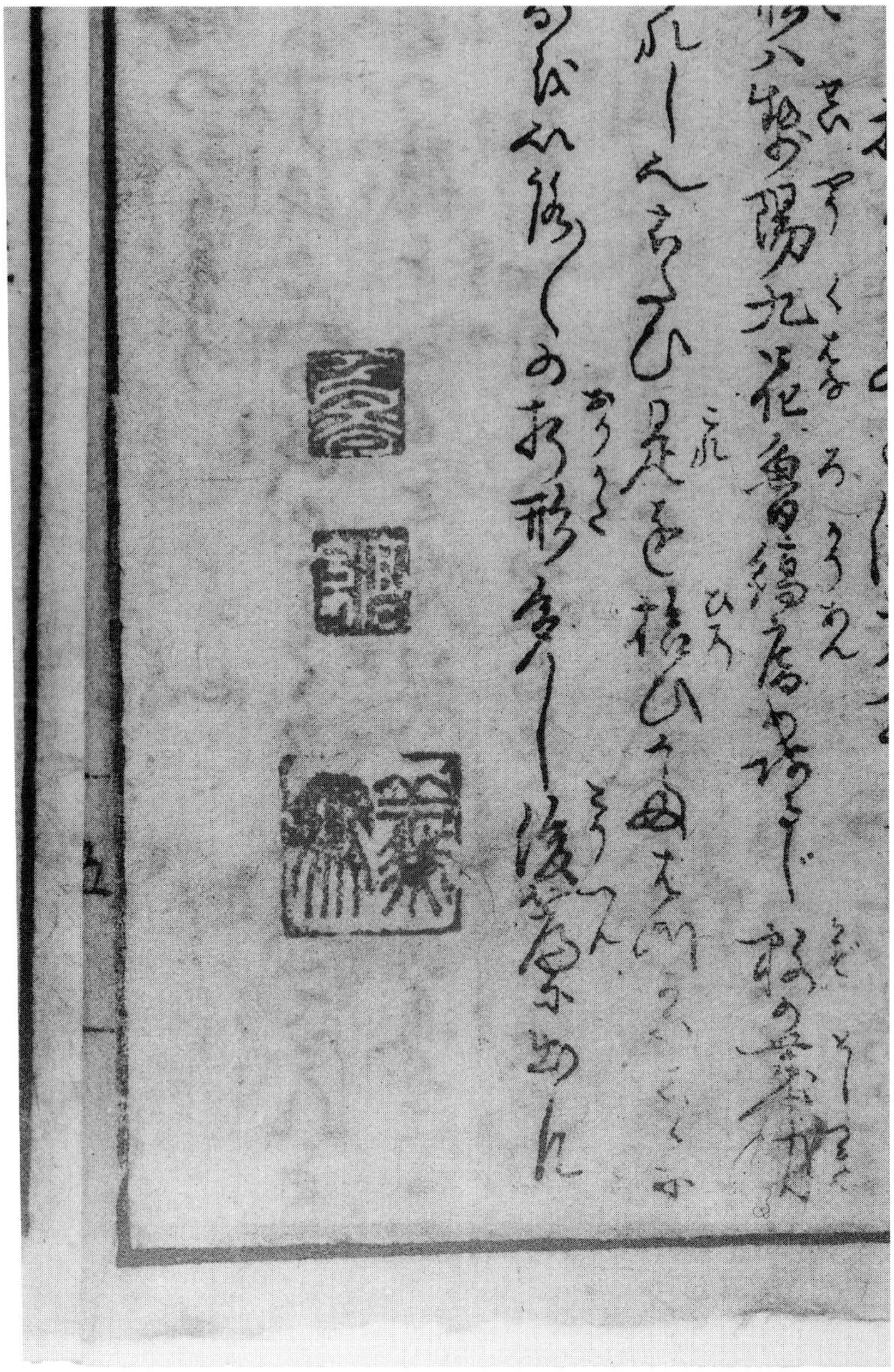

寛政九年（1797）に刊行されたもので、初摺本と思われ、線も鮮明である。

「鶴のおりやう」の中の「此鶴の折形は勢陽九花魯縞庵の主」と記された頁に、義道は自分の落款を押している。「魯」「縞」は白文方印で「義道」は朱文方印である。「魯」「縞」の落款は、一枚の状態の『素雲鶴』に押印されたもの（13頁参照）と同じである。

秘傳千羽鶴折形

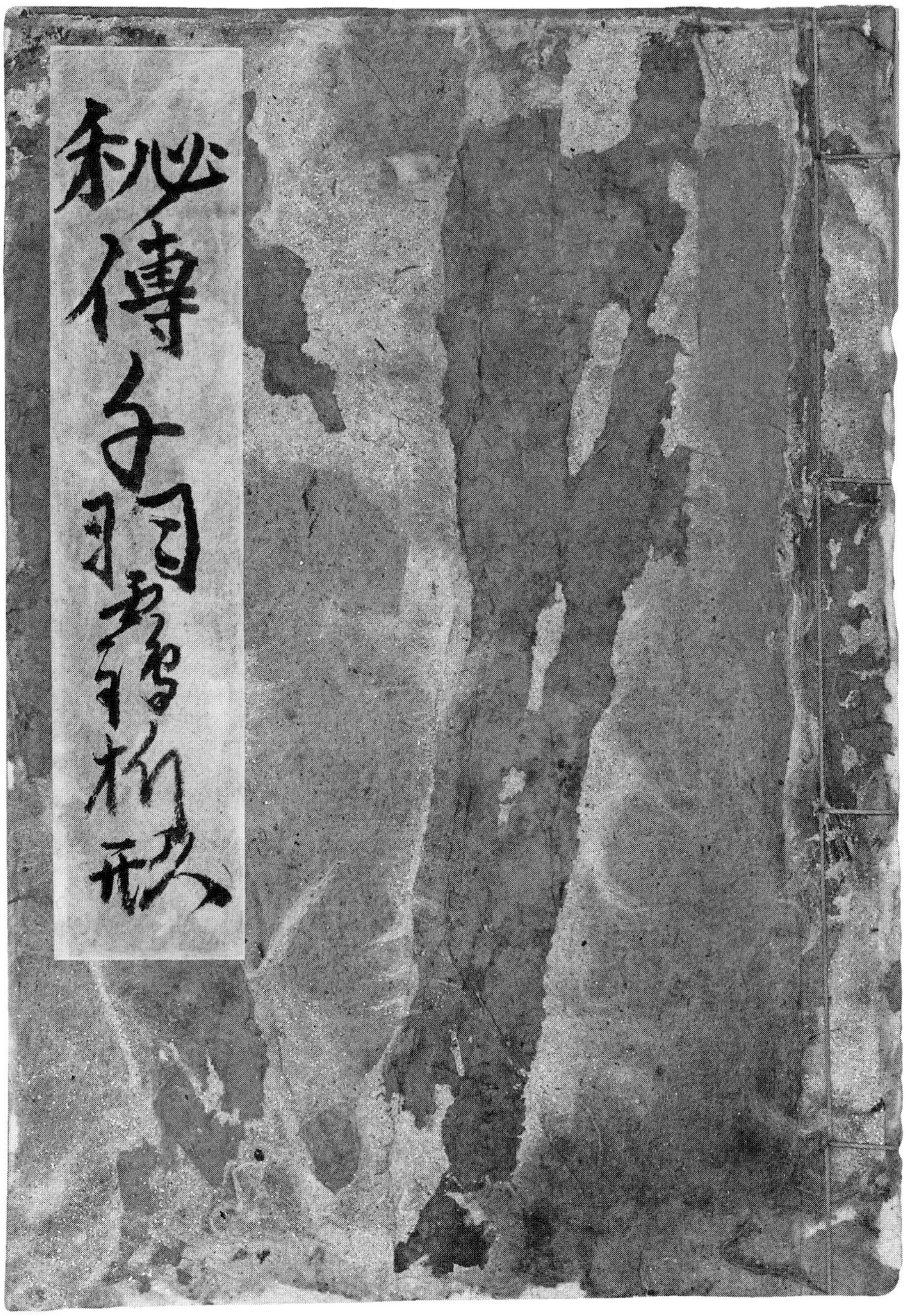

千羽鶴《せんばつる》折形序《おりかたのじよ》

大無うし聖《ひじり》の代《よ》にかしこに鶴《つる》九皐に鳴《なく》て

聲《こゑ》天《あめ》に聞《きこ》ゆと詠じゝ韋氏が酒旗の舞

鶴《つる》ハ巨万《おほく》に壽を得ると明の劉基《りうき》も作《つく》られける

さては紙の鶴《つる》を折《お》れる法《のり》ありけれバ是をもつて長生《ちやうせい》

延寿《ゑんじゆ》の兆《きざし》とするのみならず折《おり》て見れバ一つの鶴《つる》に

千《ち》とせの齢《よはひ》をふれバ十《ぢう》の鶴《つる》に十万《じふまん》の寿《ことぶき》あり

千《せん》の鶴《つる》にハ百万歳《ひやくまんざい》をいはひ保《たも》りめでたきもの

し

ちきみんえ川志れはり よの多くみれとそあさ
てふかゝるかうは延てをきたとかへ
うに柴ばらものふし 見れあちのくち
みのを あらしき志の川き 亜
にゝ かと まどう つゆ き
庭の下ほく志か房ゑ給薗もらもき

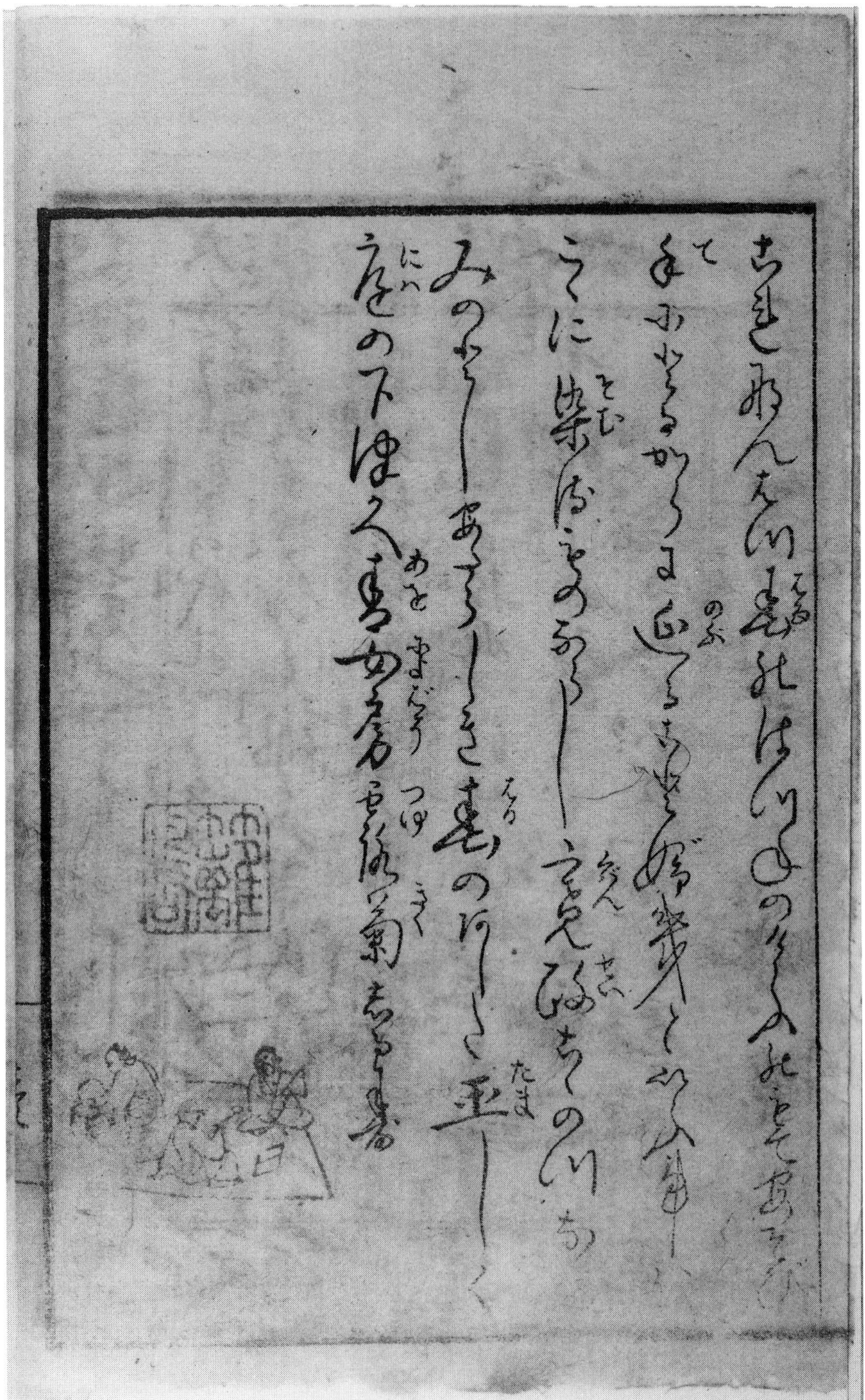

ことぶきの
たうひハ
もゝし
きみよも
いく千代も
君へさうだ
鶴此
寶長

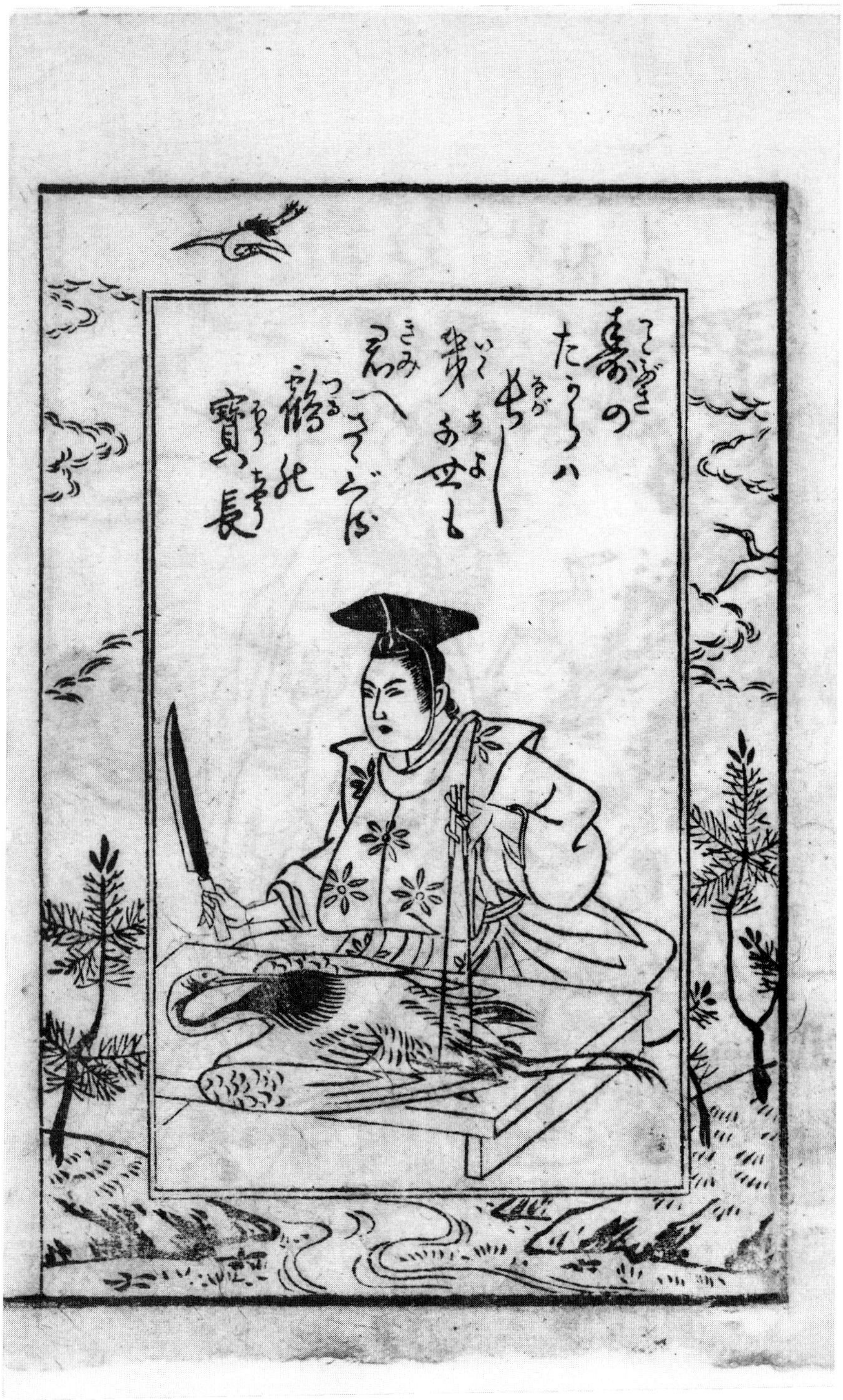

寵愛《ちやうあい》に
雛鶴《ひなづる》
たま
身隠
して

無うちやうほう
法てうの鶴組みあり
ふう切れもすかよう
なおかくの圖
のことくになるだ
揃かものあり

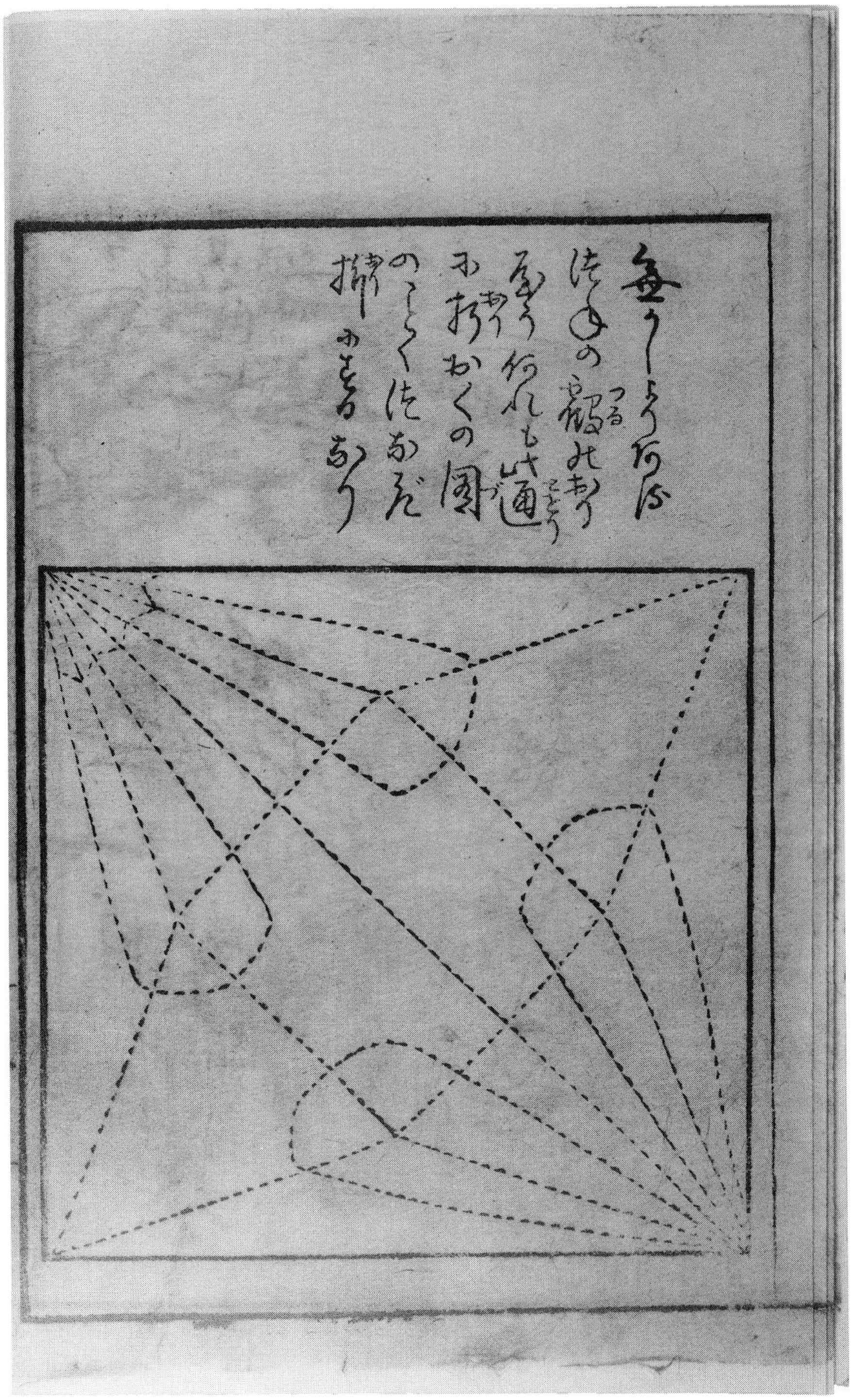

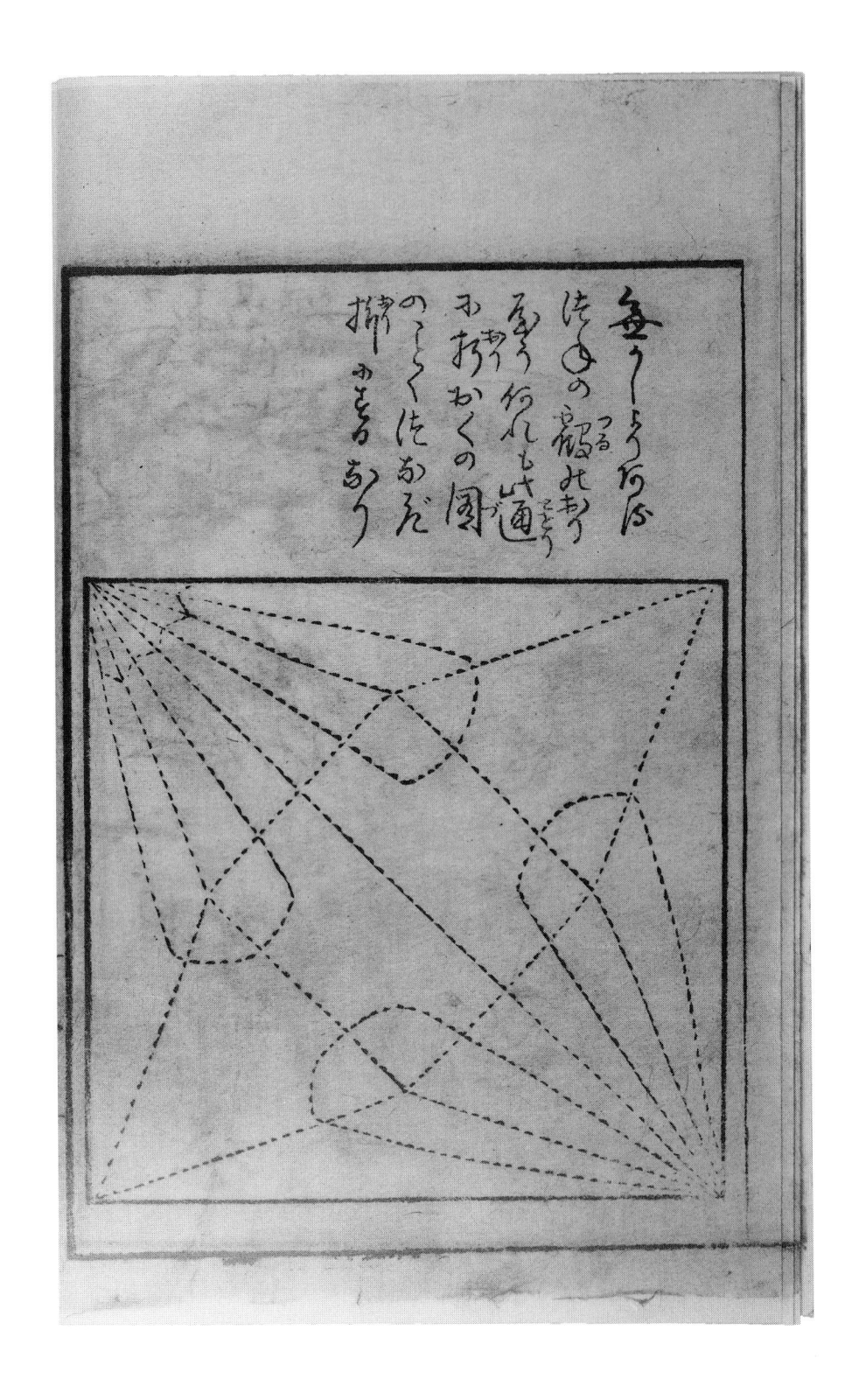

千羽鶴折形図録《おりかたづろく》

鶴庖丁

蓬莱

稲妻《つま》

やりんし

樽《たる》遊《あそ》び図《だ》

芙蓉

呉竹

布《ぬの》さらし

おもとどう

林鐘

花見車

妹《いも》背《せ》山

むかしをとこ

迎懐頻めづらし

熊《くま》

萱の通《かよ》ひ路

よ川の杜

吉原雀

鶴《つる》のおやう

拾餌《ひろひ》

朝《あさ》がほ

をぐら笑

草をざめり

杉くるまそし

九万里

連くるま

紙たん町

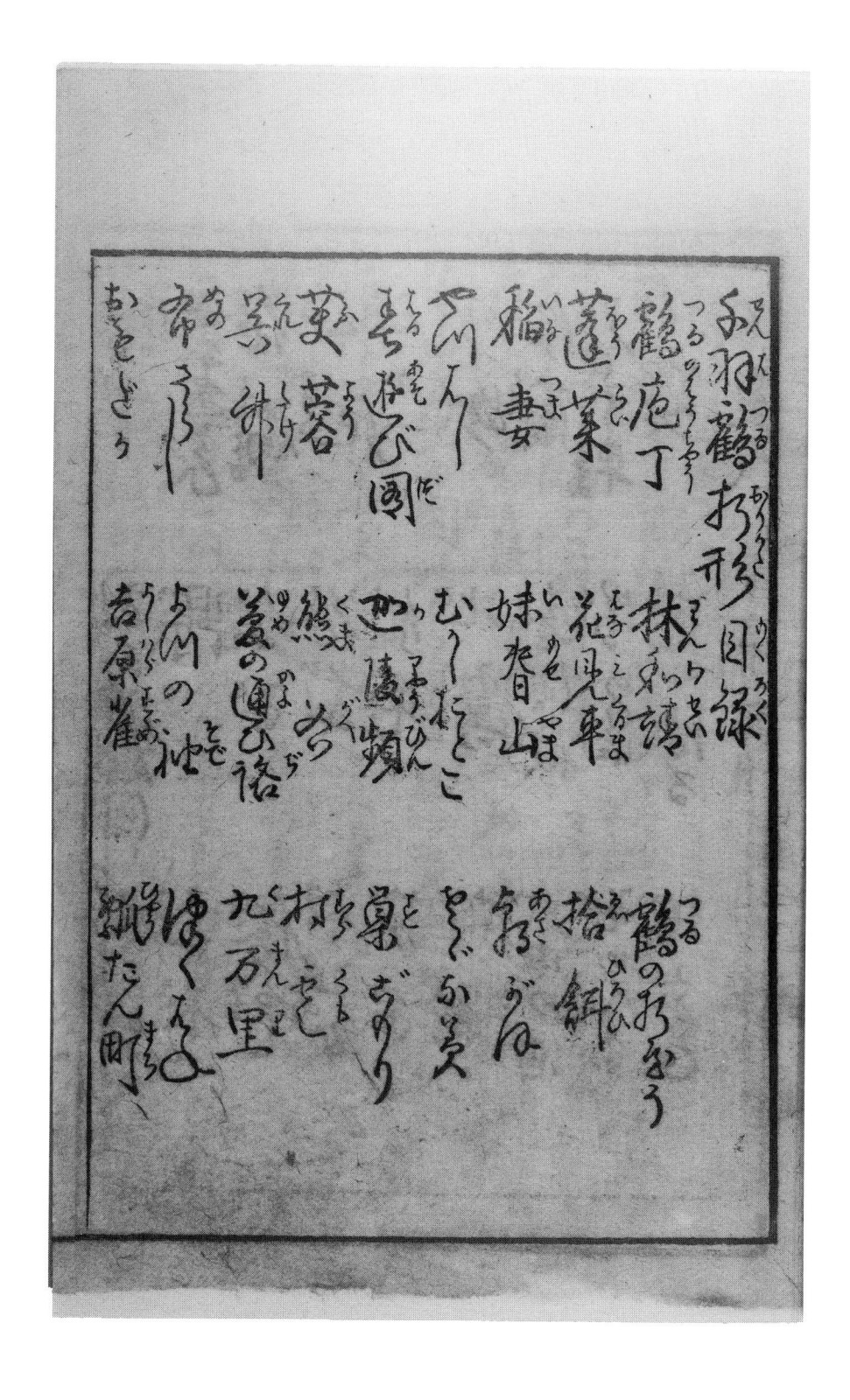

鶴亀
ひなあそび
花《はな》橘《たちばな》
三つ巴
ぬめぬめく
風《ふう》蘭《らん》
てんぐう車《くるま》
桂きぬ
百鶴

辛氏酒旗図
鶯
鳴《なる》子《こ》
花《はな》菱《びし》
風《かざ》車《くるま》
比《ひ》翼《よく》
青《せい》海《がい》波《は》
菖蒲《あやめ》の縁
瓜《うり》のつる

目録終

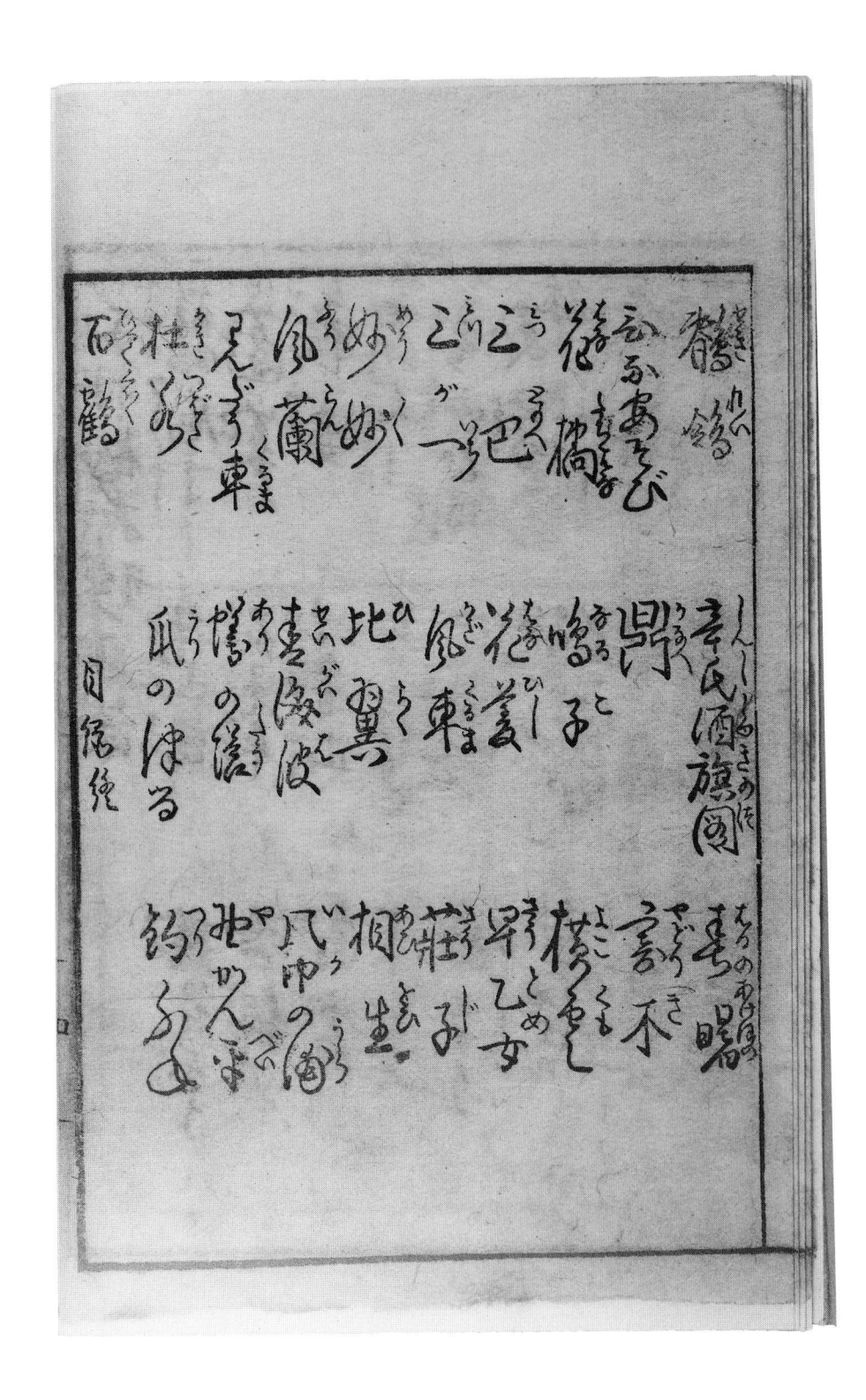

春曙《はるのあけぼの》
寄生《やどりき》
横《よこ》くもし
早乙女《さをとめ》
荘《さう》子《ど》
相《あひ》生《おひ》
風神の滝
やせかんべい
釣女

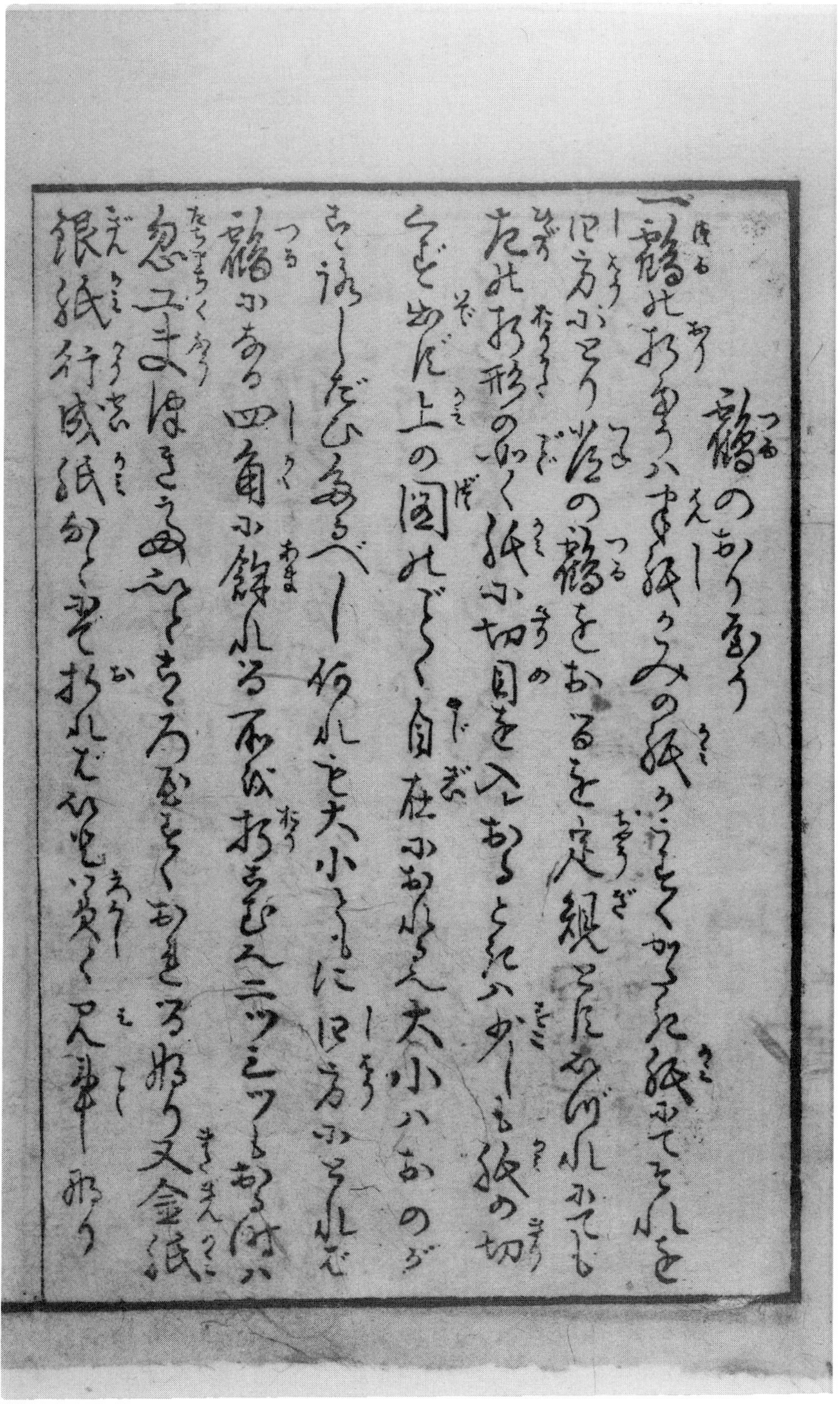

鶴《つる》のおりかた

一図象字銘《めい》なるハ其形に應じ人雅名ハ銘によりて詠《よめ》る哥
意の言葉《ことば》に云處ハ加へて思ひ笑ひ讃ふとて興《きやう》ずるのみ
かゝる品も折《をり》形此手段《しゆだん》にハあらんだ
一此《この》鶴の折形《をりかた》ハ勢陽九花魯縞庵《ろかうあん》が詠じ我の無為
手《て》慰《なぐさみ》にせられしを今是《これ》を拾《ひろ》ひて世に出す
あらゆる品あまた有の折形《をりかた》多し後篇《こうへん》に出さん

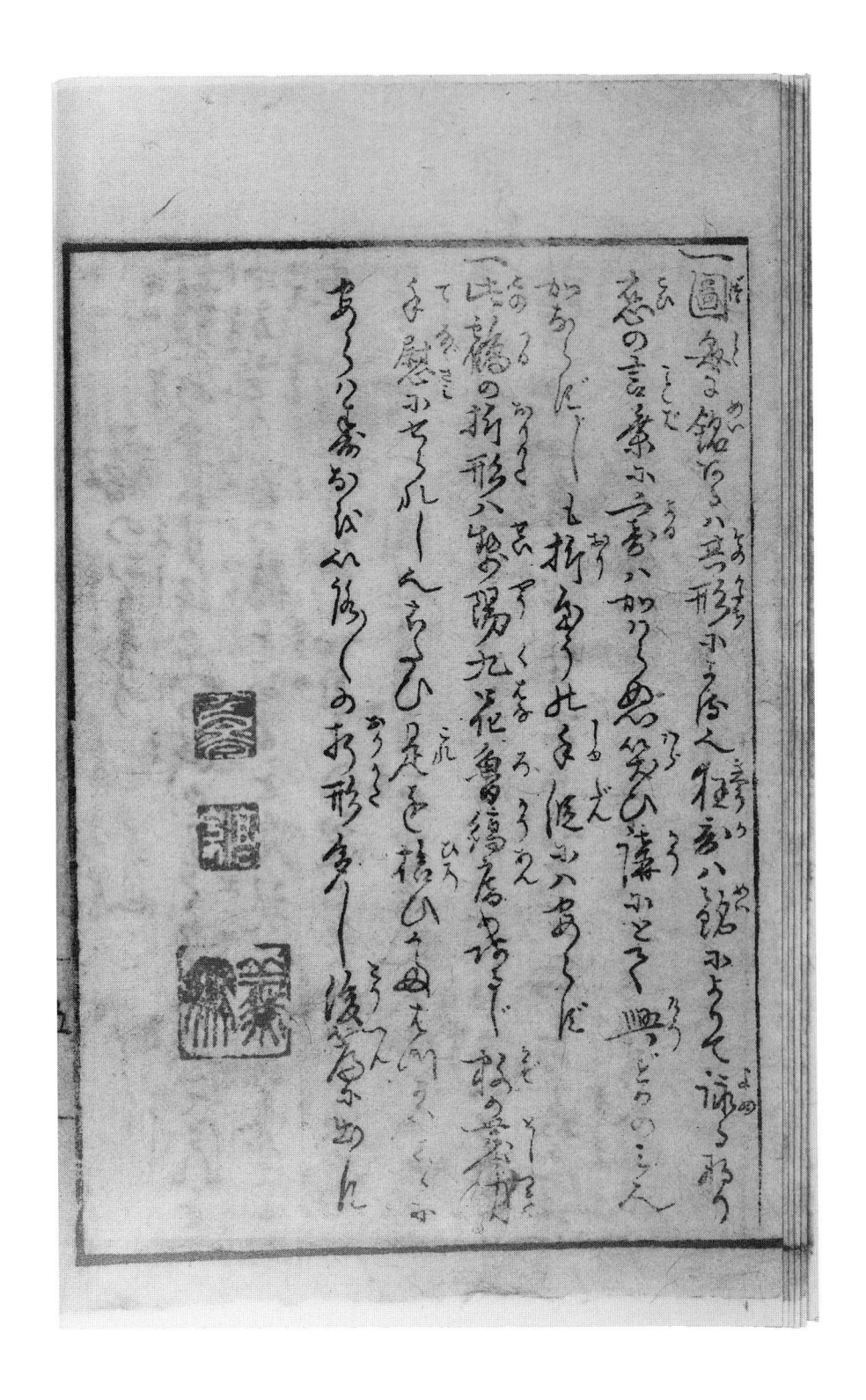

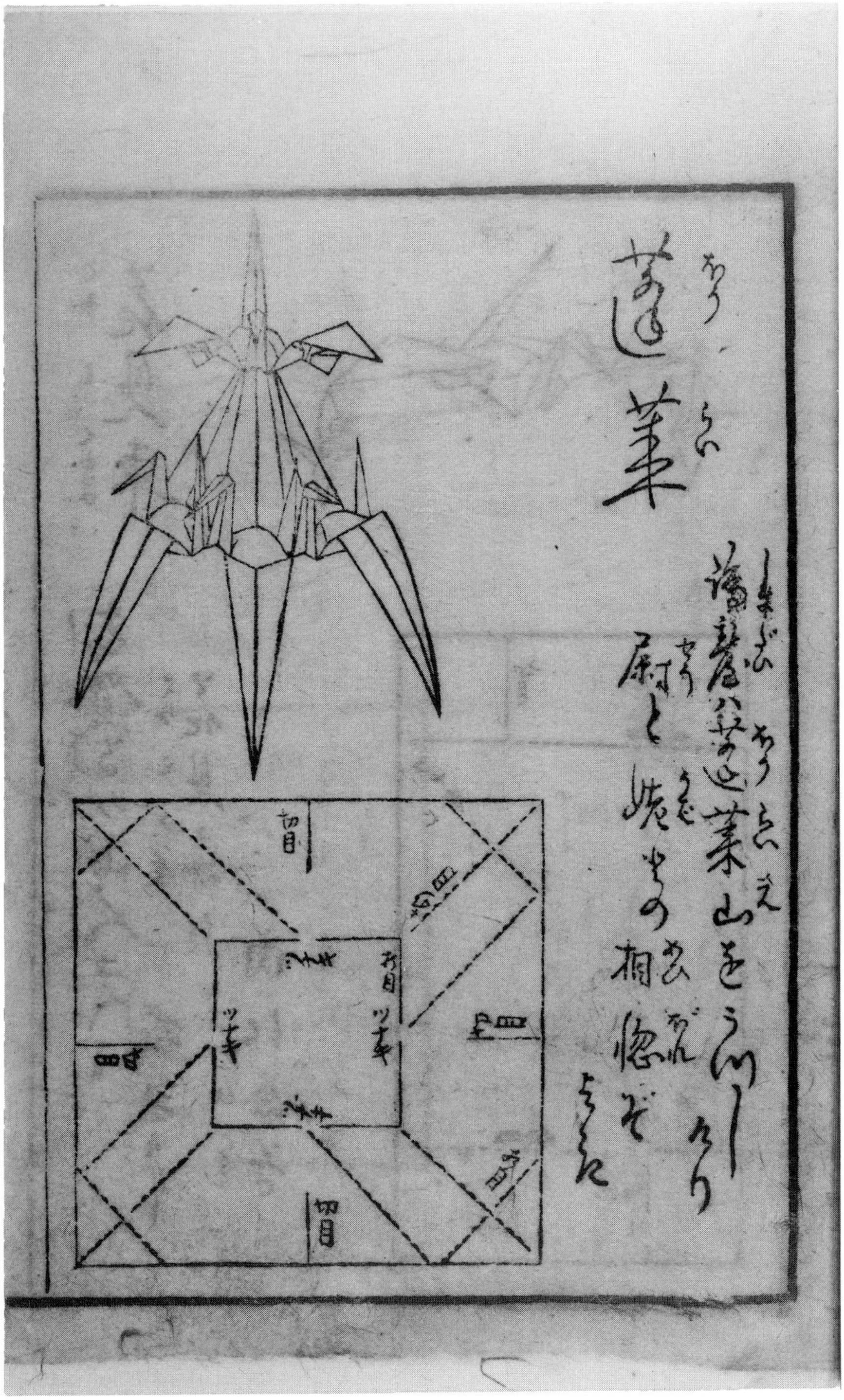
蓬萊《ほうらい》
嶋臺《しまだい》ハ蓬萊《ほうらい》山をうつしたり
尉《せう》と姥《うば》の
切目
切目
ツキ
ツキ

花見車

志賀るの上人きゝ
花見車れ
肉に恋そ

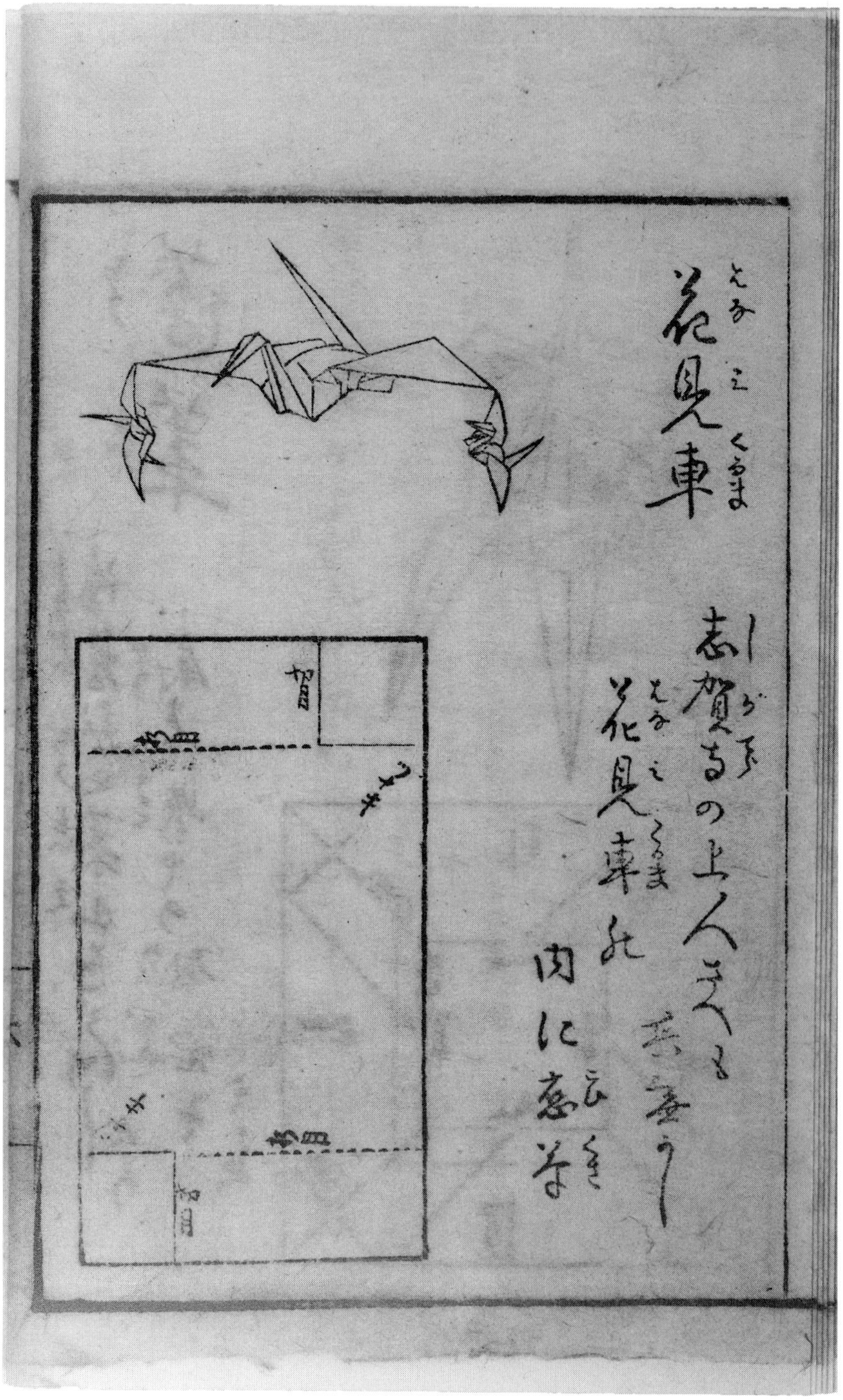

拾餌
ゑをひろふ

餌をひろふ意地のあさましき人がらを引捨の吉とかや

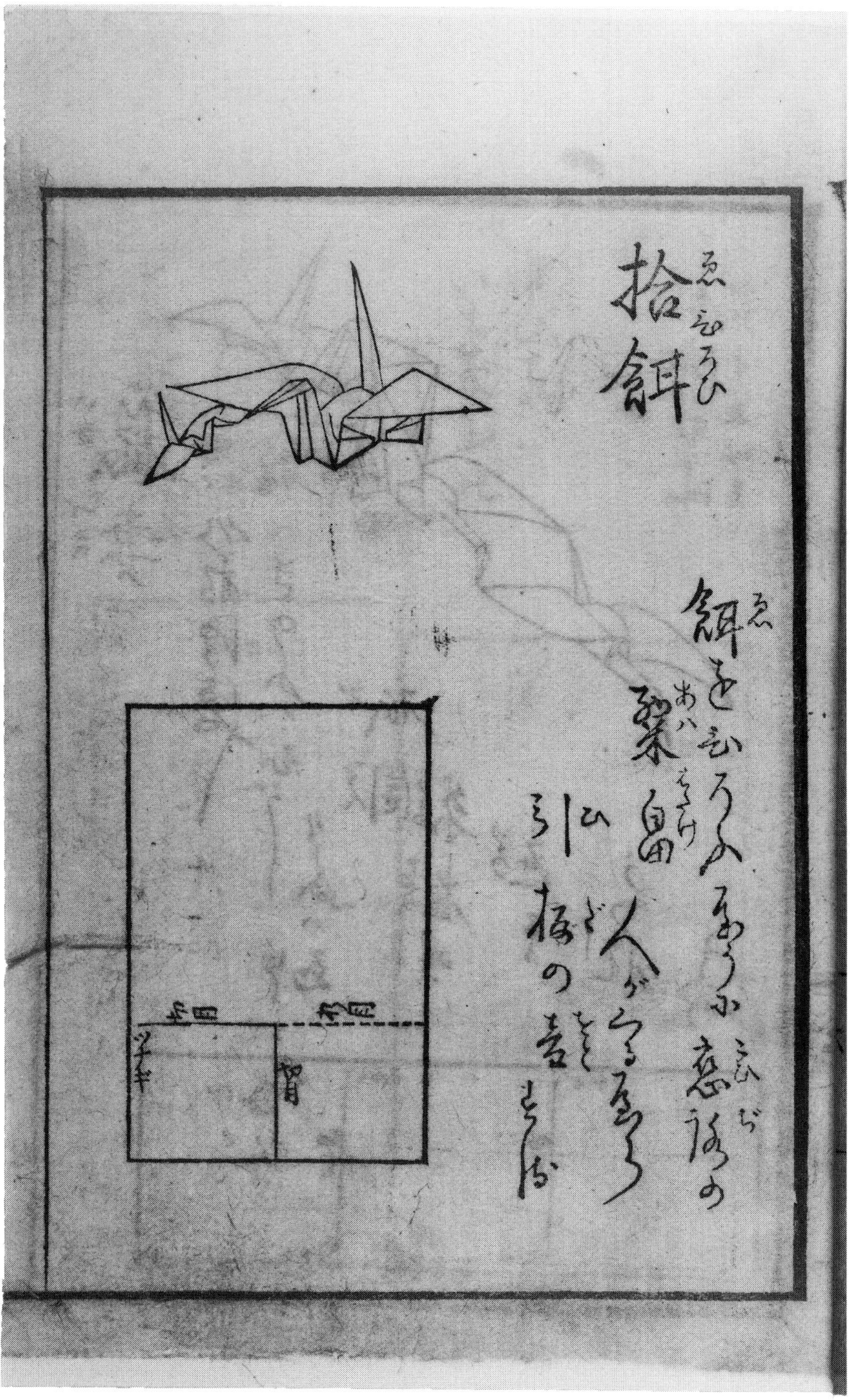

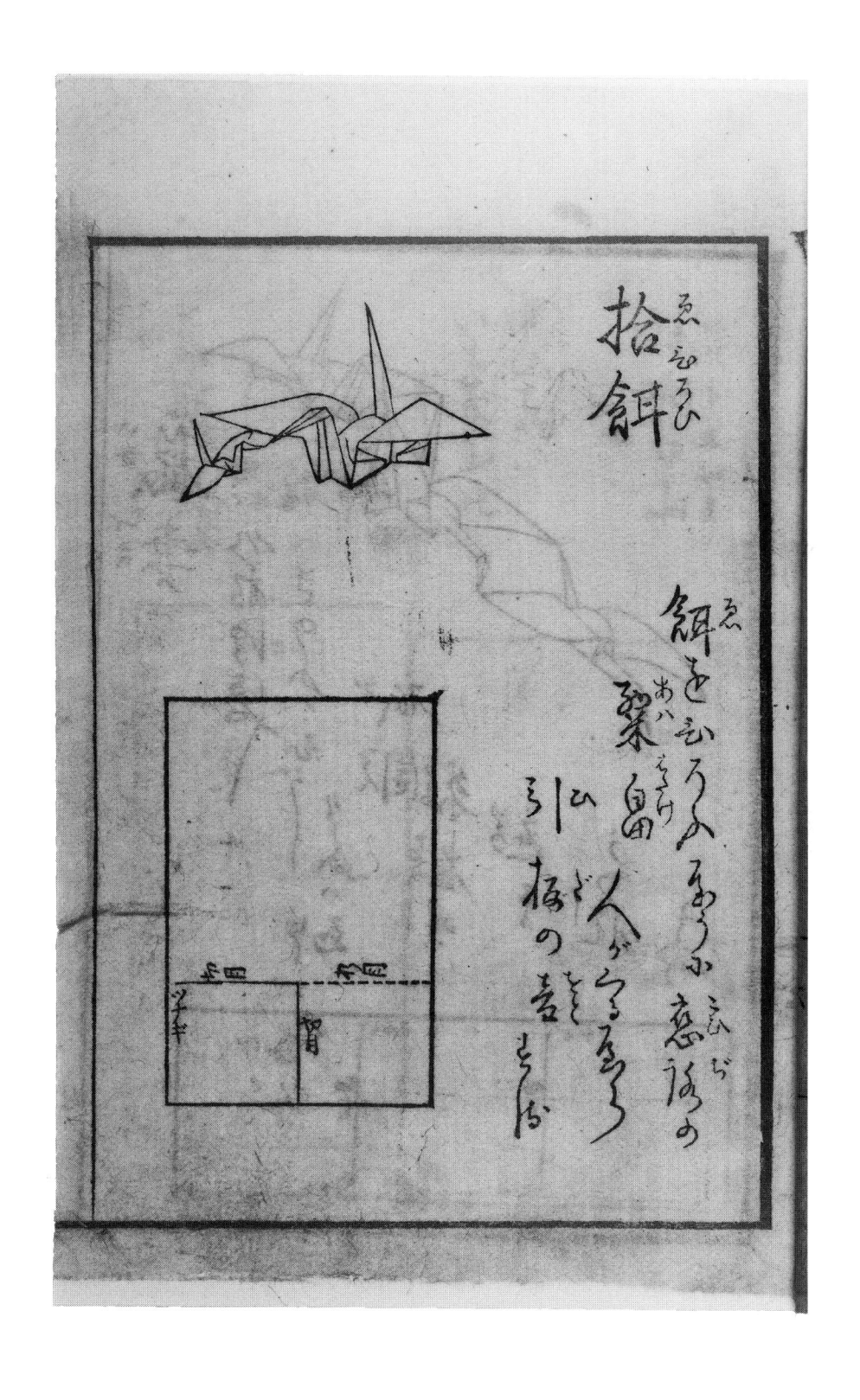

稲妻

いなづま

稲妻や
きのふはひがし
祇園
ぎをん
朱雀の
すざく
名ところ
其角
きかく

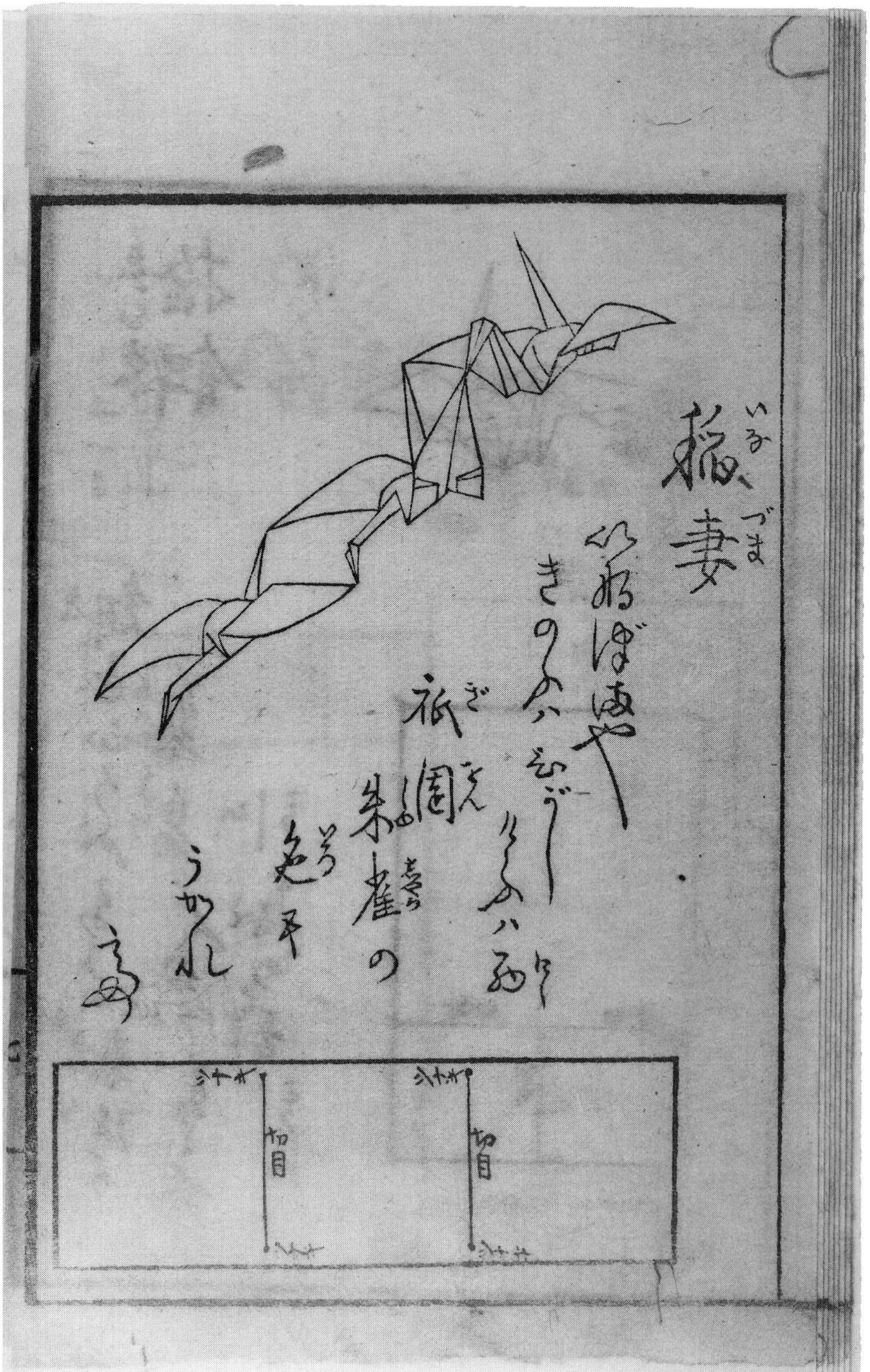

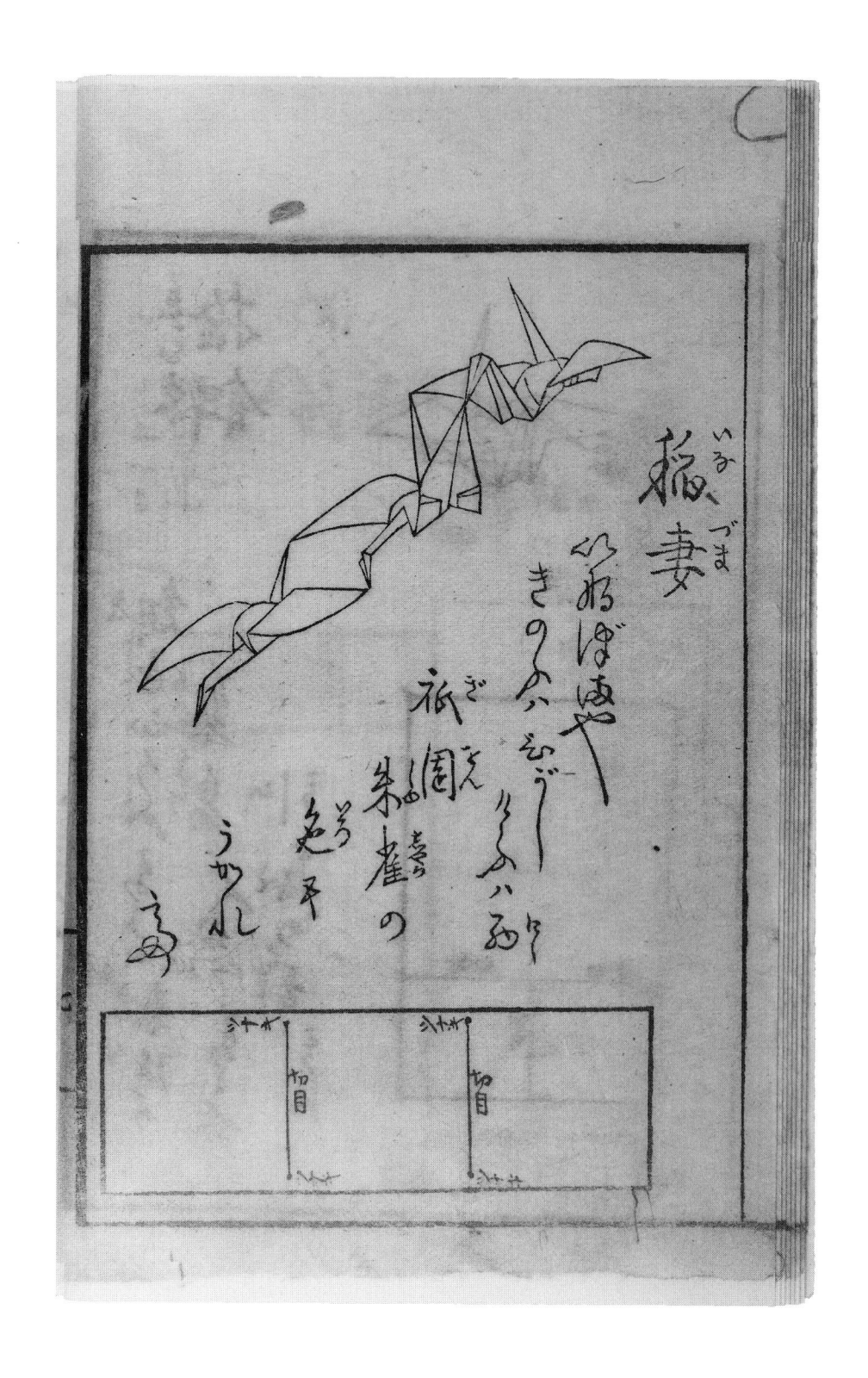

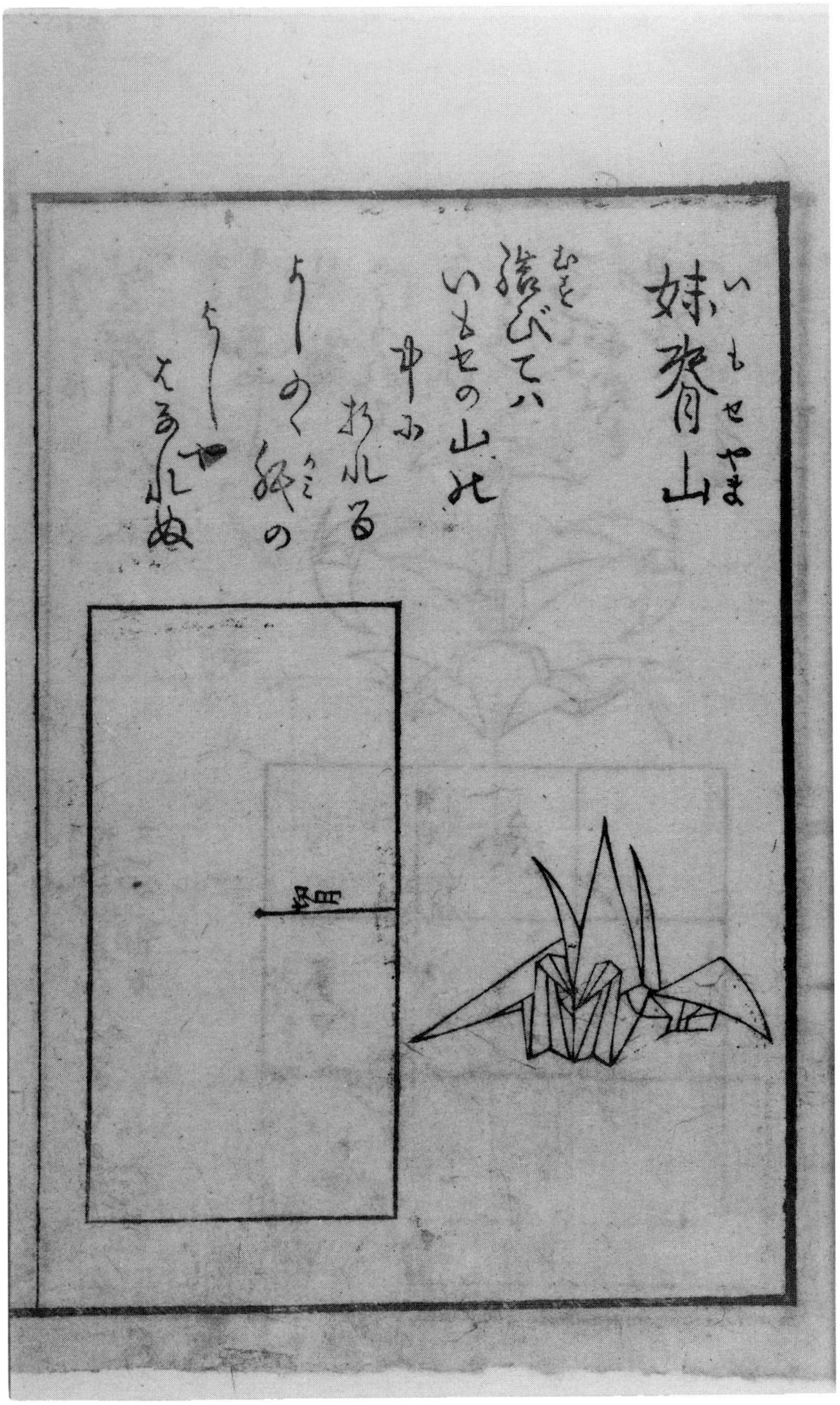

妹背山《いもせやま》
結《むす》びてハ
いもせの山に
中ニ
折れる
よしの紙《かミ》の

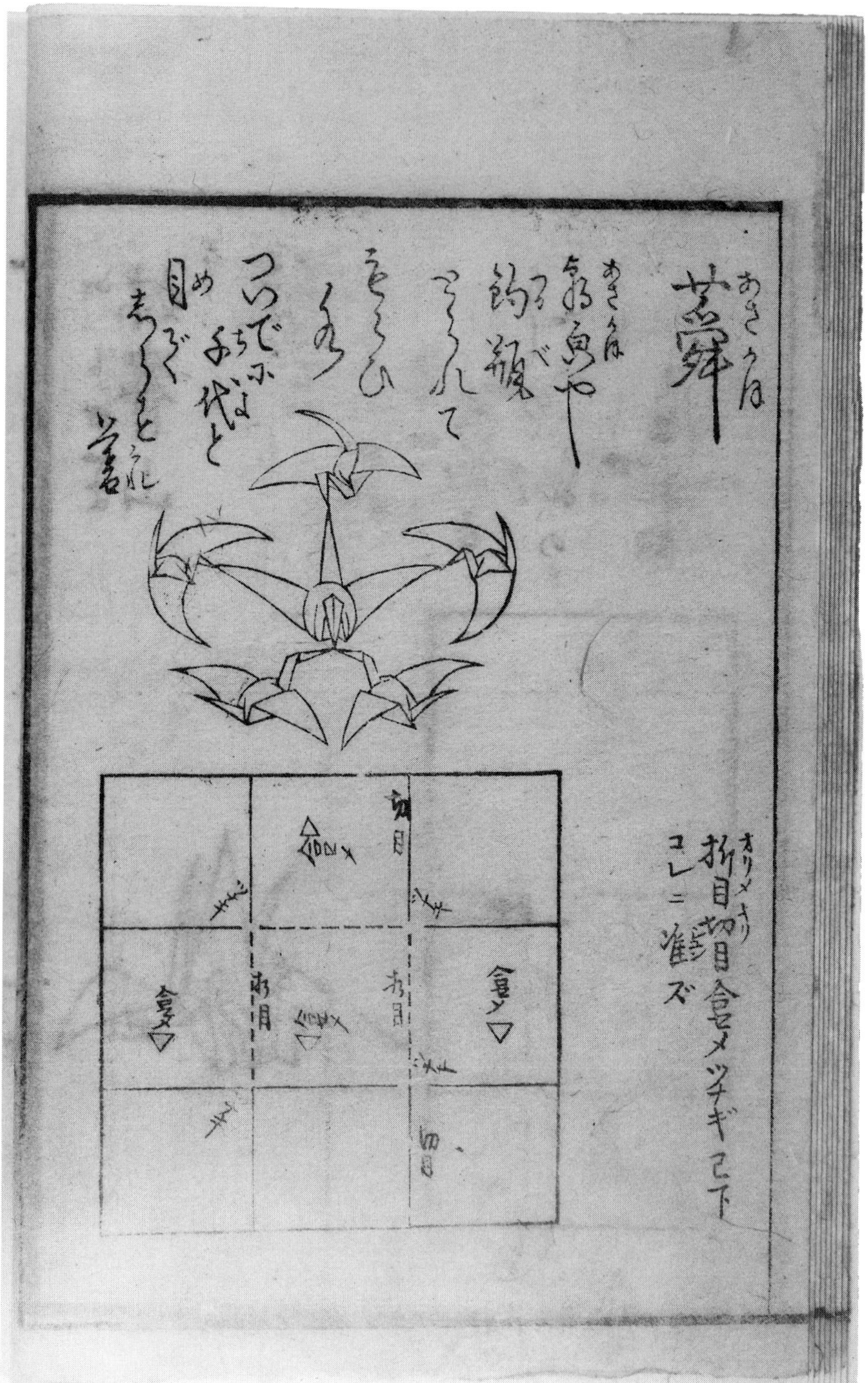
折目《オリメ》切目《キリ》合セメツギ己下
コレニ準ズ

やつはし
八橋

かきつばた
なゝえさく
はしの
やゝはしや
七つ
ふゝ
かつ池の役で

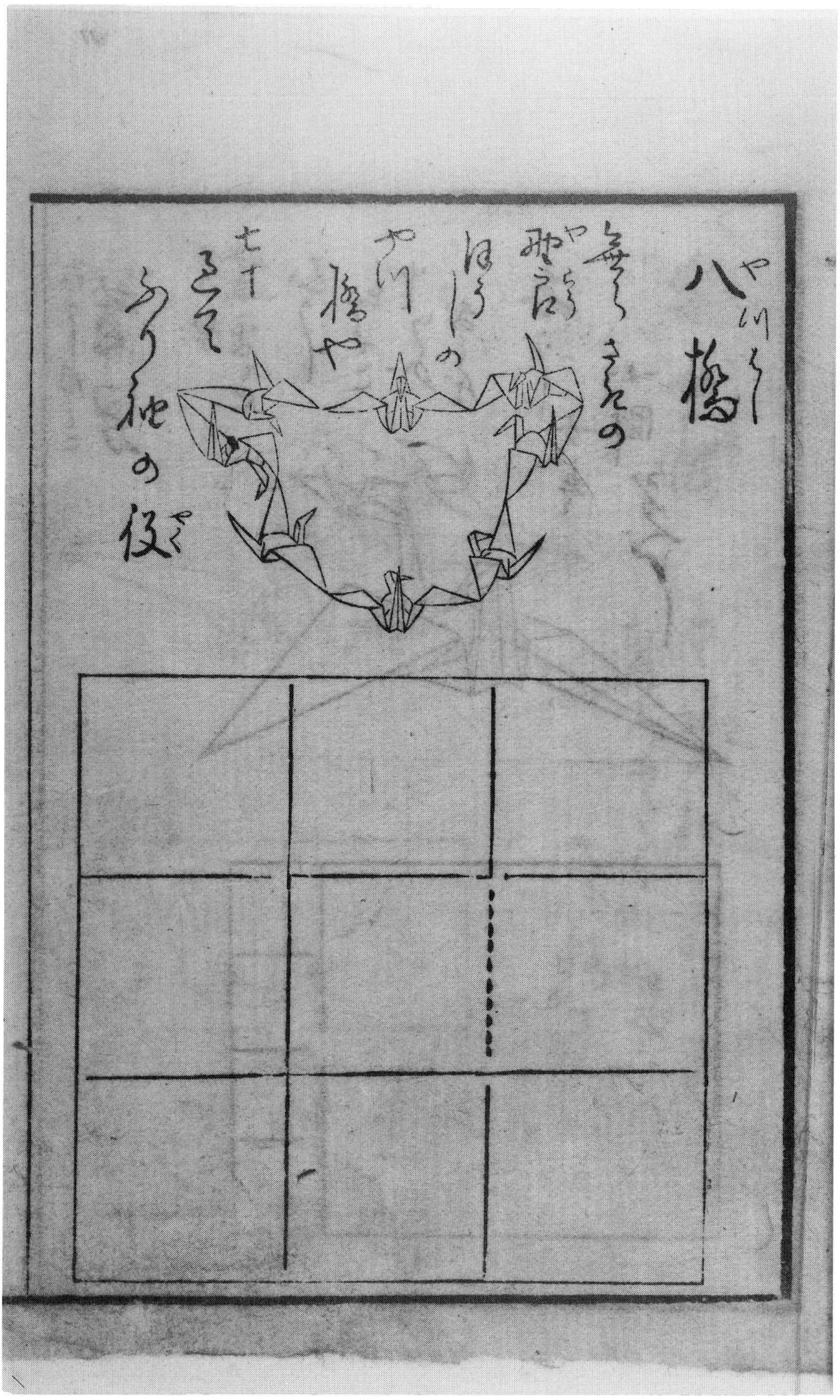

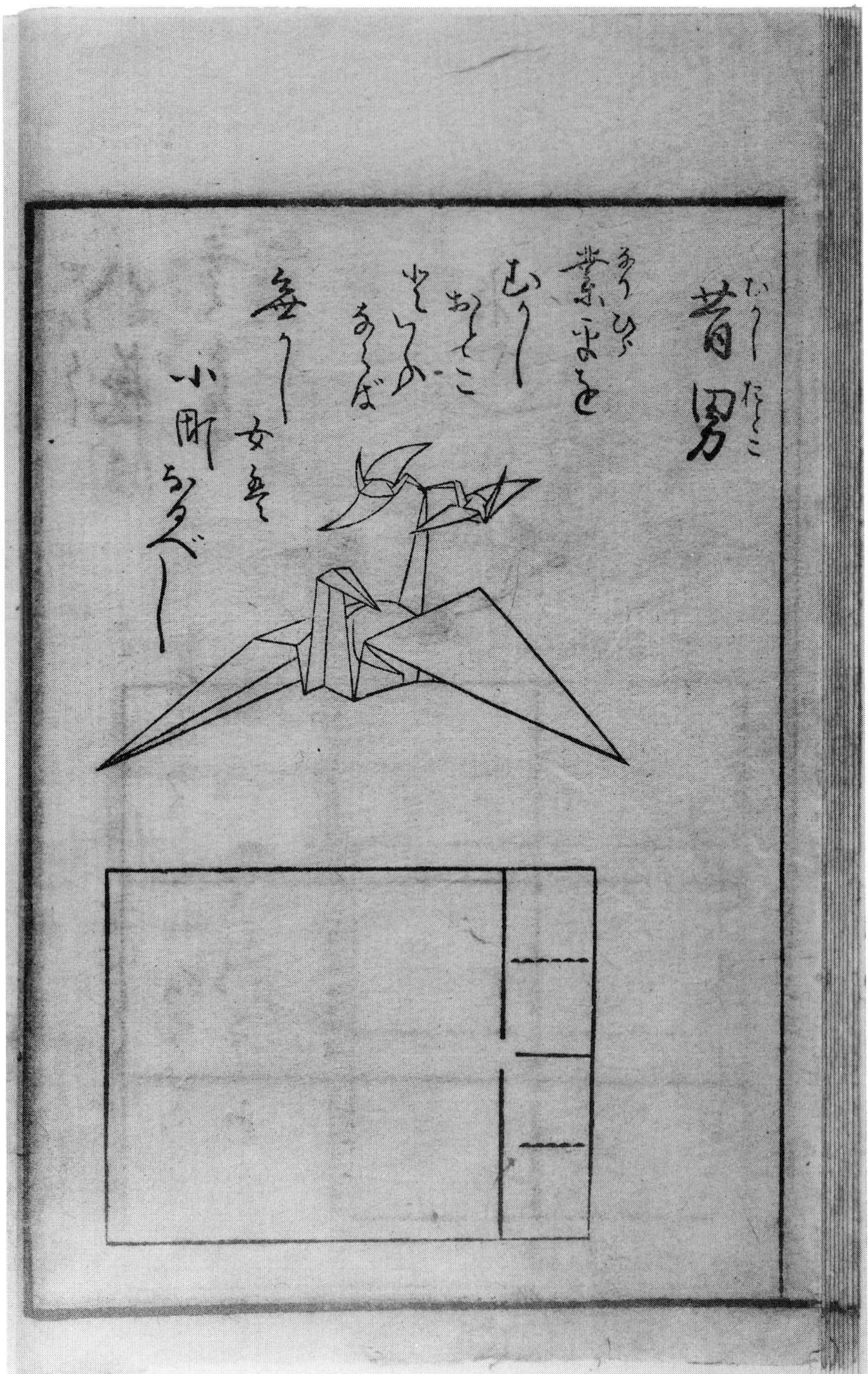

昔男《むかしをとこ》

業平《なりひら》をむかしおとこといふならば舞し女を小町なるべし

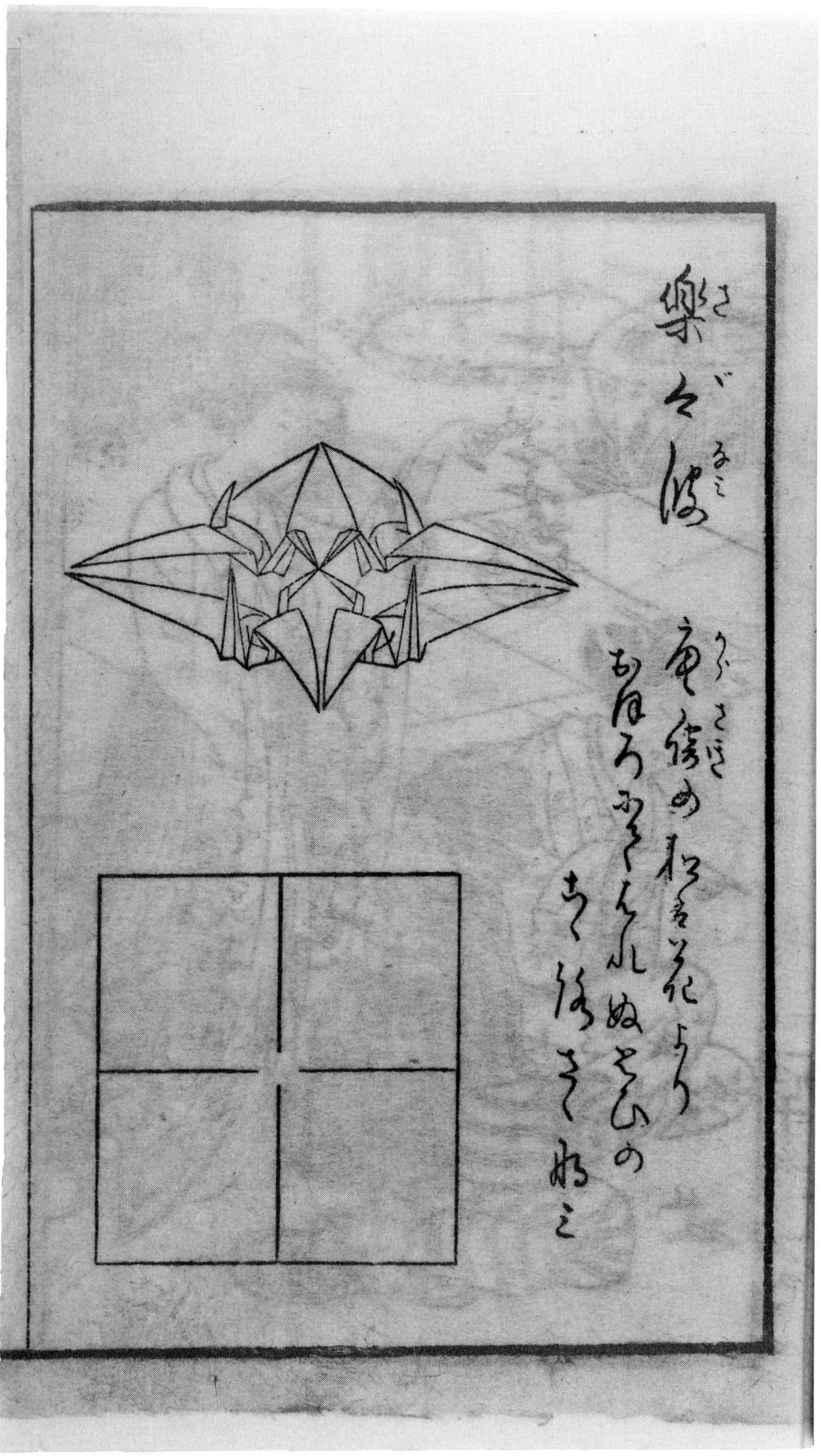
楽《さ》々《ざ》波《なみ》

十

迦陵頻

高風や
みなみの
うみよ里
迦陵頻
五ッかさ子の
きぬうちしく

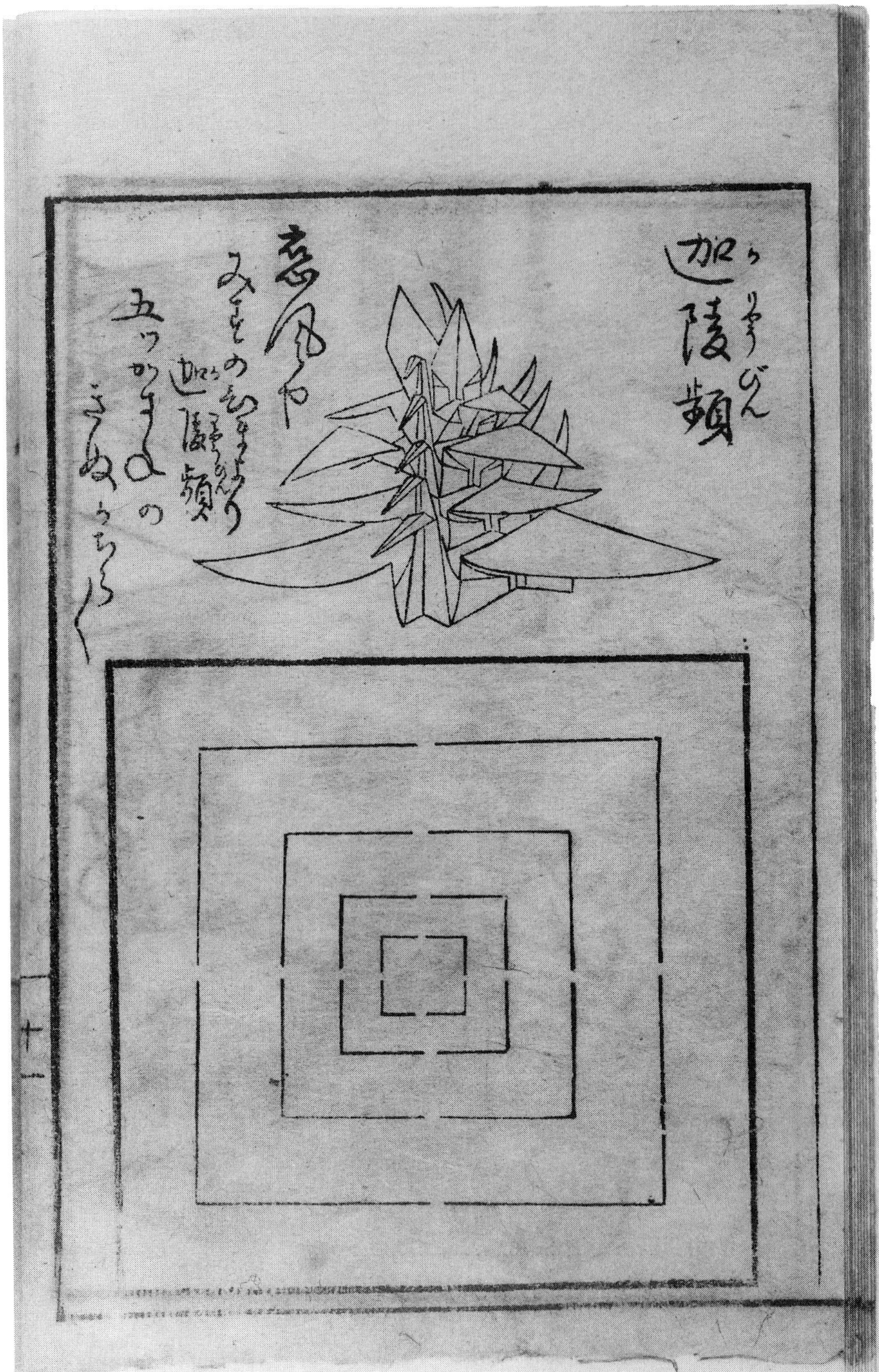

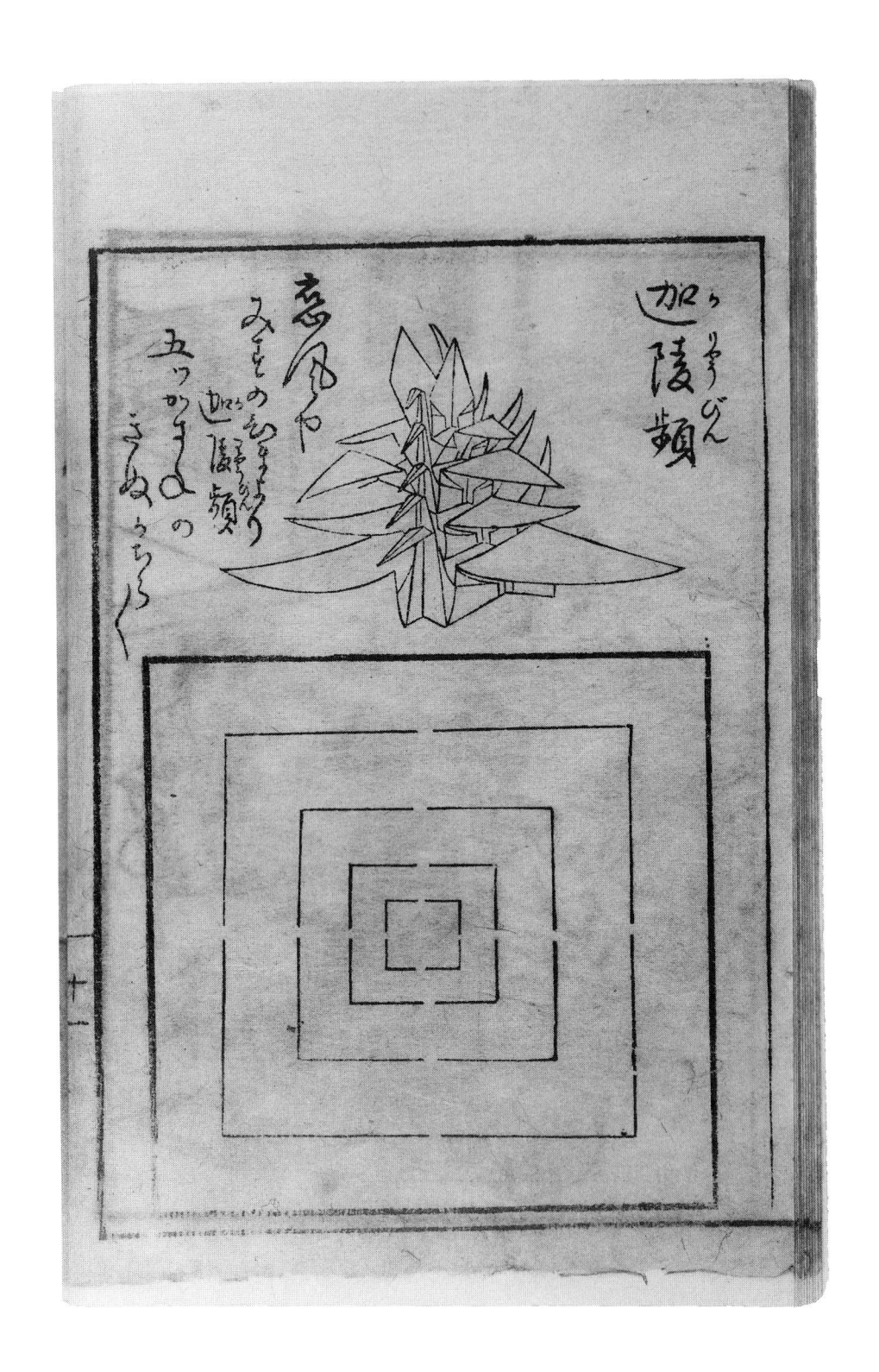

巣籠

繋がれて巣籠をもうけうぐ
いすもあらけきとは初も笑し

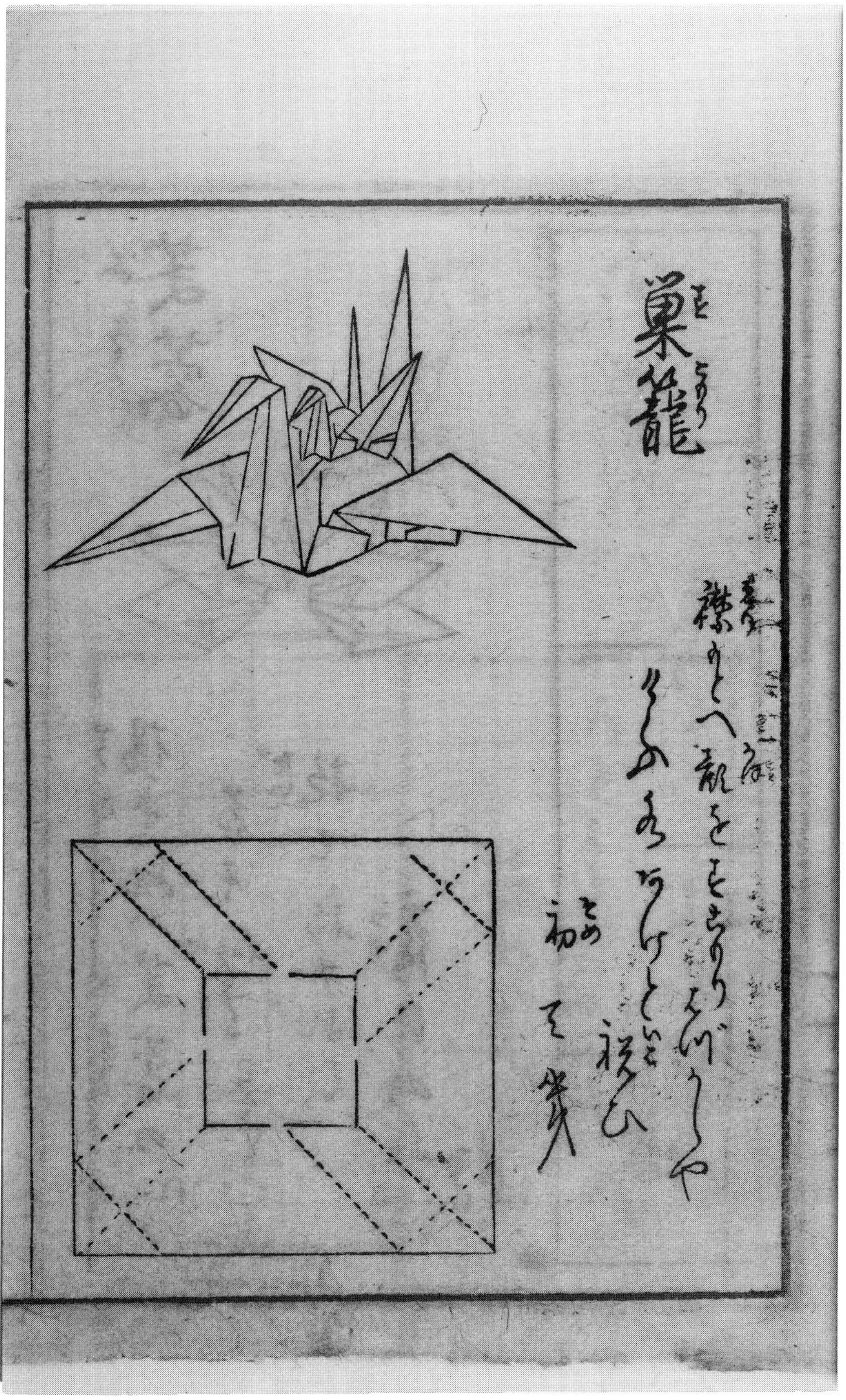

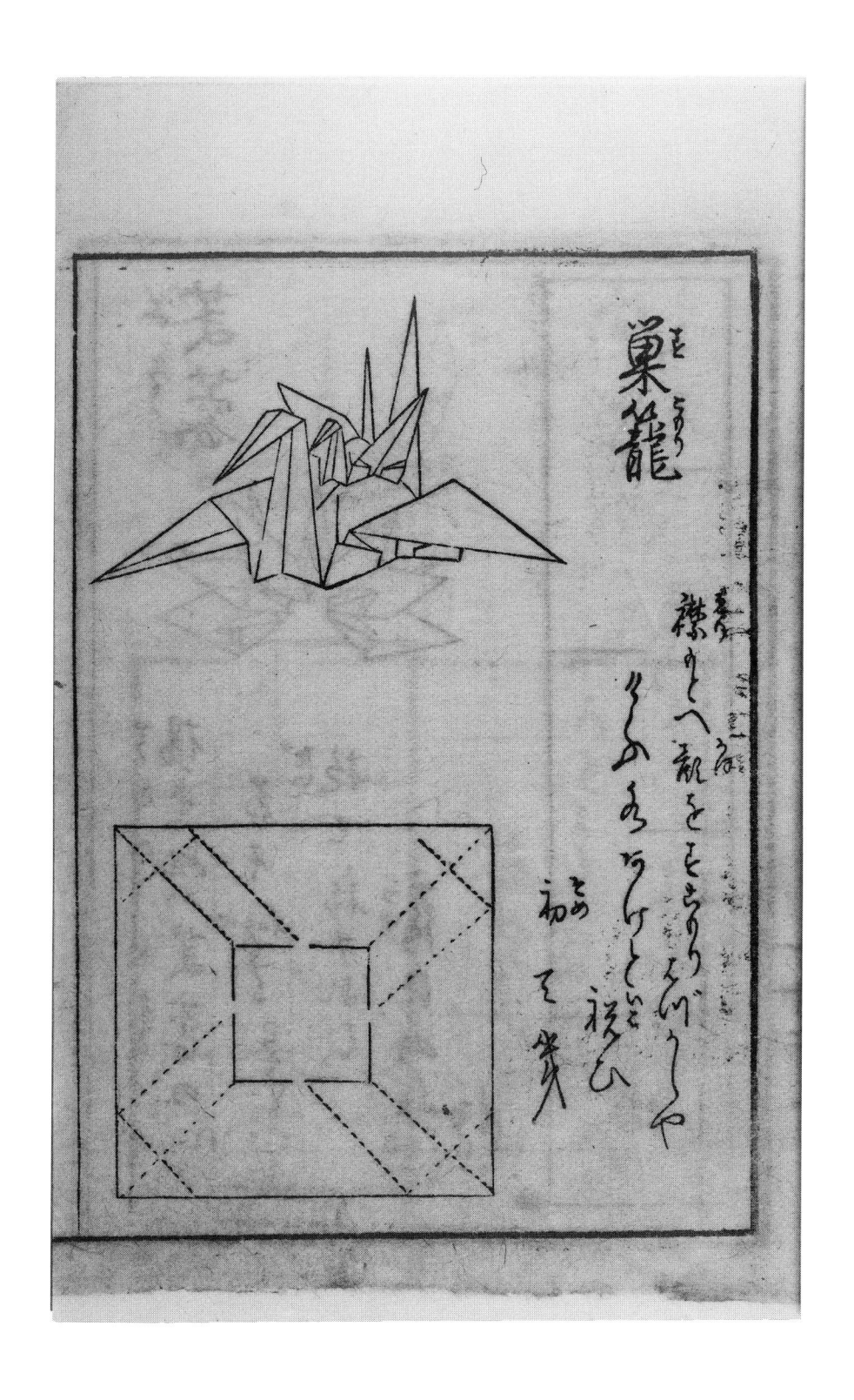

芙蓉《ふよう》

楊貴妃《やうきひ》ハ芙蓉《ふよう》の
花ニ似《に》たるらく
抱《だい》て祢すしだん
露《つゆ》にぬれし
[illegible]

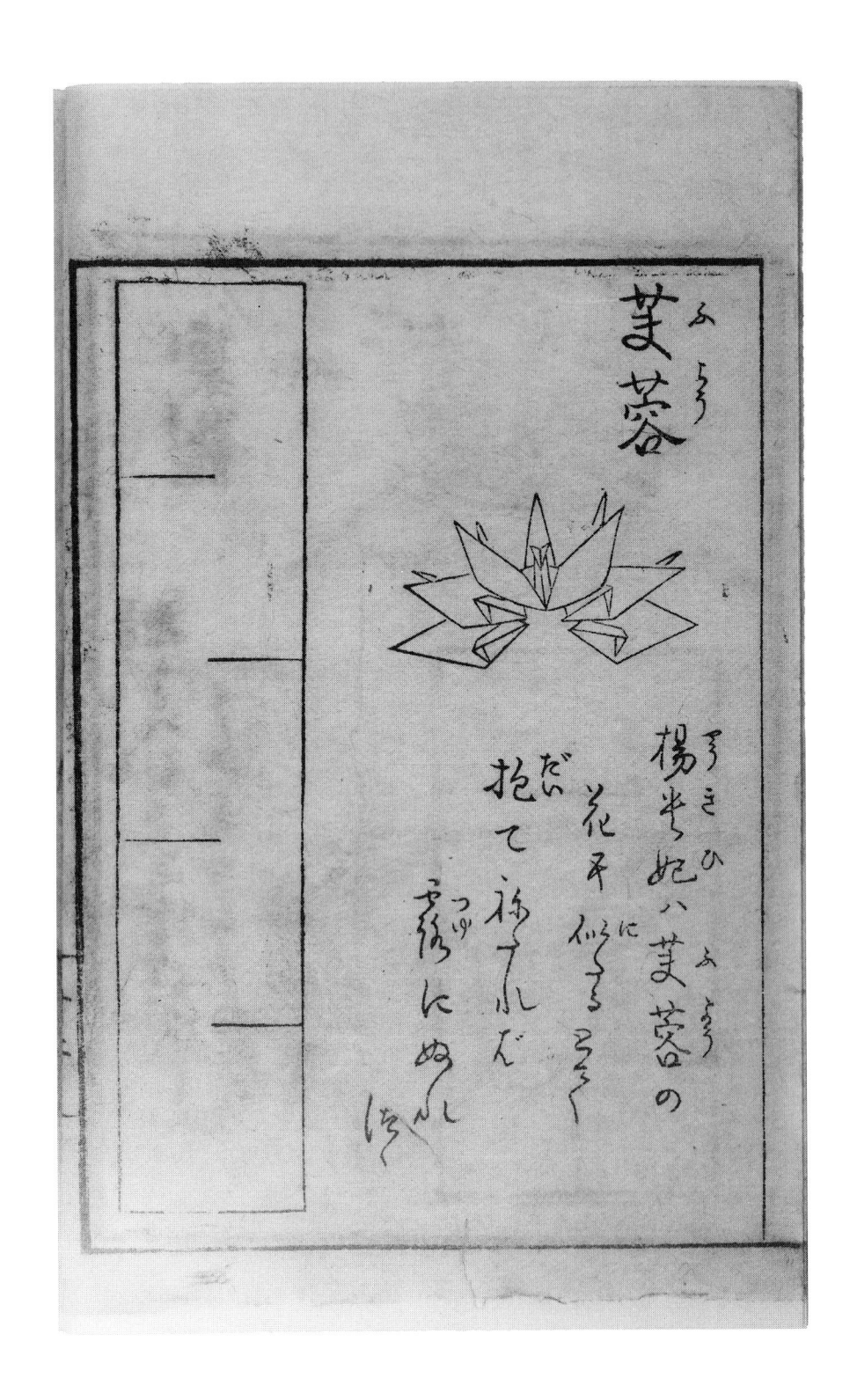

くまがへ
熊谷

ぐんもんをいづるときくまがへの
かぶとをぬぎてしるしをぞする

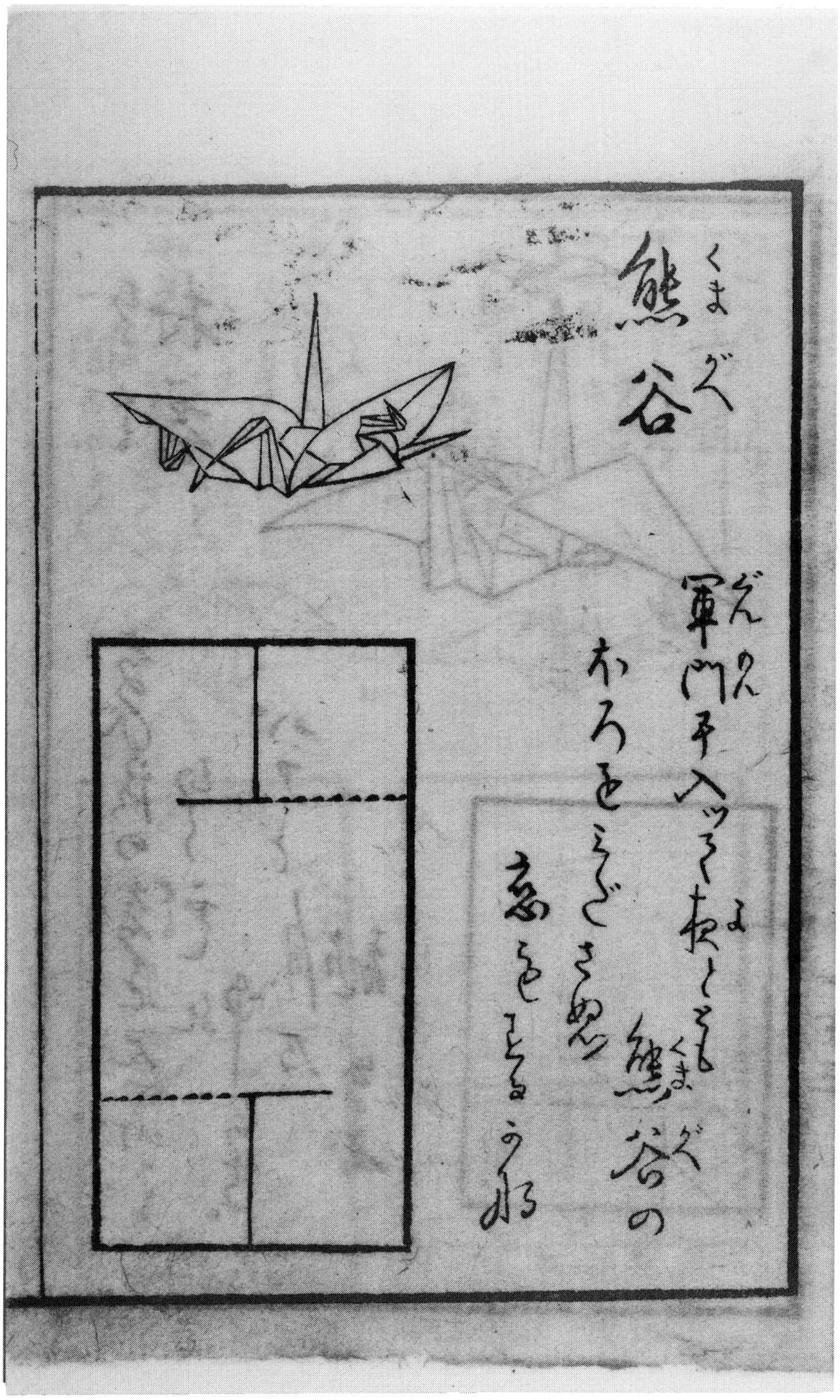

むら雲

あそび添の高をとん出ゐる
あら雲もくもゐもうろ
バァと観出る

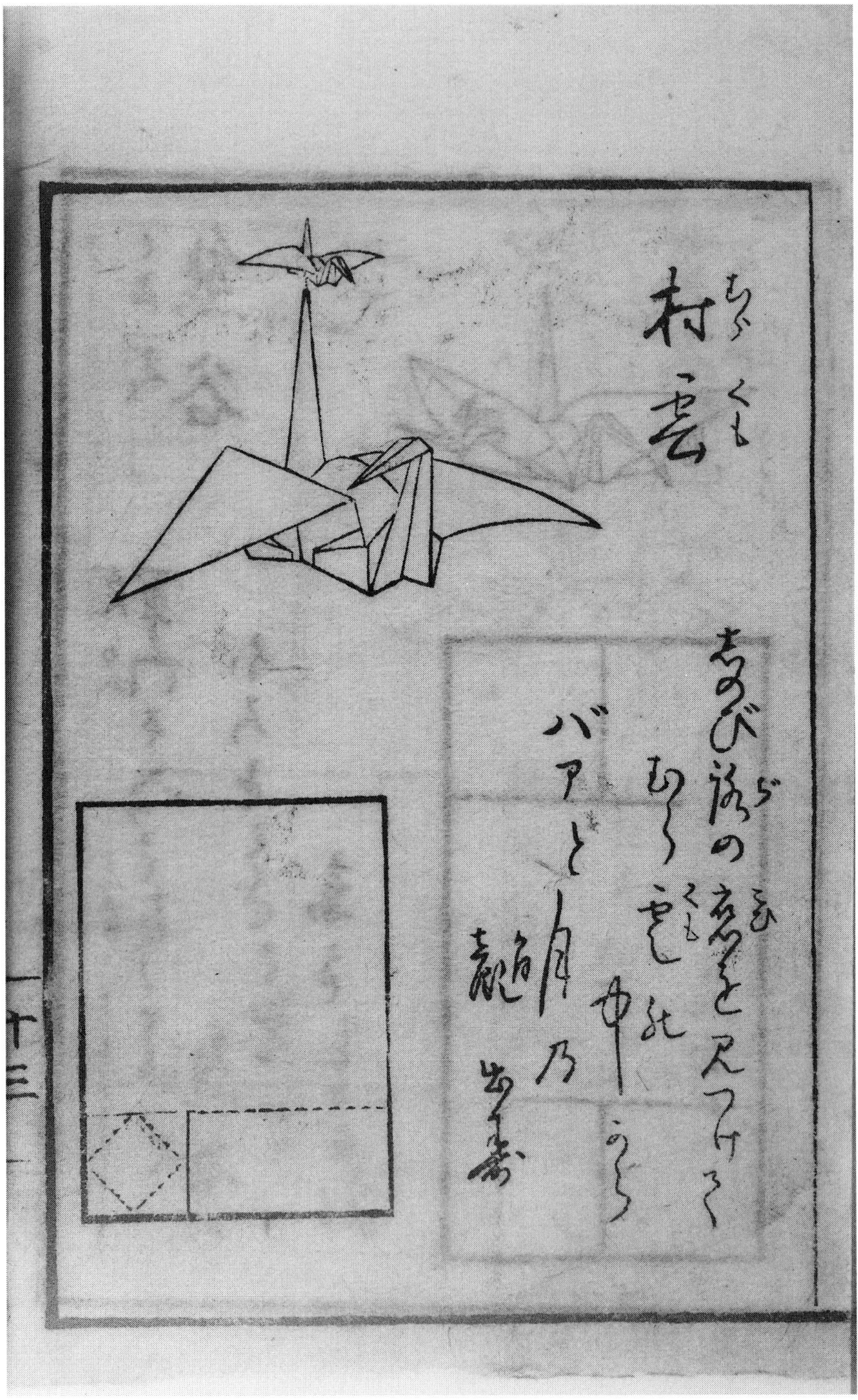

くろみ鳥

今そのやとひろき
くろ竹のつらねて
ふしミ々これ
ちどりときハぎ
をくろ盤木

鶯の通ひ路
有乃の月をぞ
待ちやると
ゆきのをことく
ひとまは
一間あゆらん

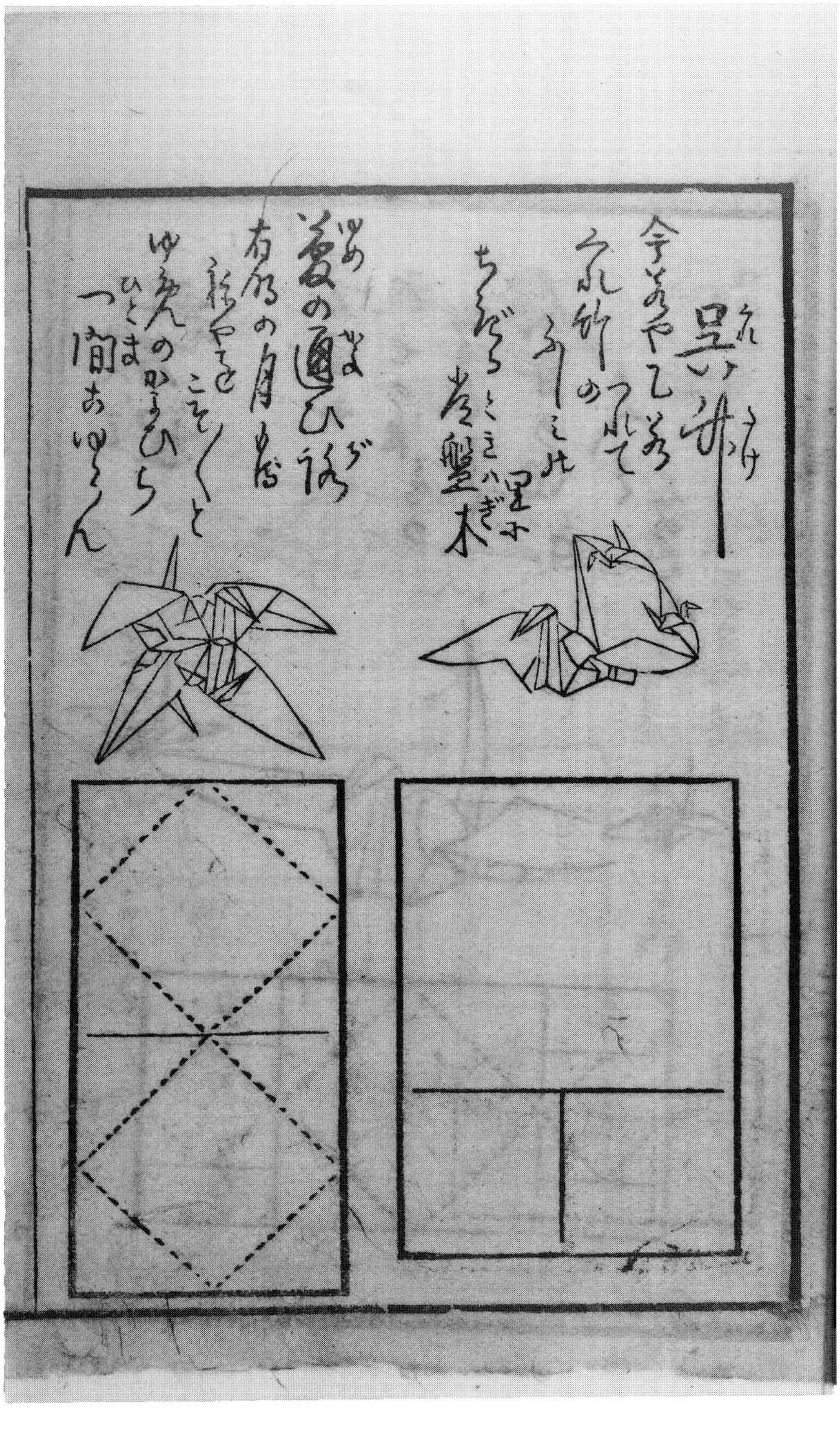

くもんこ
九万里

九万里か
羽をのはしあふ
おりしふき
人目の関を
　　　さへぐ
　　志のゞゑん

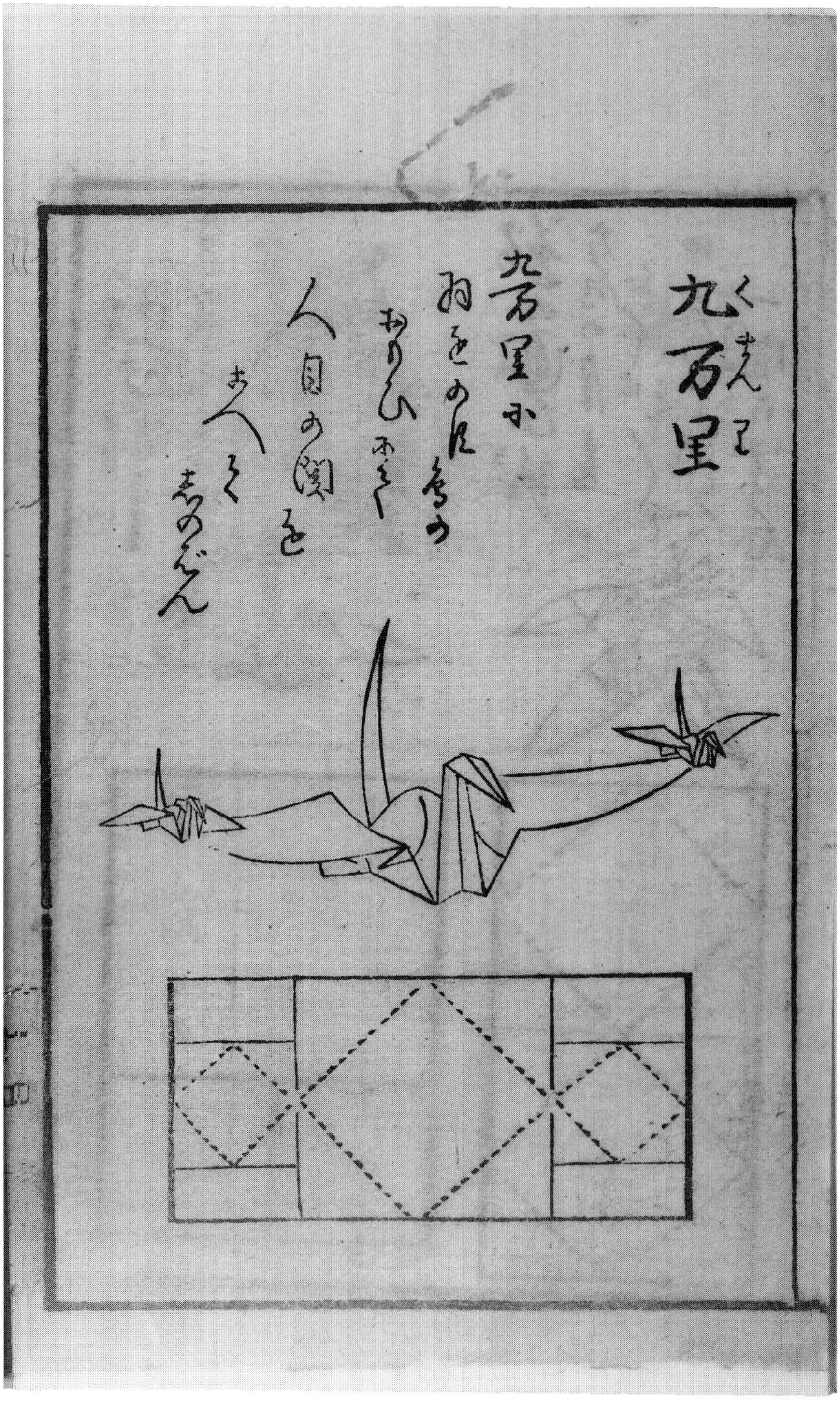

布晒

鶴をさらしふ
布さらし人もきぬきぬの

入 大

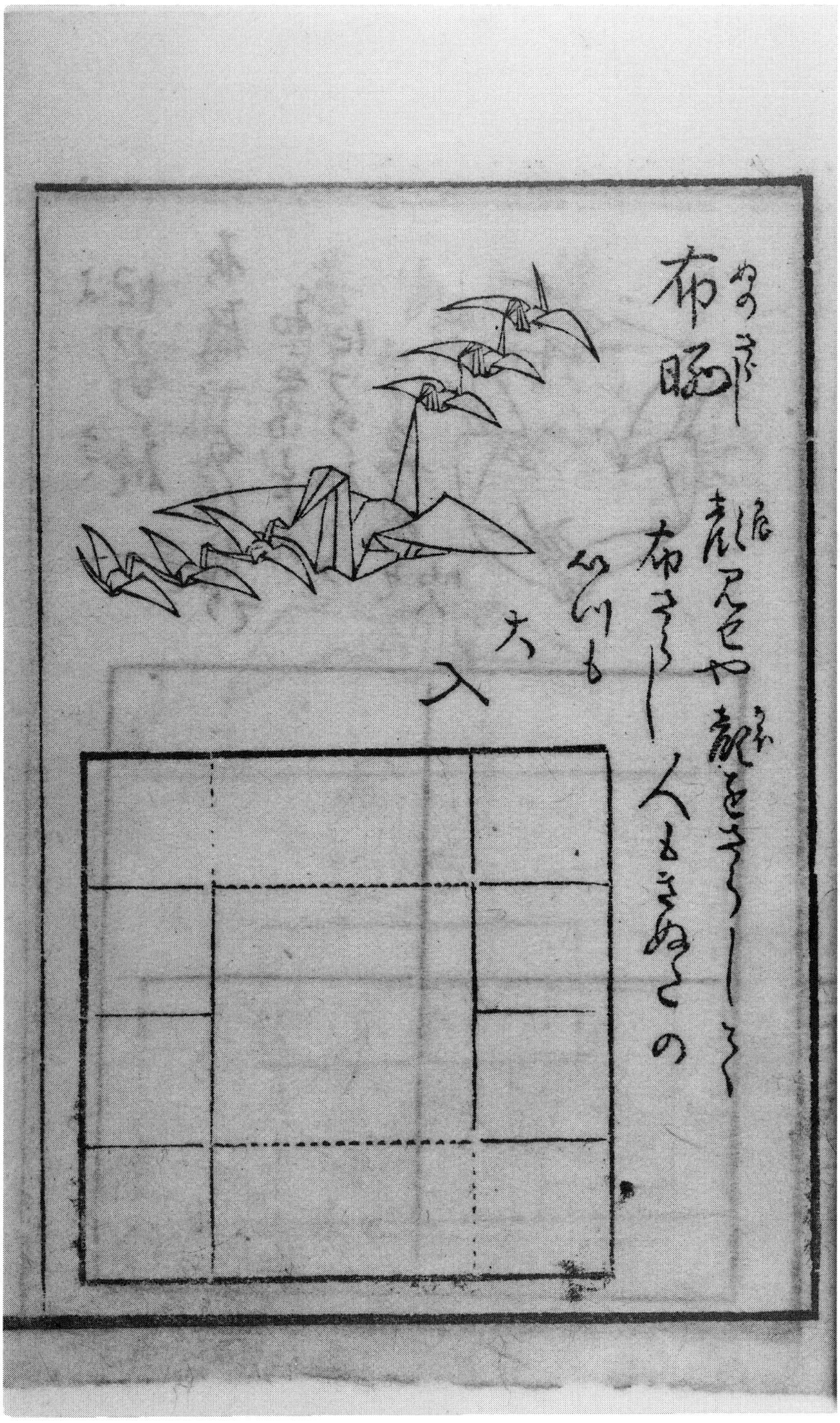

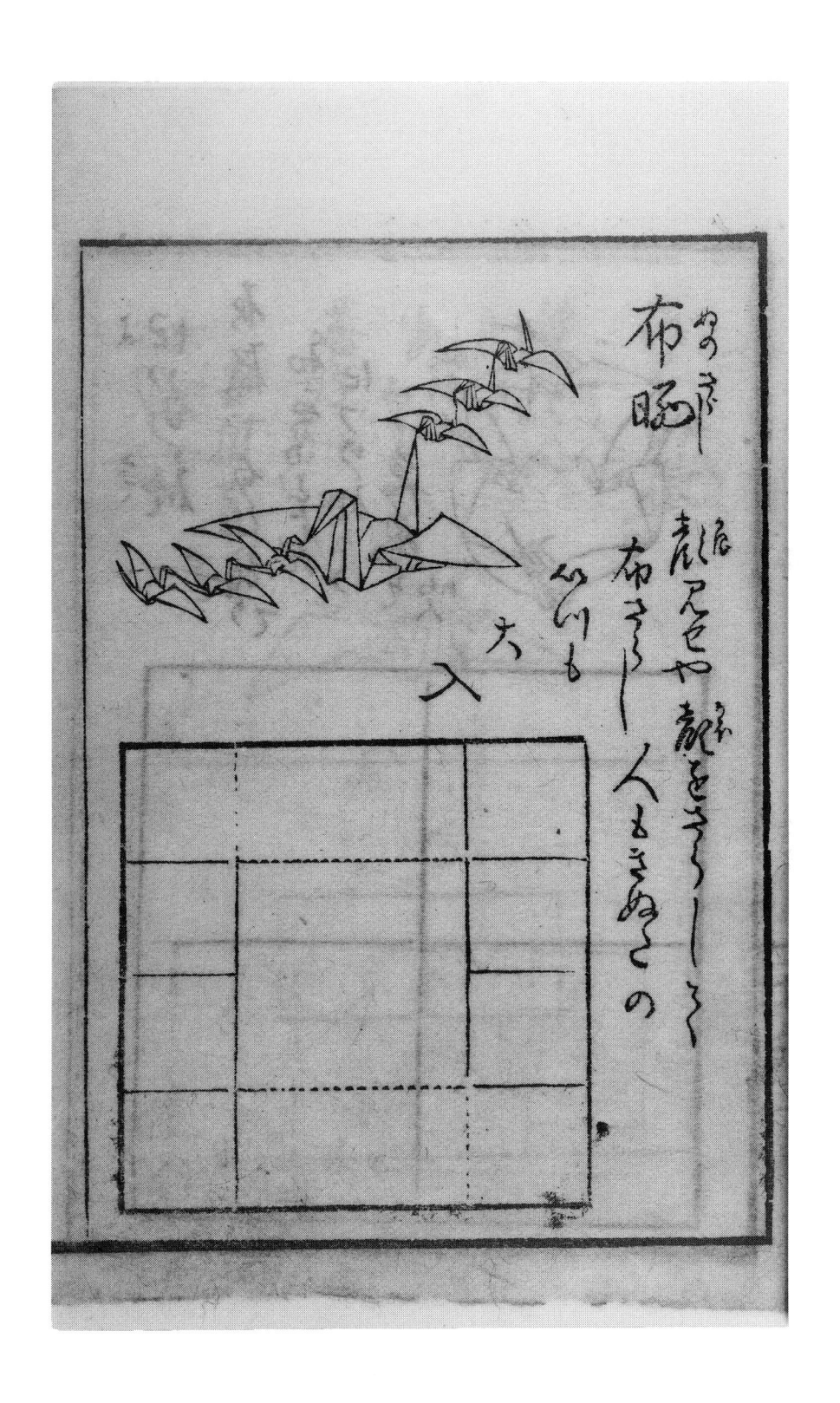

そで
よに一つの袖

夜嵐や白ひ飾りて
初もとをだ
に一つの袖うら
嵐を
吹く

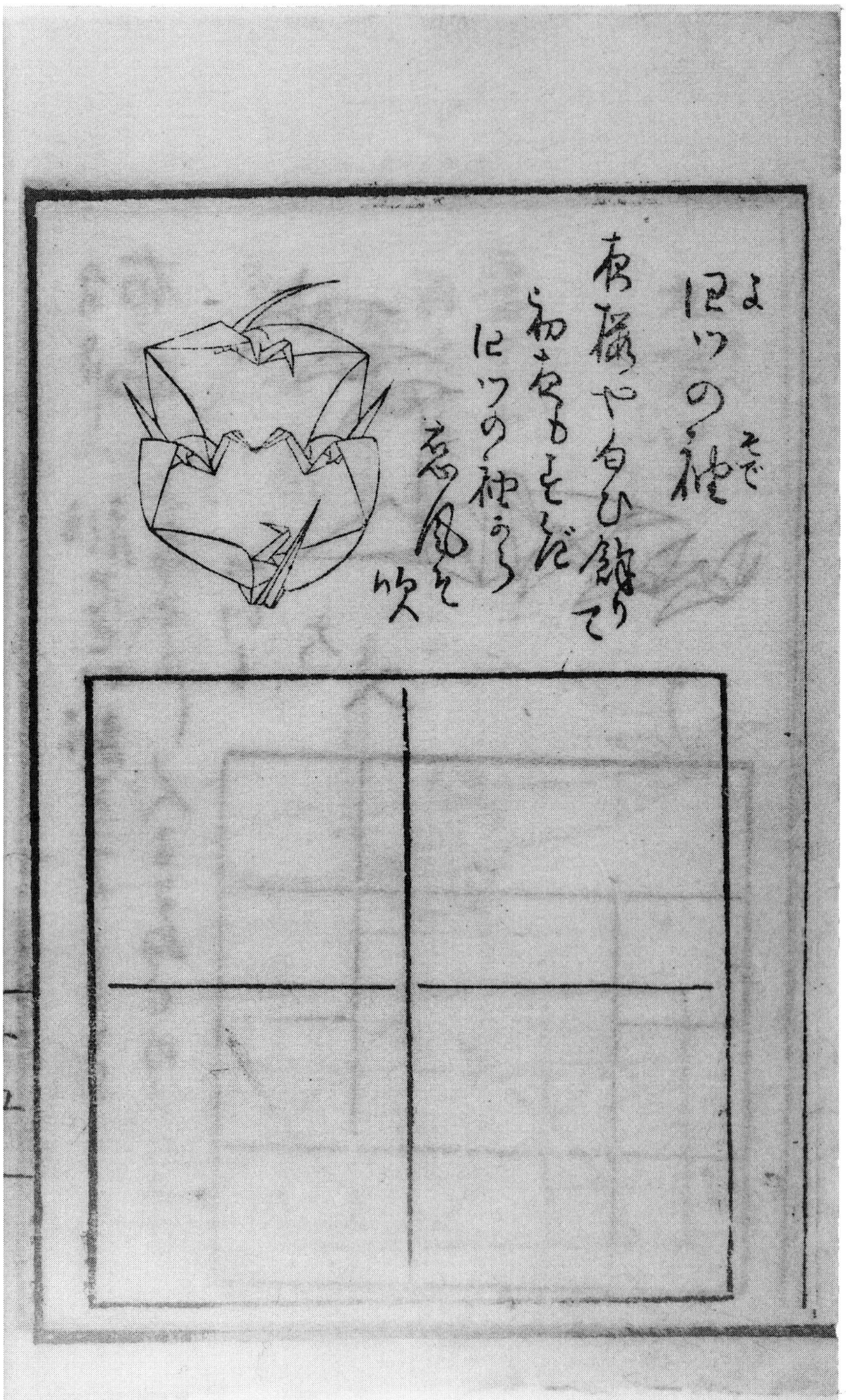

佐く欲根

ほくそうの
ひとつ　ちが
あれとも
よの
きをと
あり
るを
つもり
ねおもを
ある

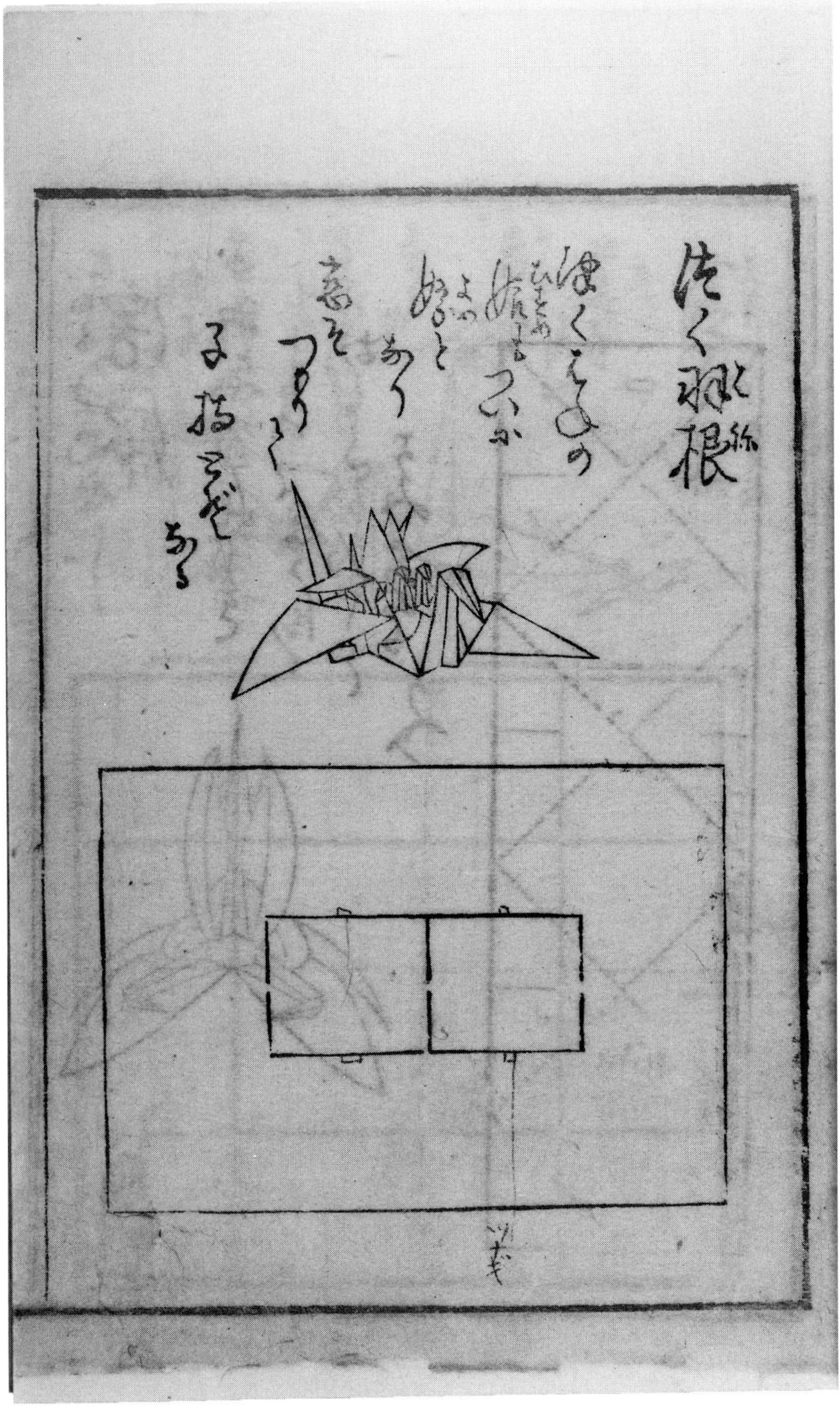

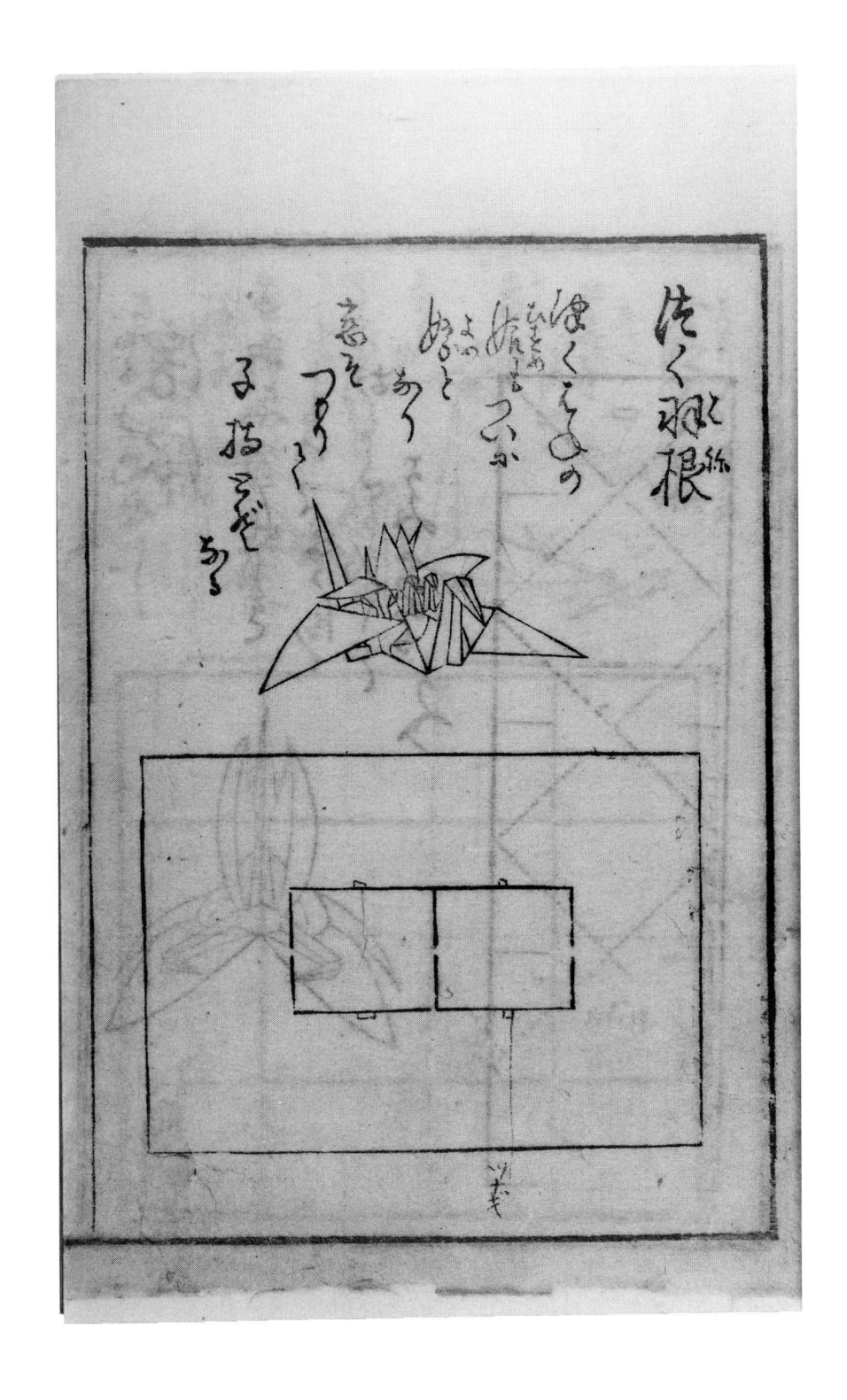

ふるさとう
澤瀉

初心には心えしらしき
ものとをしへけり
あるよう〳〵と
みあらふす

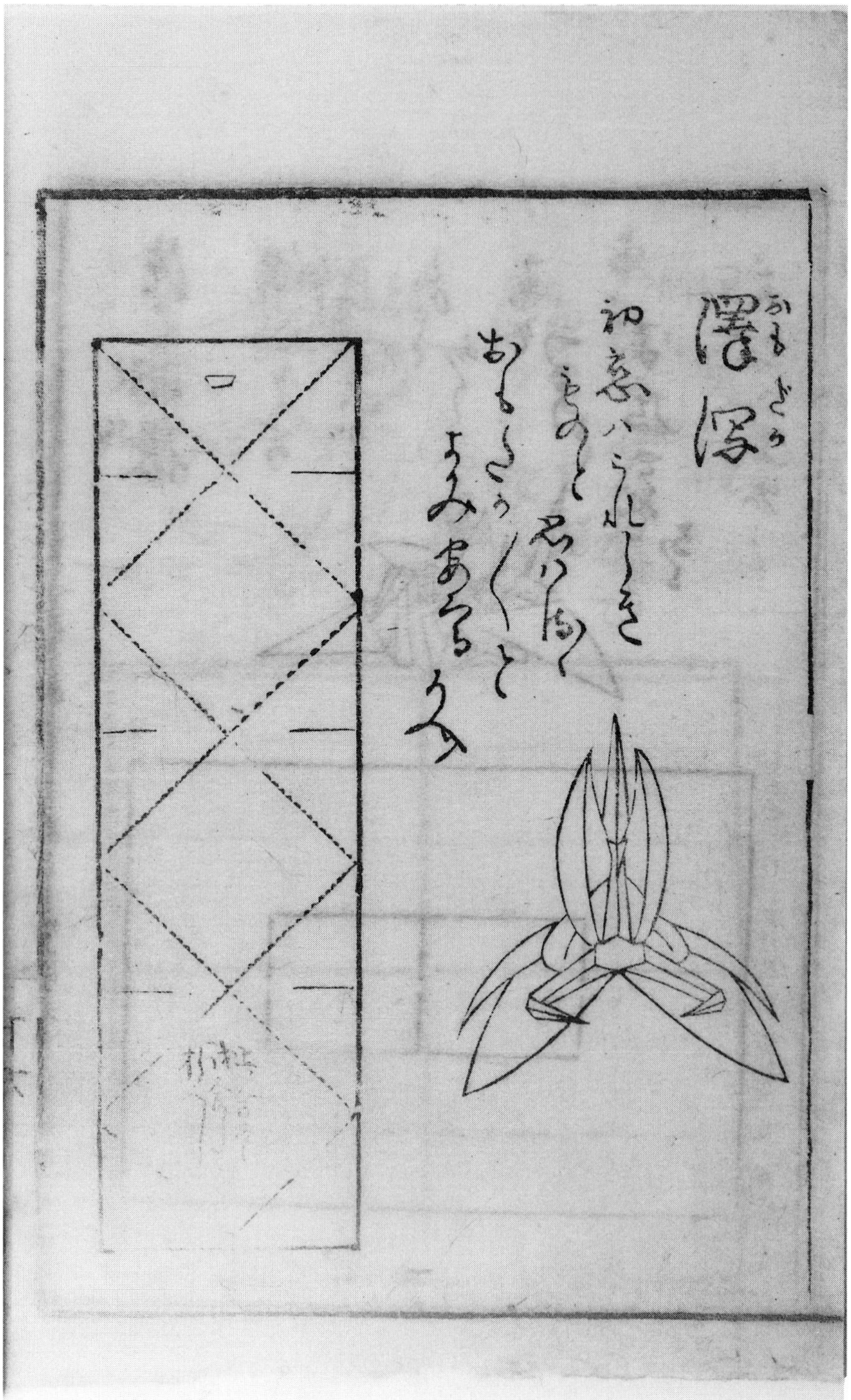

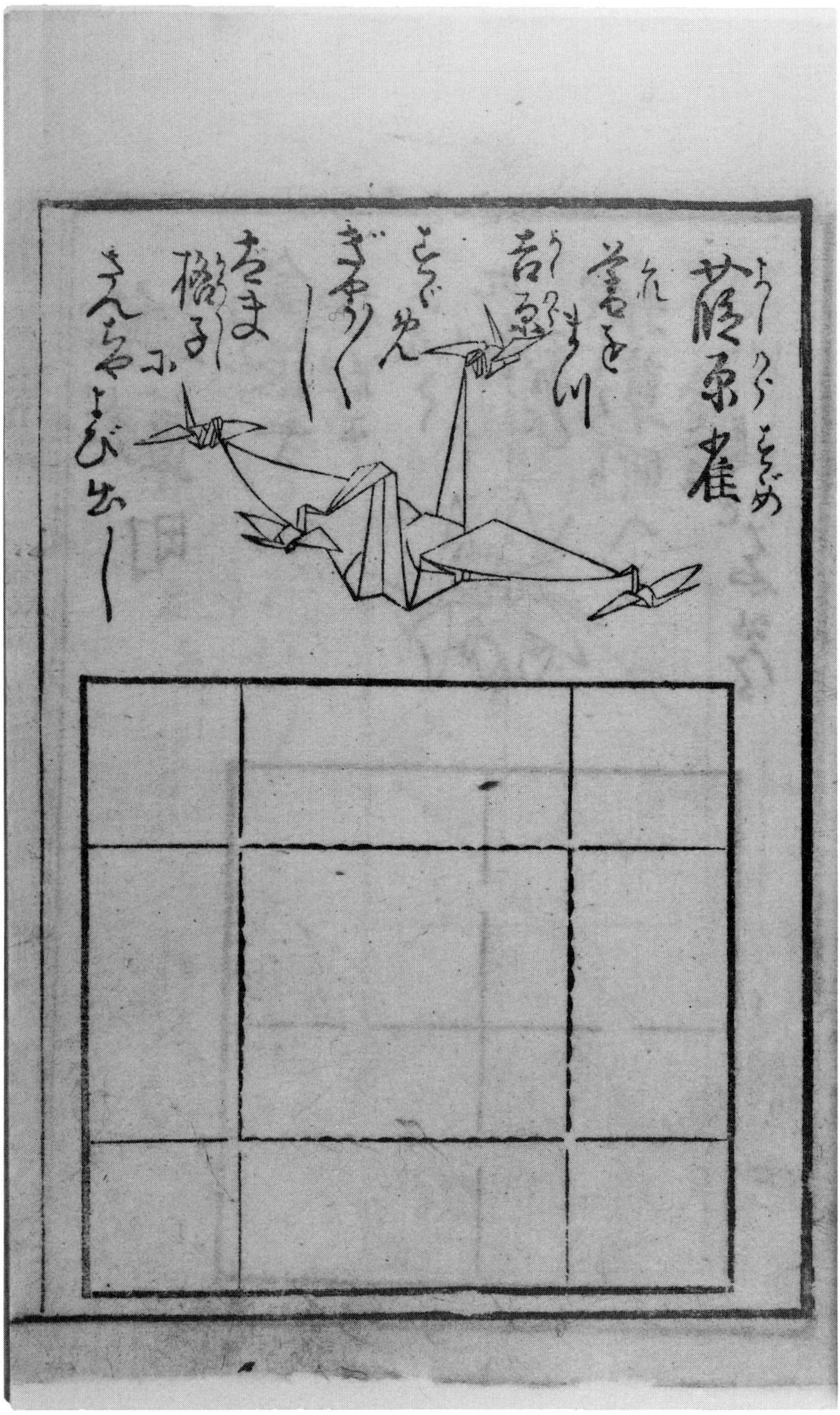

瓢簞《ひやうたん》町

金銀《きんぎん》や

桂馬《けいま》に

のりて

九まわら《ゑん》

あそび

瓢簞町《ひやうたんまち》へ

駒《こま》を

ちゐ翁

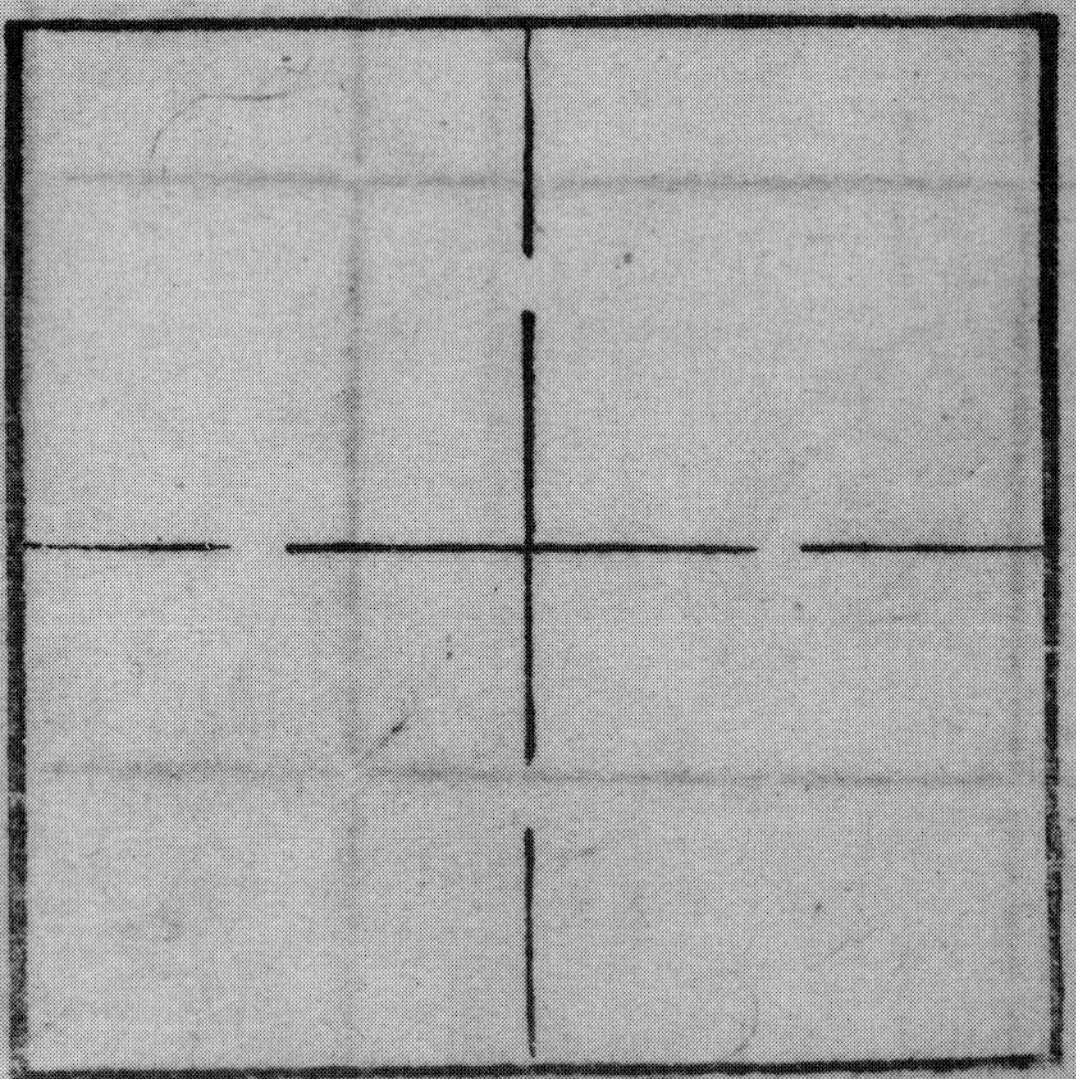

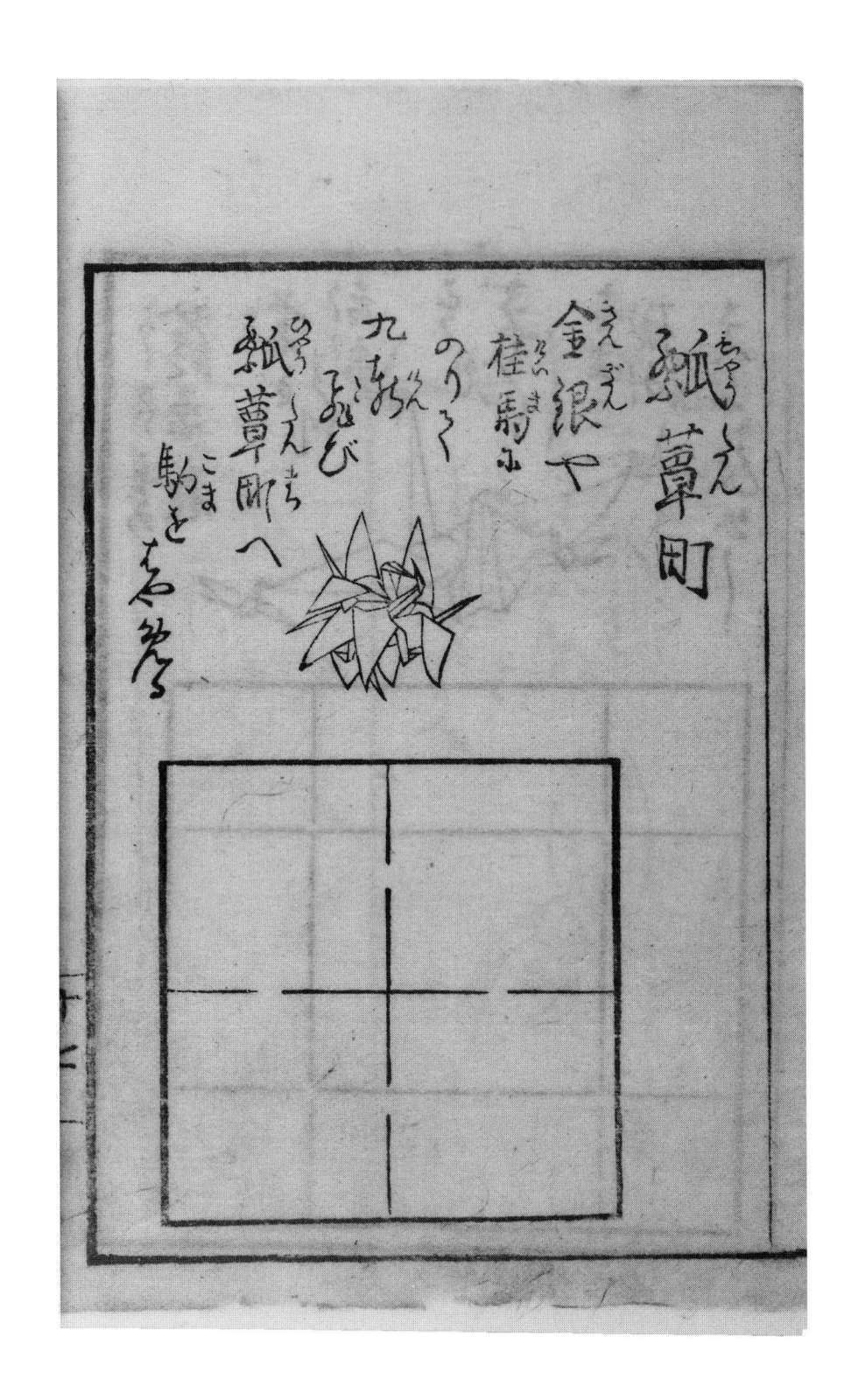

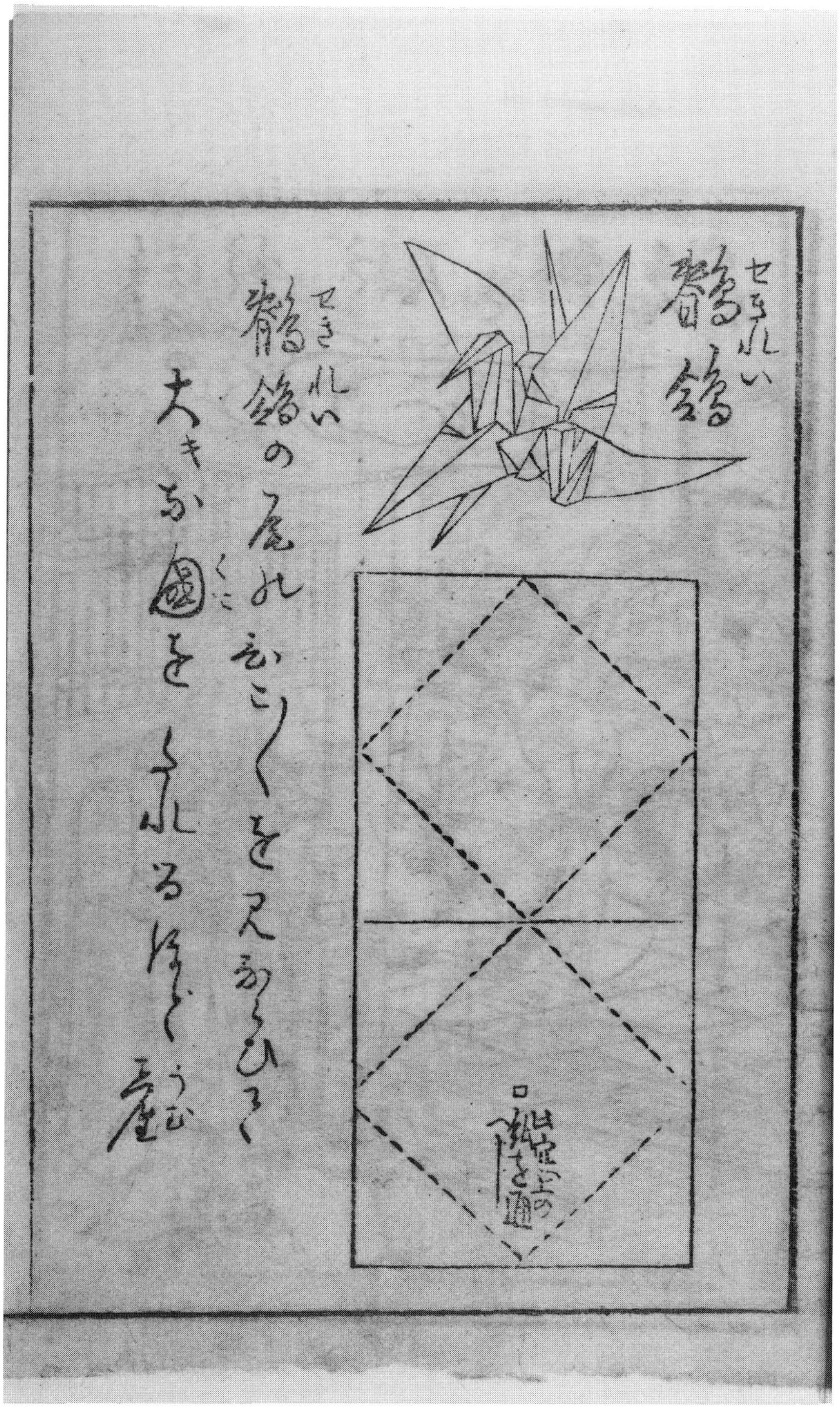

鶺鴒《セきれい》

鶺鴒《せきれい》の尾れゑこしくを見るひろく
大きな國《くに》をふしるほど産《うむ》

浜松《はままつ》の音《をと》はざんざ

まつゑふまる
丹頂《たんちやう》の
鶴《つる》
八仙歌
一斗詩百
酒家
酒

壱の曙

半はくけふ
ちんく
こえこの
ほや
かみのくへ
ま丶
あけぼの

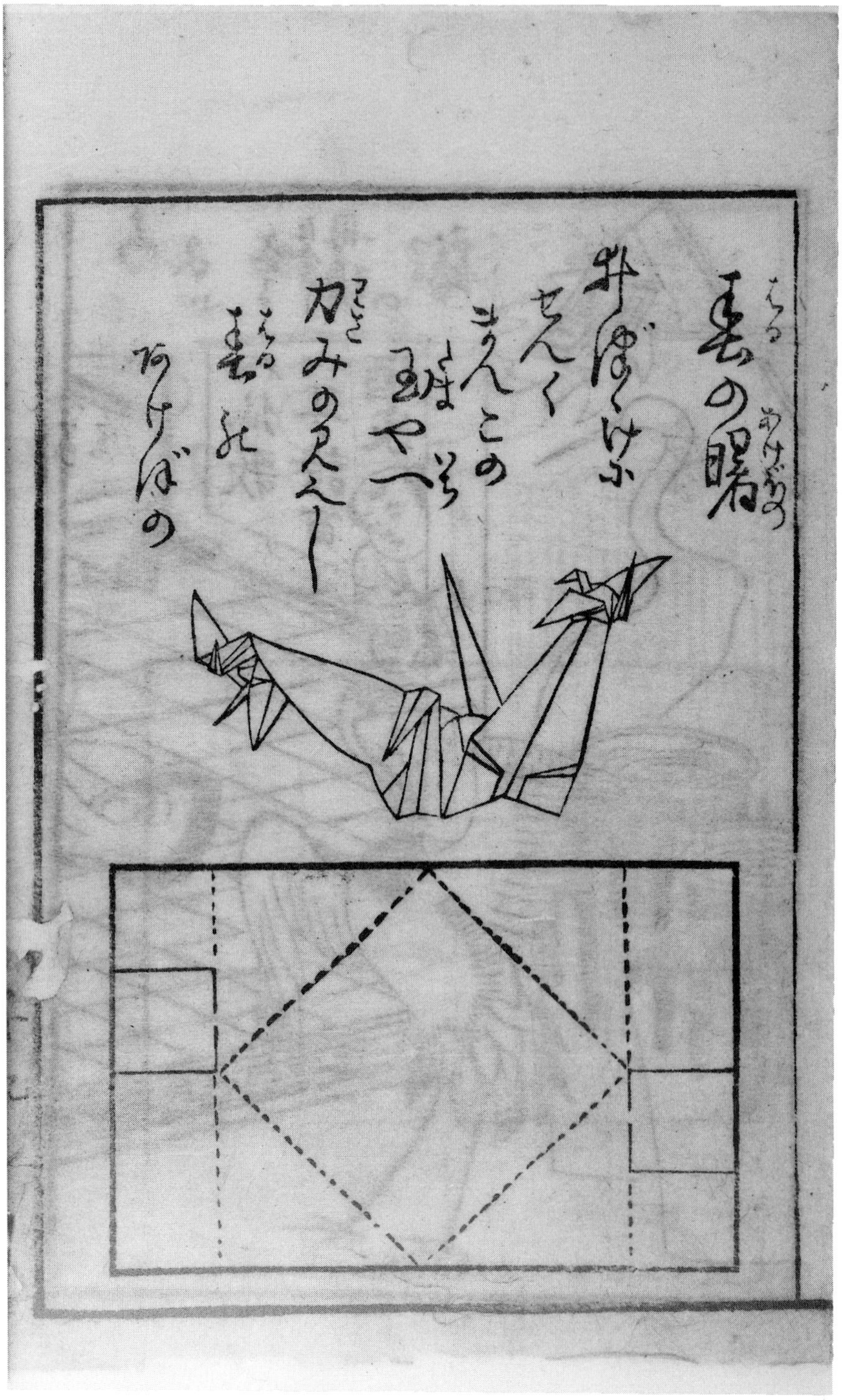

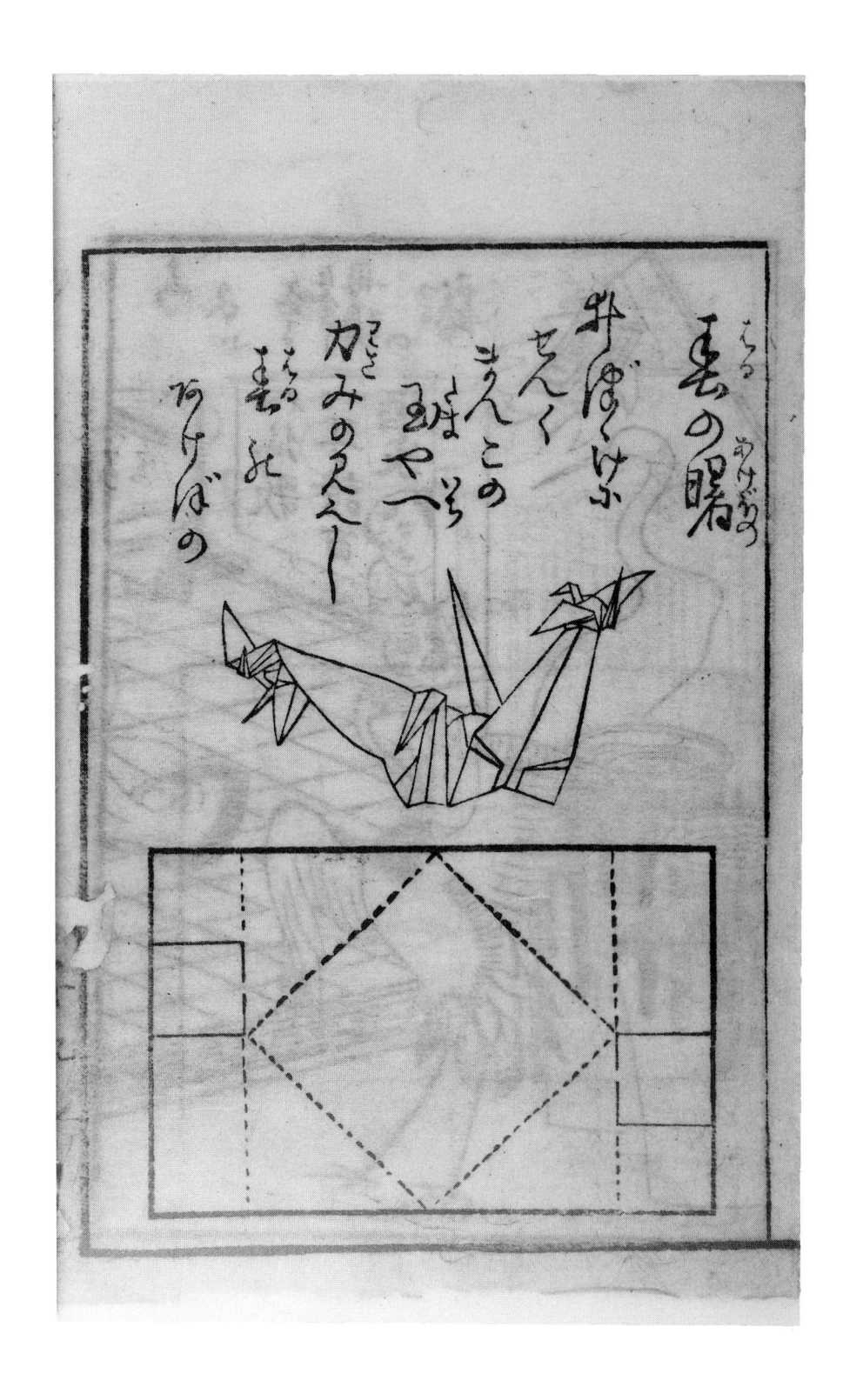

雛遊
ひなあそび

又つるをば
げいしや人
こゝまでを
拙樓の
忘れあそび
有

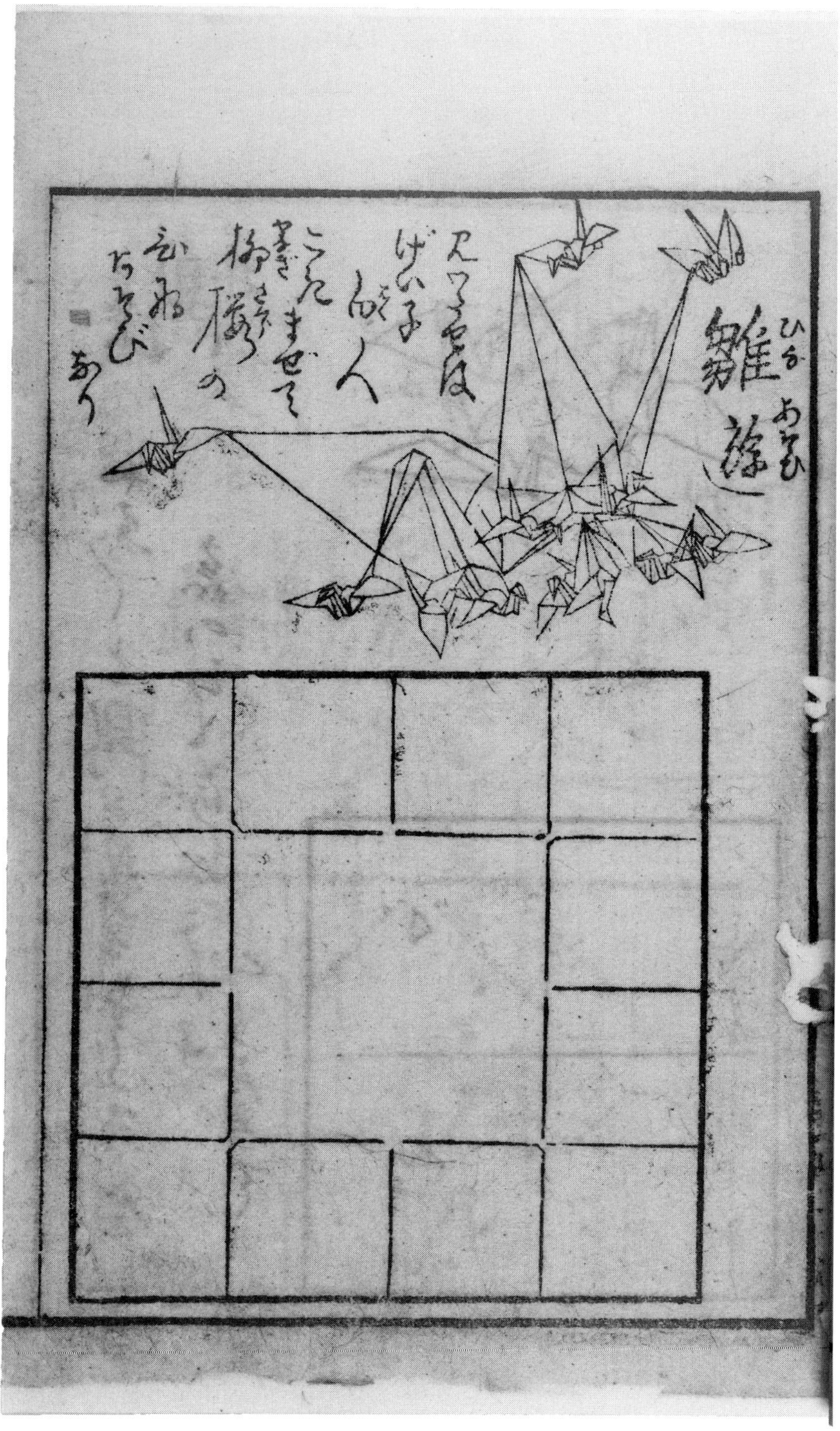

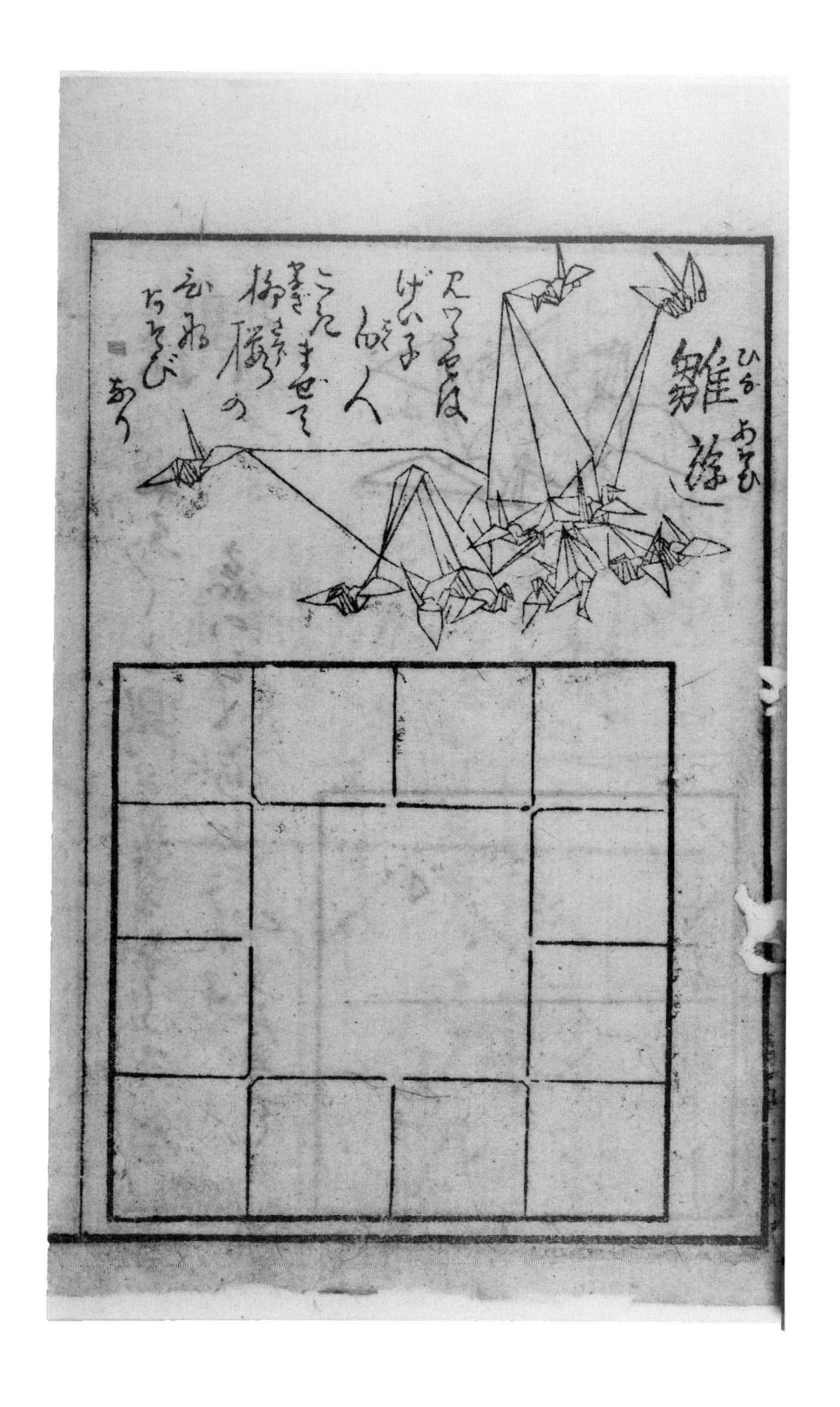

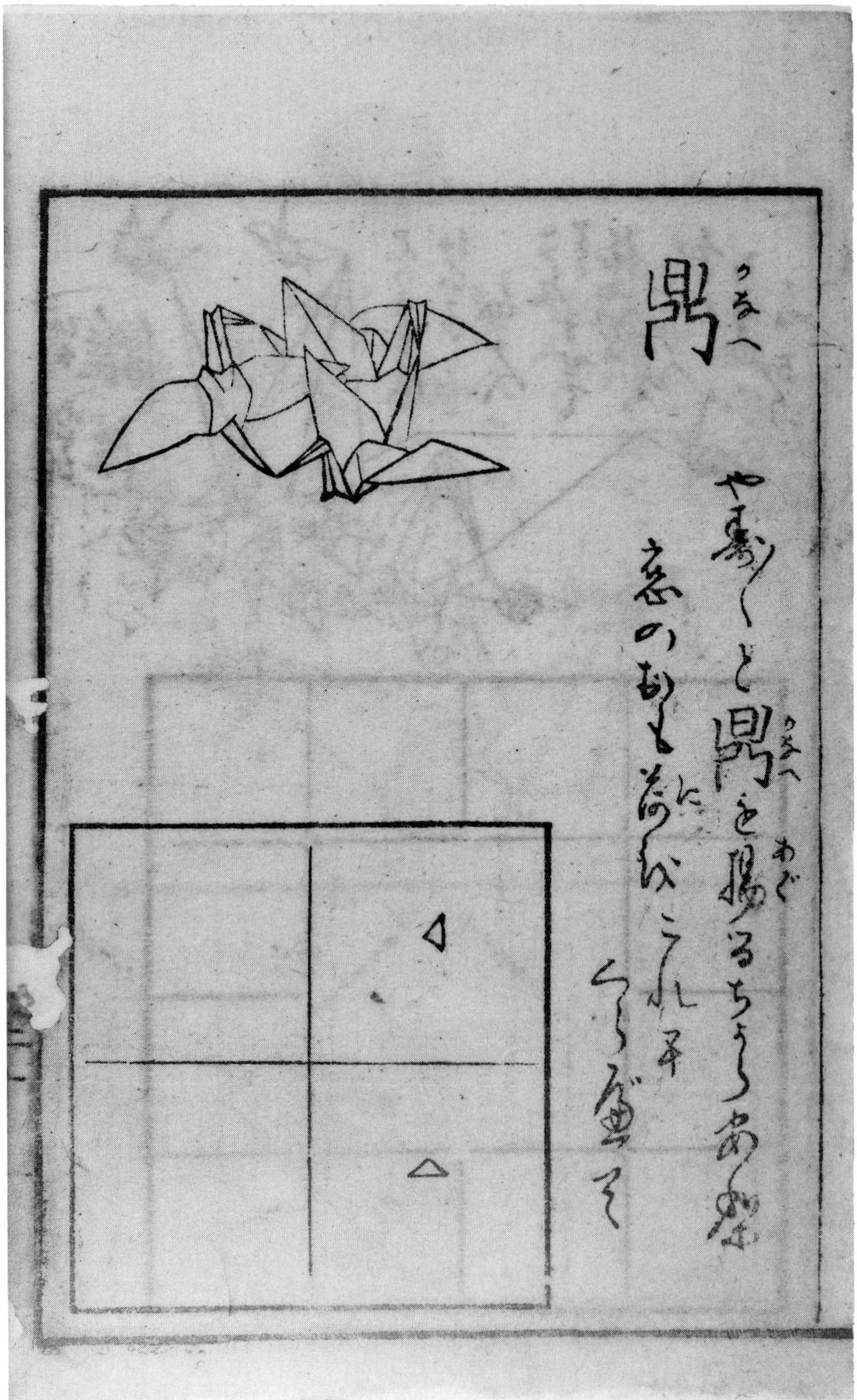

やうき 寿木

花橋

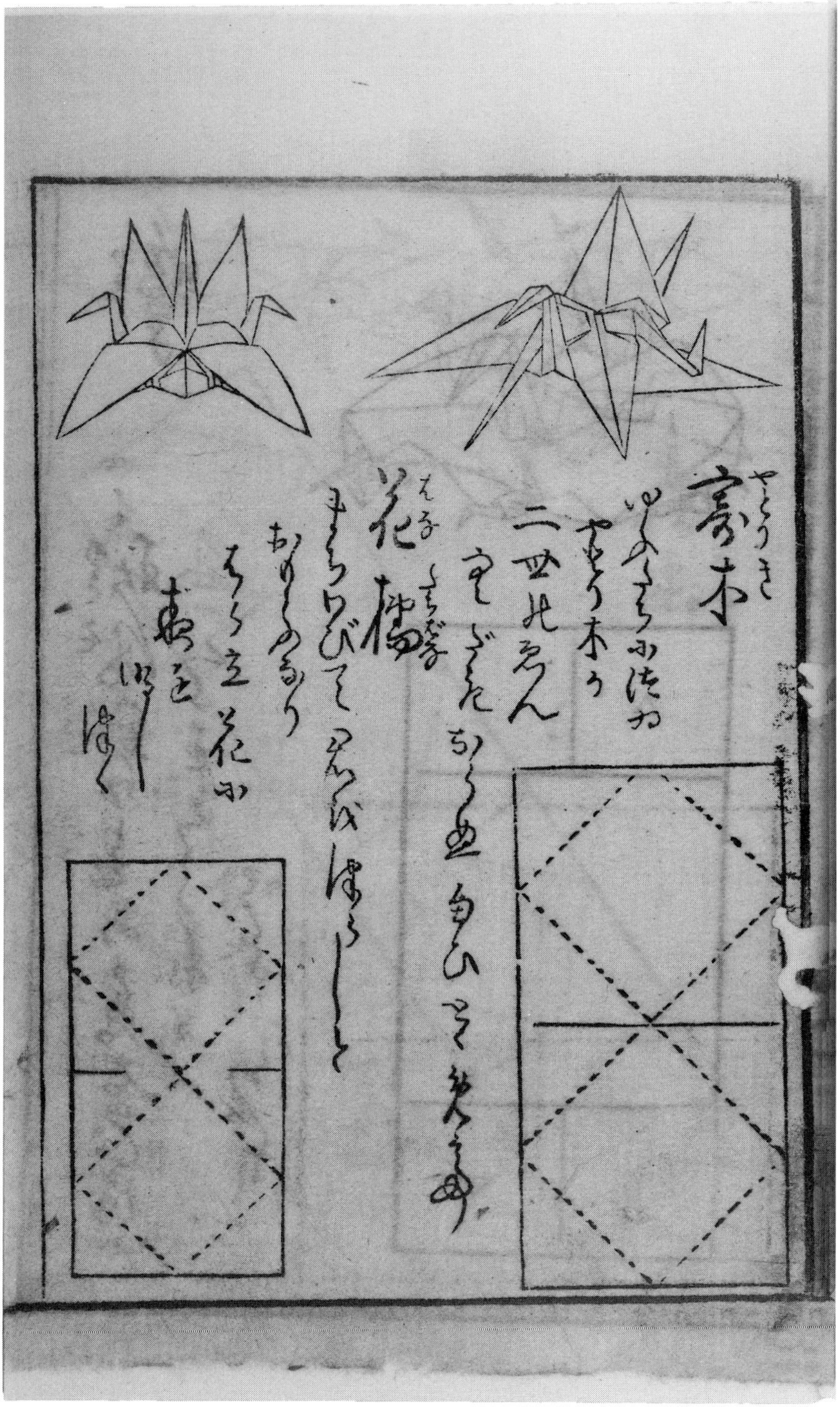

鳴子

秋風はふけども あうあきのひ沿か
弓をもらし鳴子 よろ〱

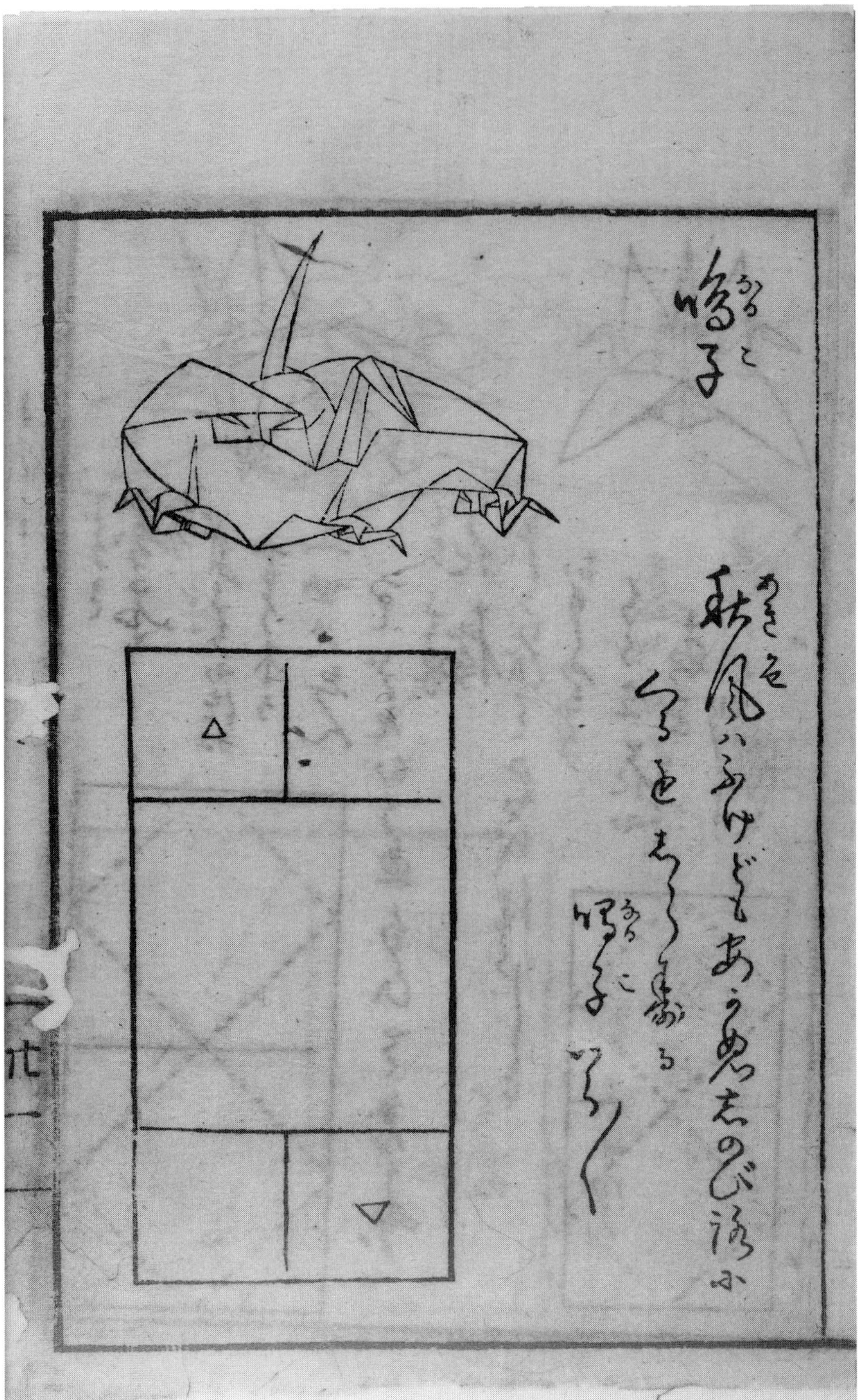

百鶴

百鶴の
たから引くも
ひく　あけます
囲み　あけ行
蟹か
こゞひ
ころび　百鶴遠

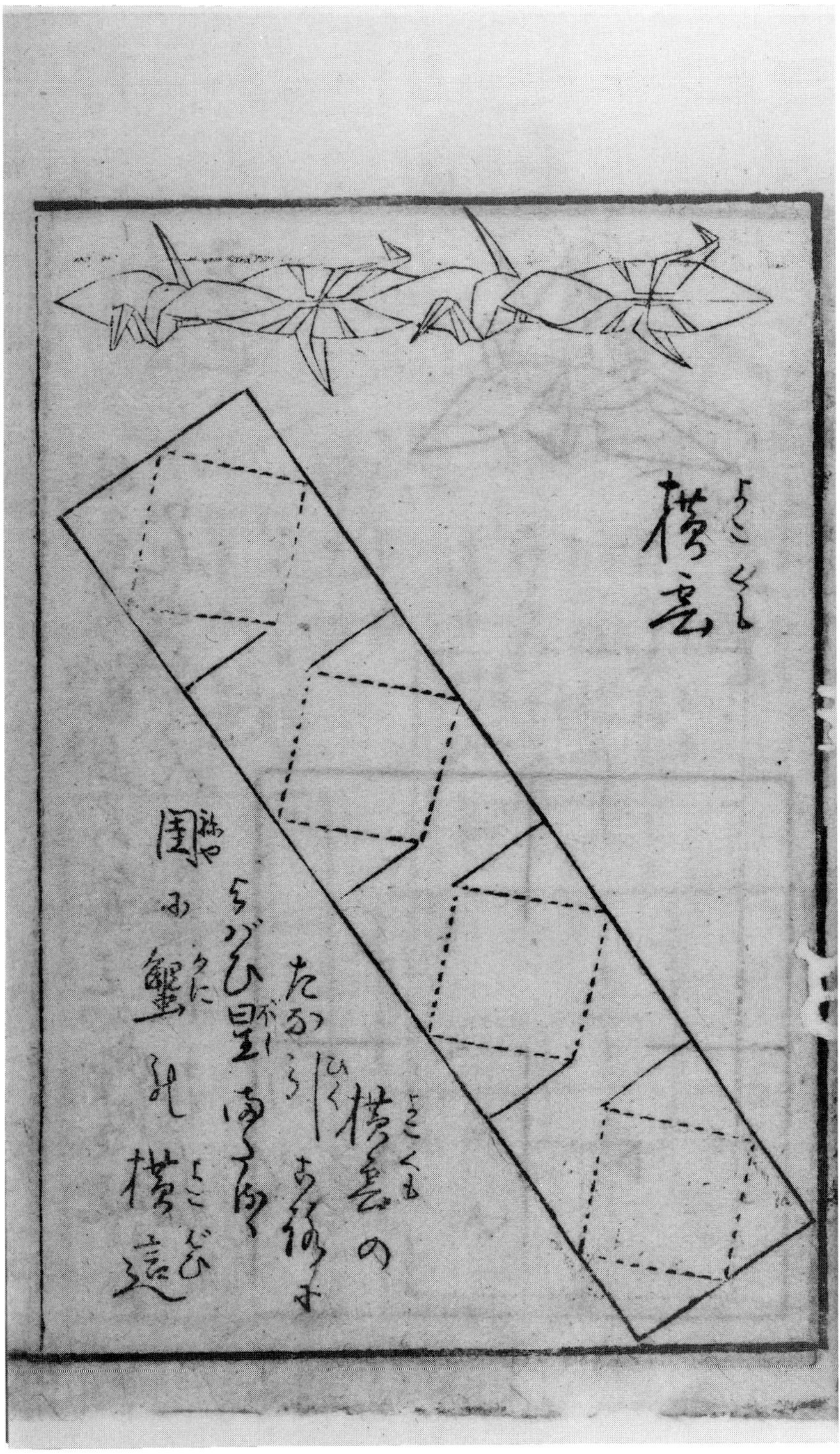

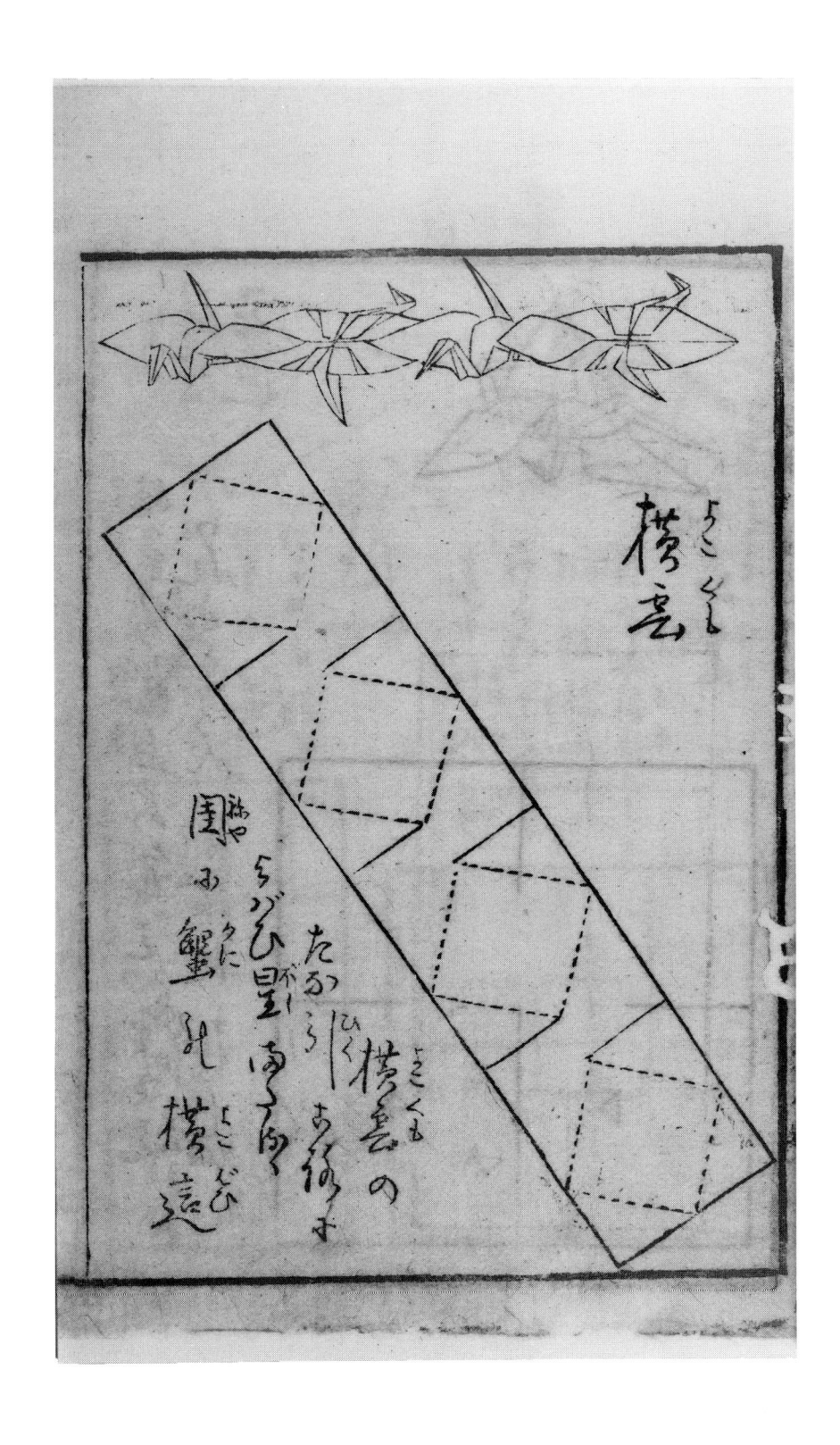

二巴

つえゝ　ゑゝ
嬉々氣うら楓
返のあげを三ッ生をゑ
ふしをあらん宇治れ柳姫

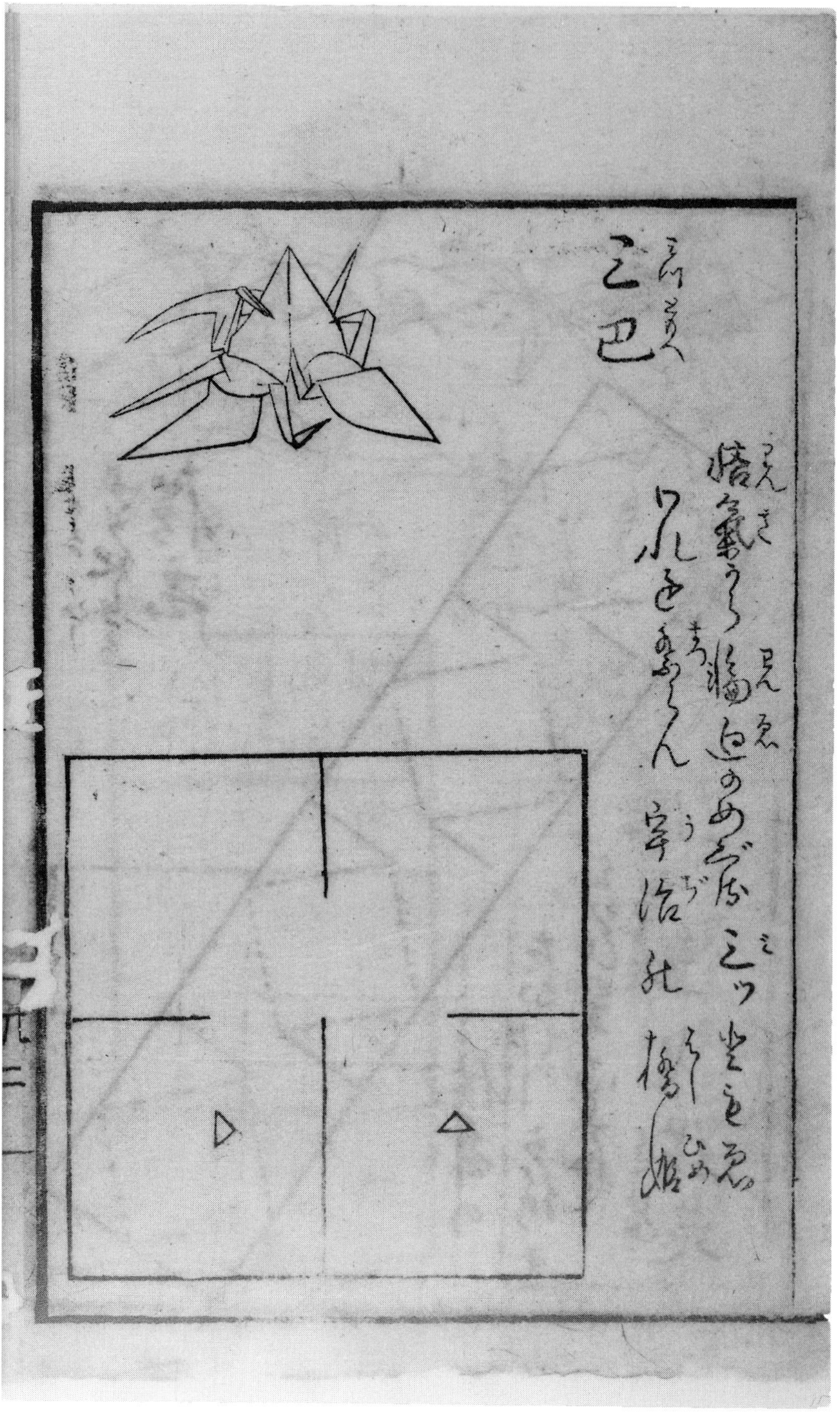

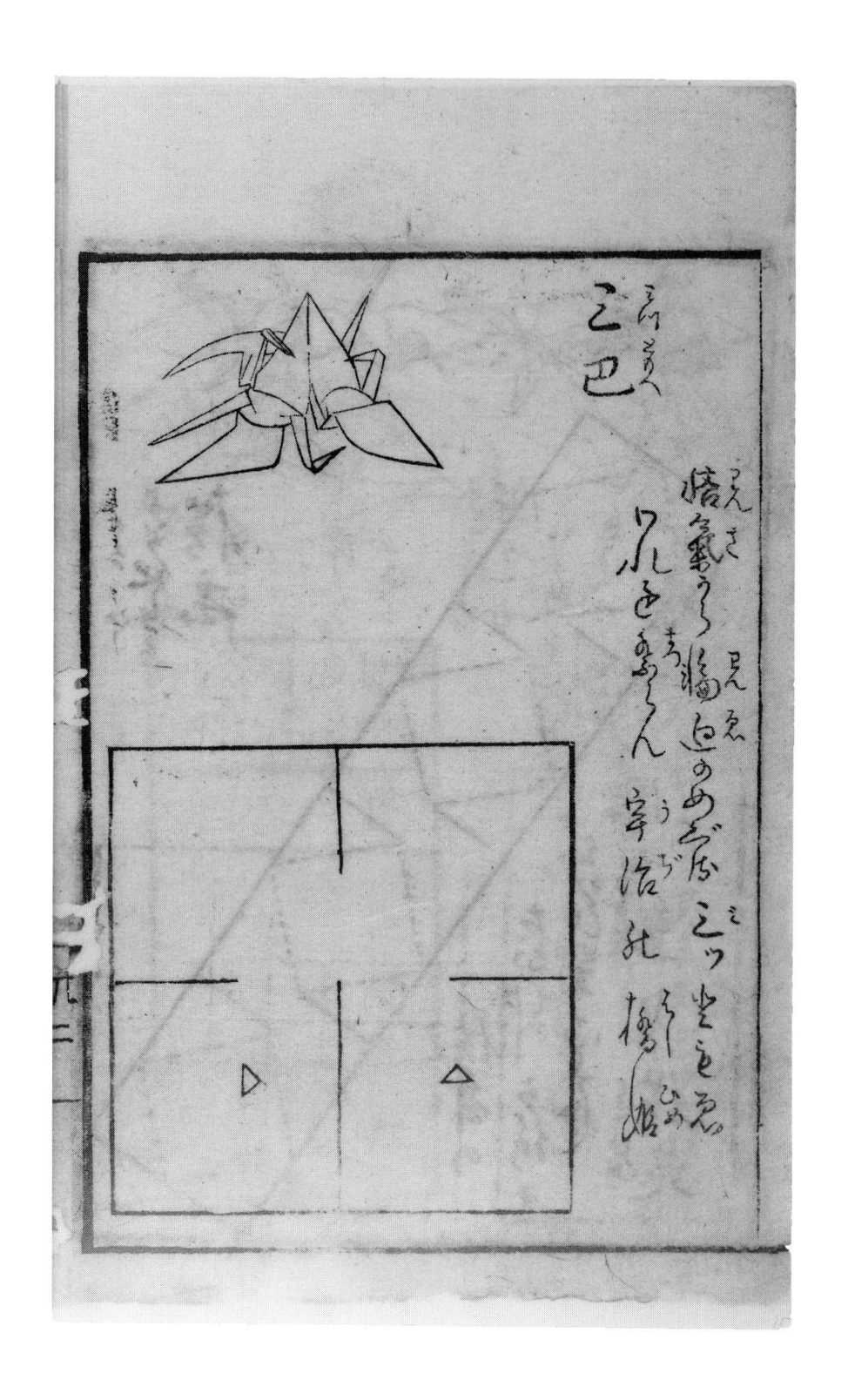

花菴 (はなひさ)

花をしや陰後や
桐の紋ばうし
けふひさぎ男を
過る婿入荷

早乙女

花そめも娘と
出る早乙女か
あどけなく
囲碁をるん

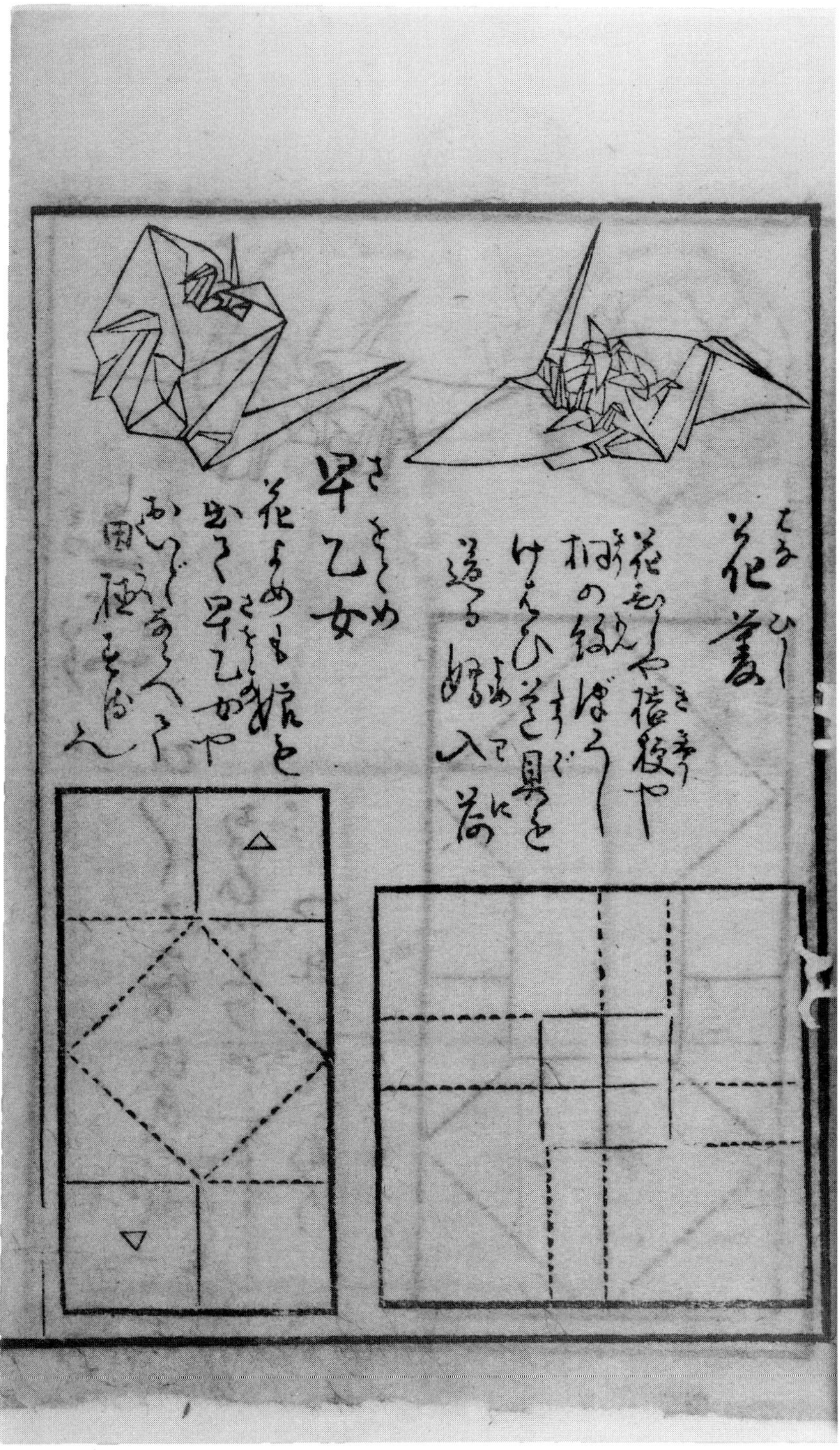

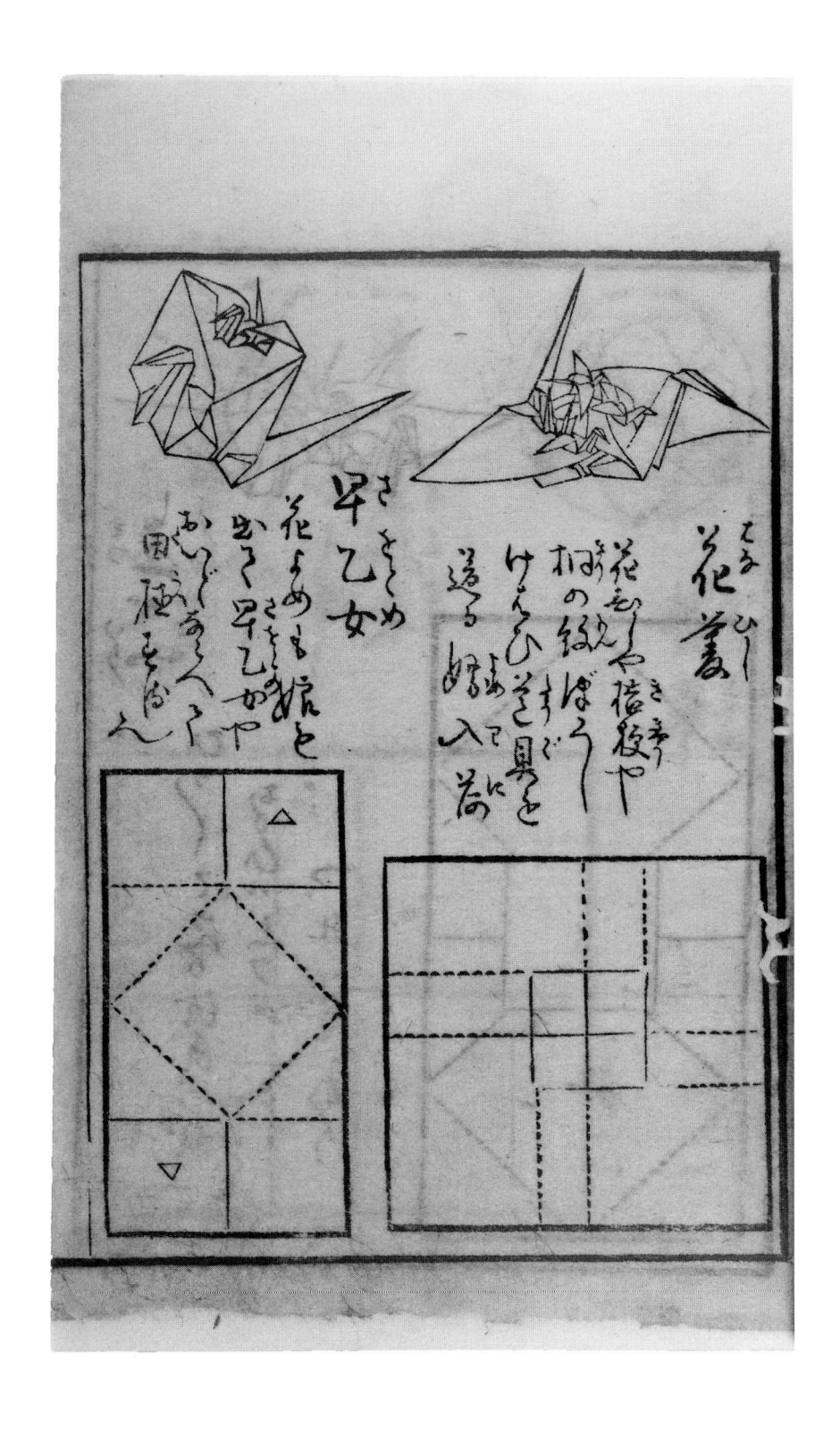

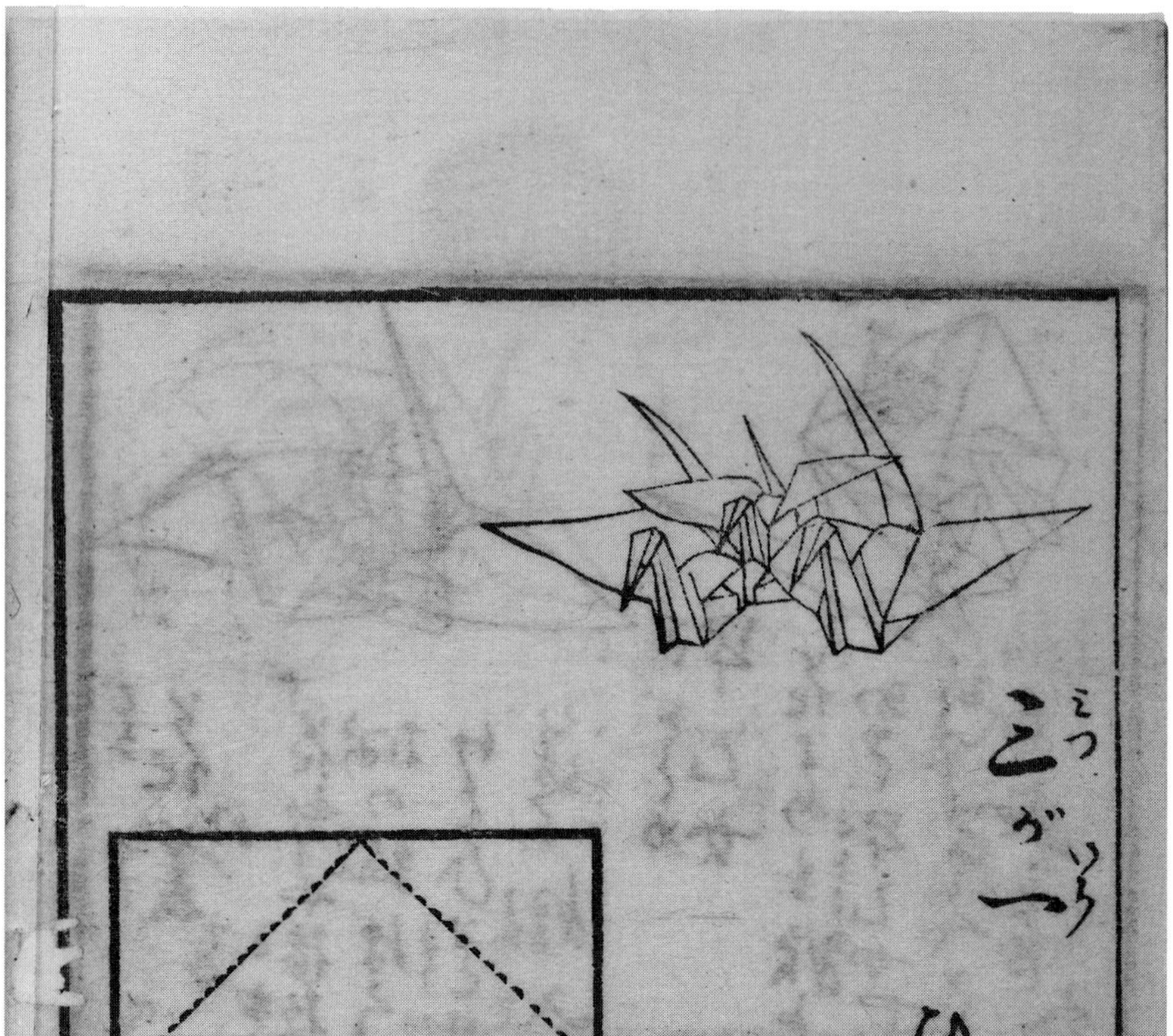
三《みつ》が一《いち》
ひつしと寄る源氏の鶴
かさね
おもひハ三ツが
つ此深なり

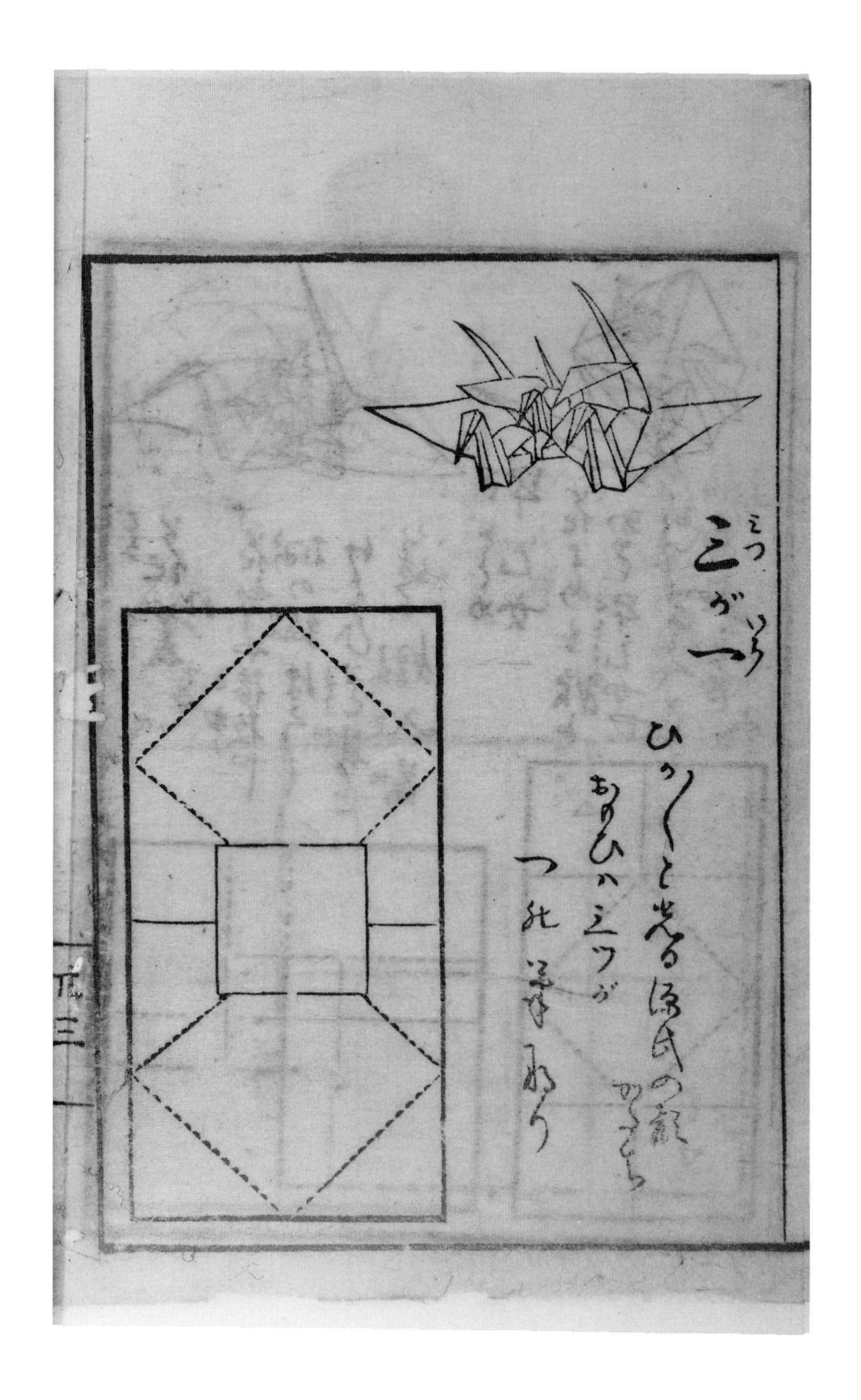

風《かさ》車《くるま》

一とせの春風車《はるかさくるま》
吹《ふき》よ勢て
からしくうつね
袖《そで》のおりくさ

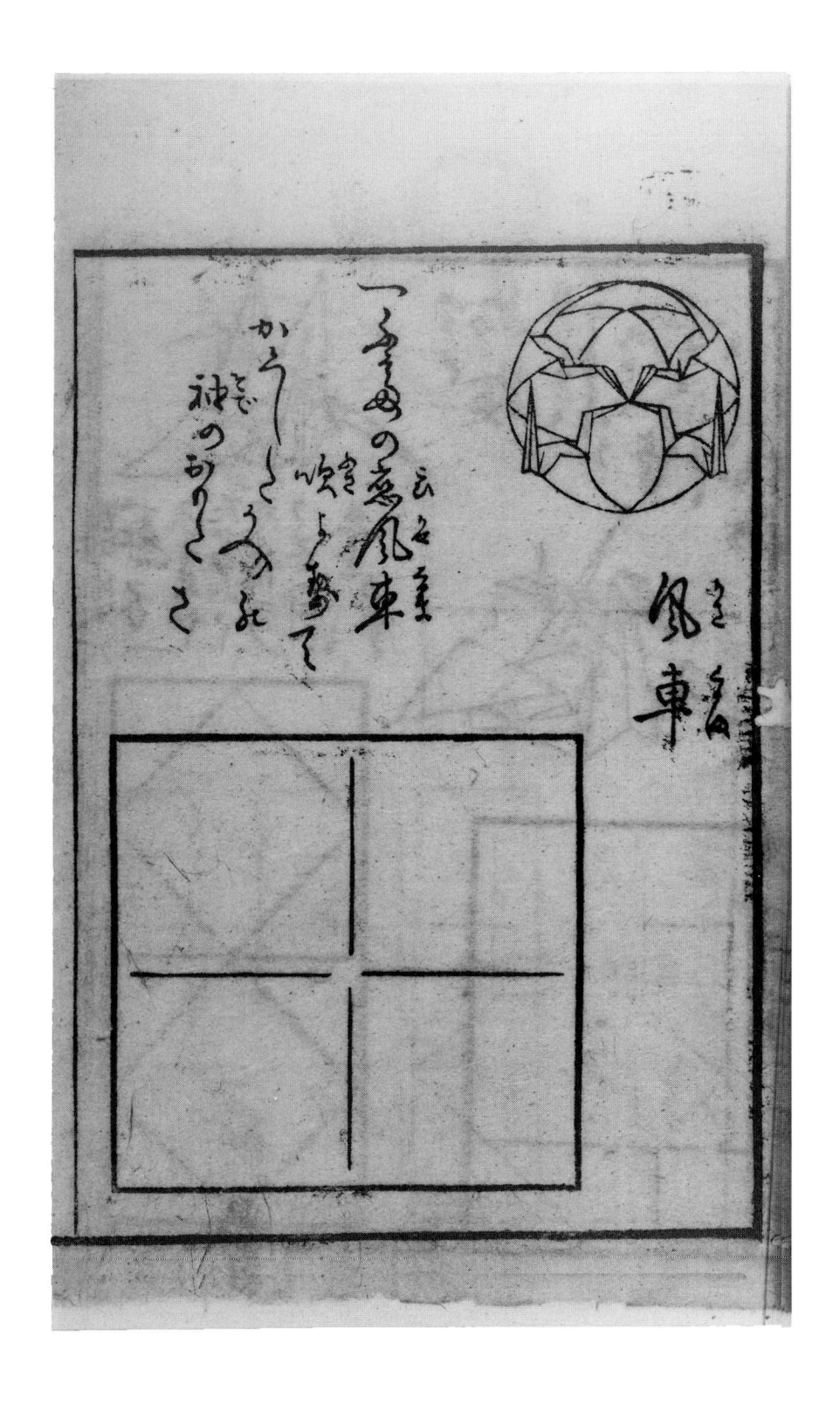

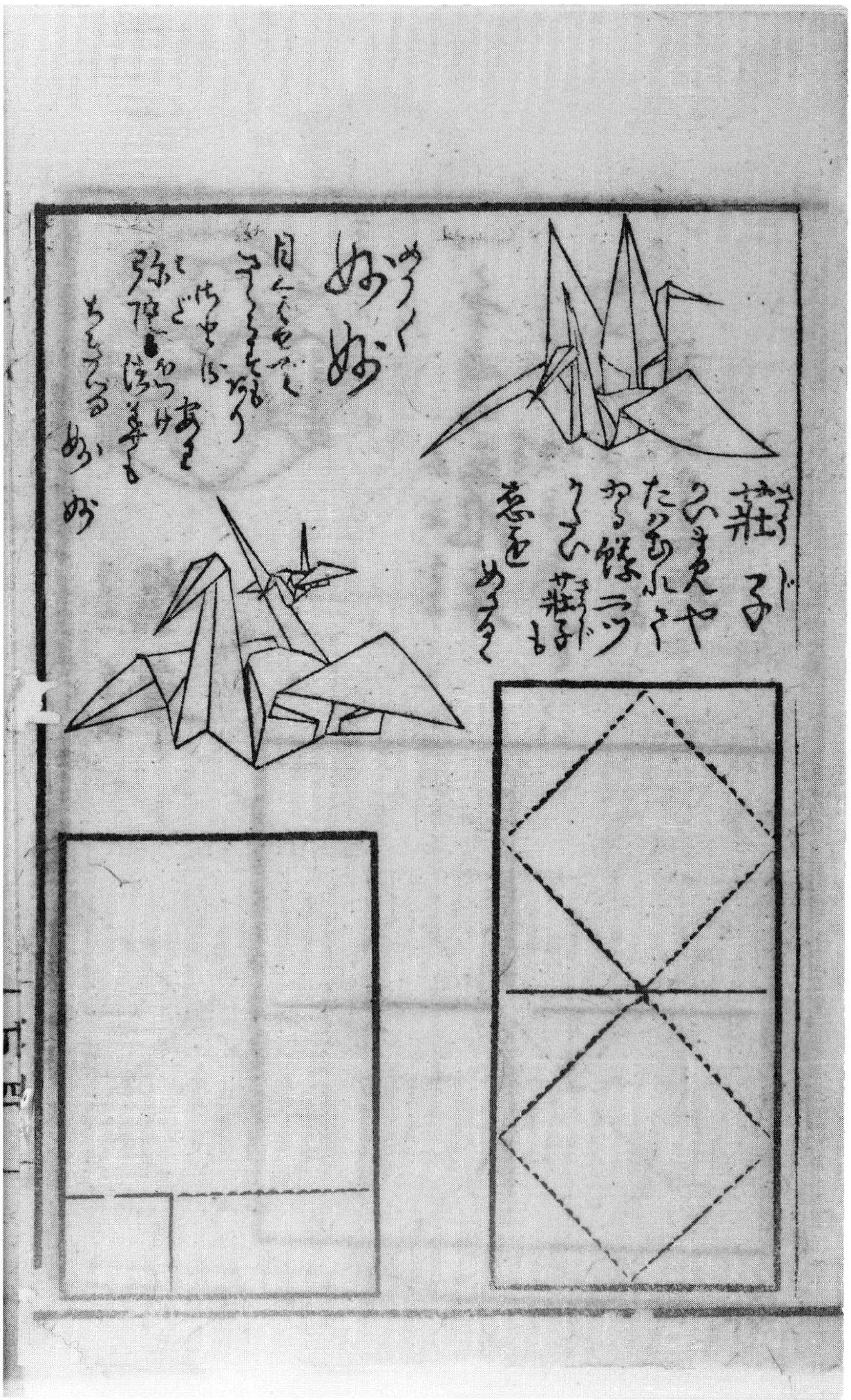

比翼 (ひよく)

天の原しづむる鴛のちぎりたのしまん
かんこの蒲團やしづれもなき若
相生
年うるごそうに女までんと
鉛たくえか
相をひの枩

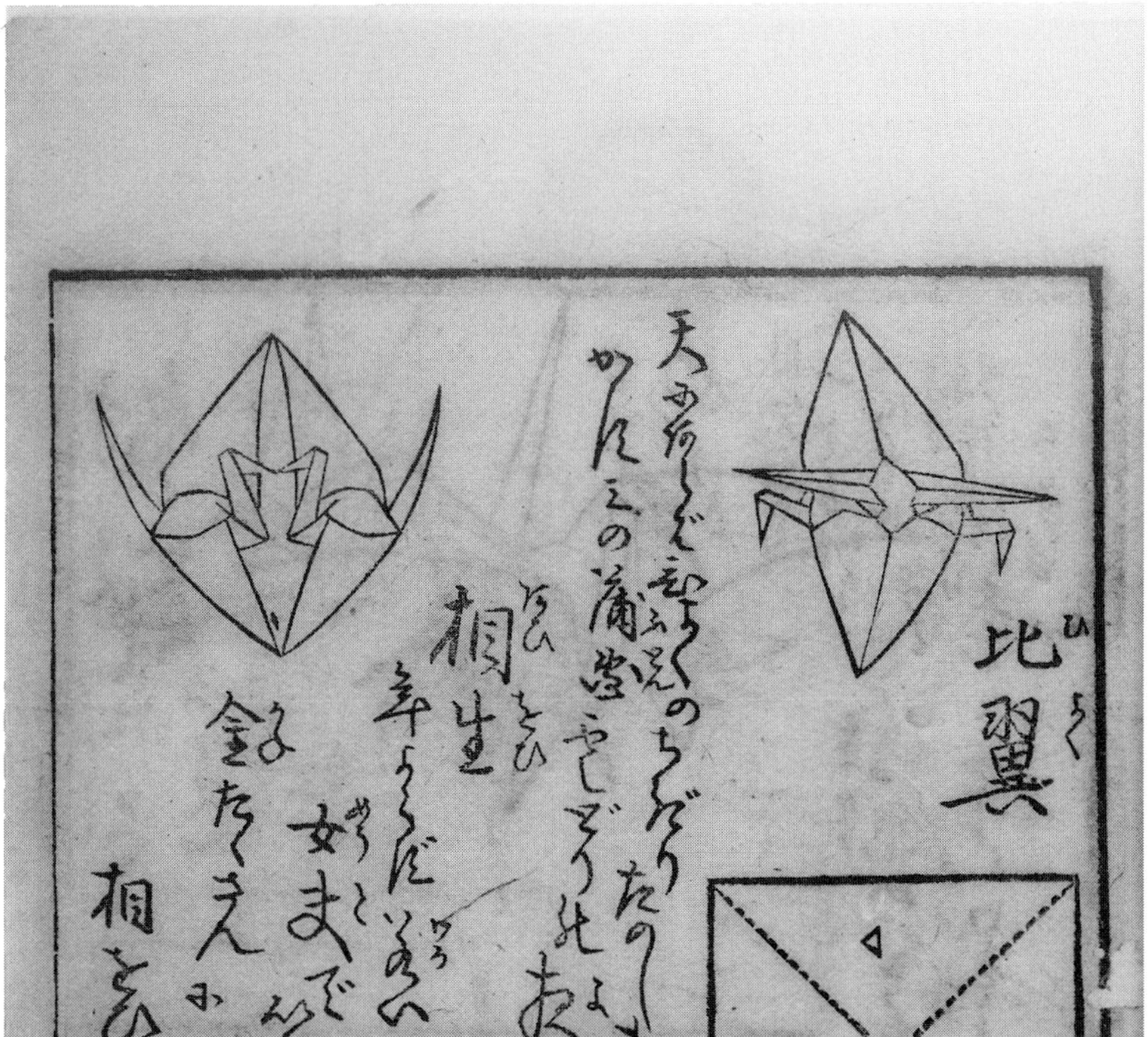

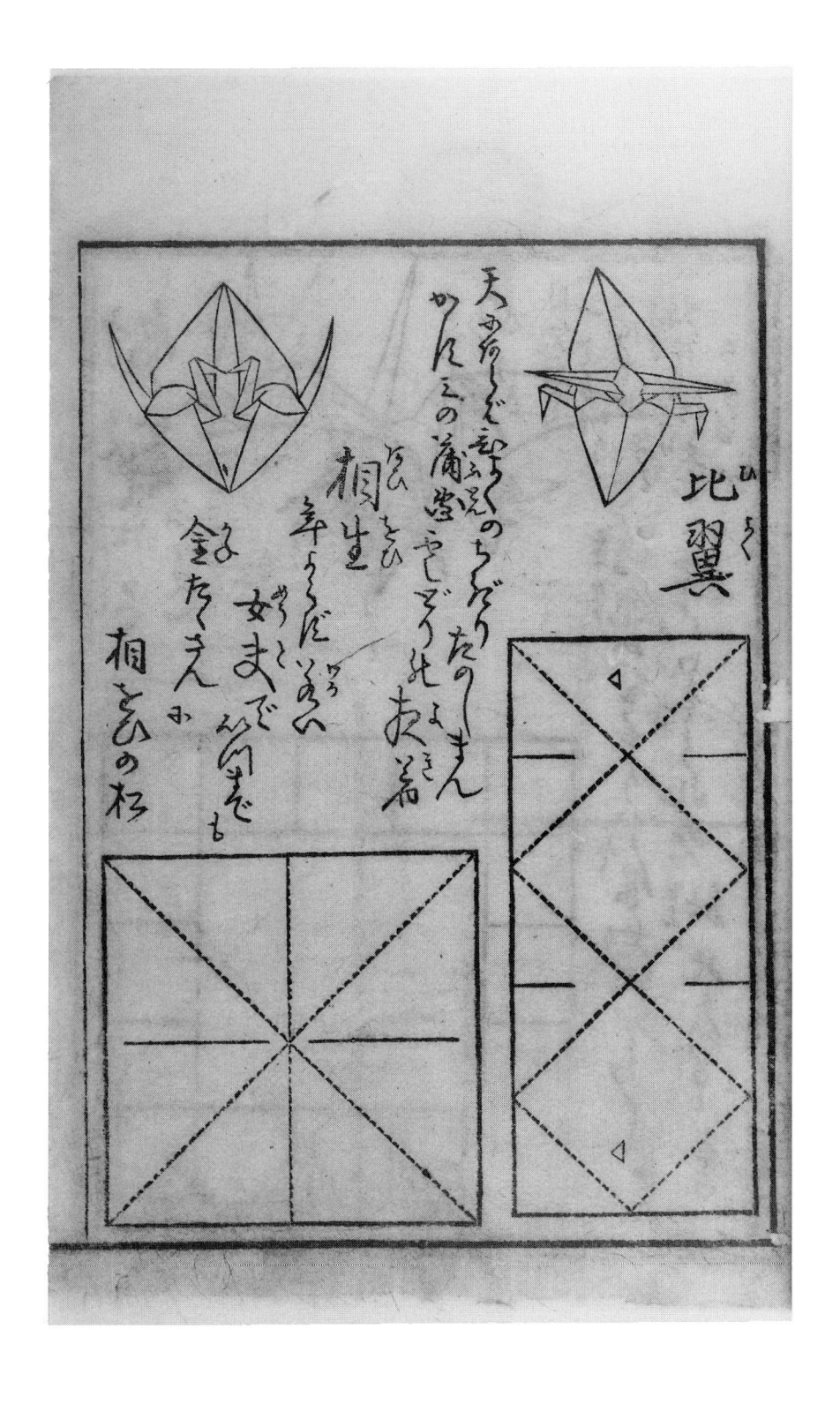

ふうゑ
蘭

萩原のをえりハ風蘭ふうくゑ
すゞをさらぬめう袖ふりへぞ舞

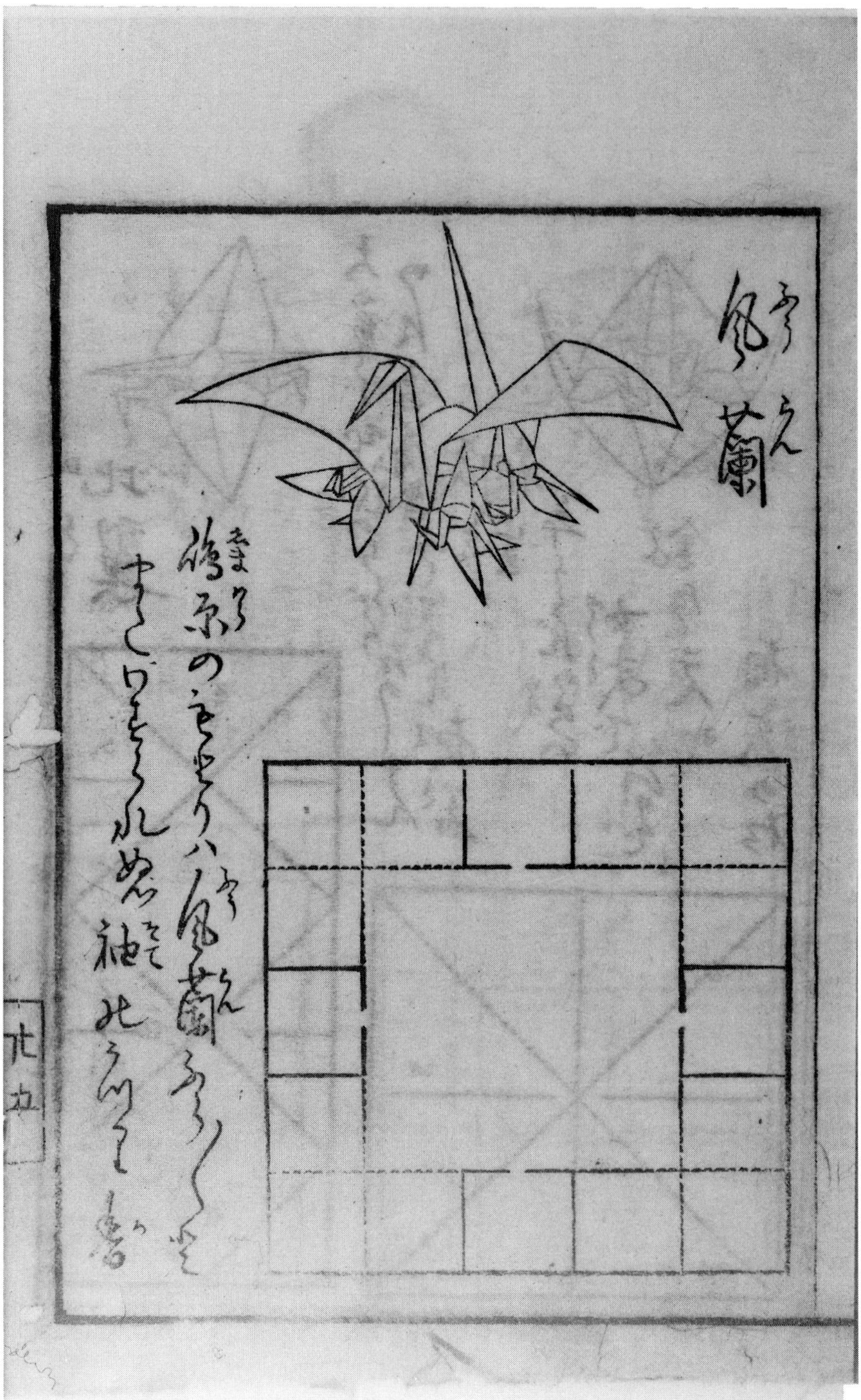

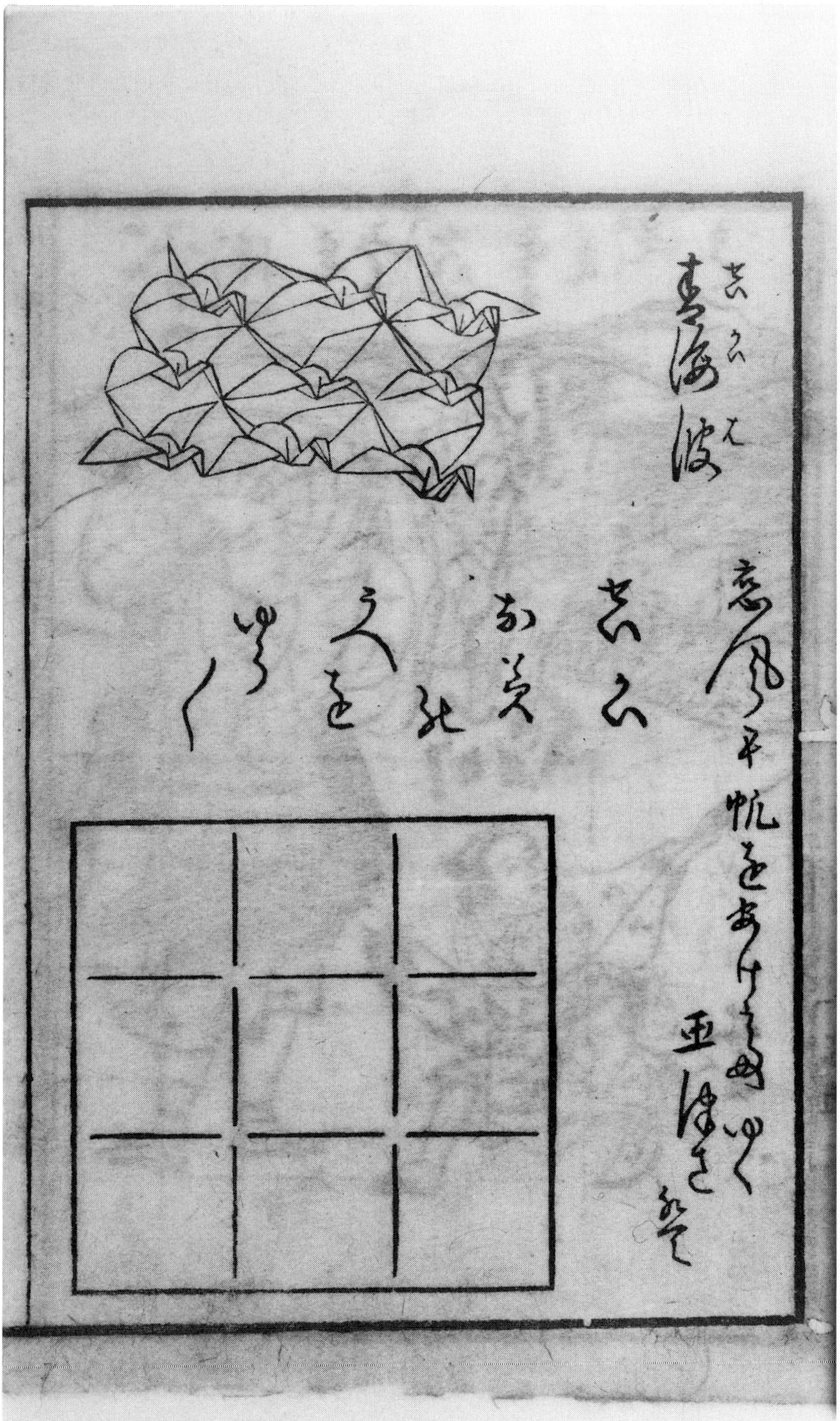
青海波

いつやの浦の
まつかけに
みるこ
またきて
見たそうに

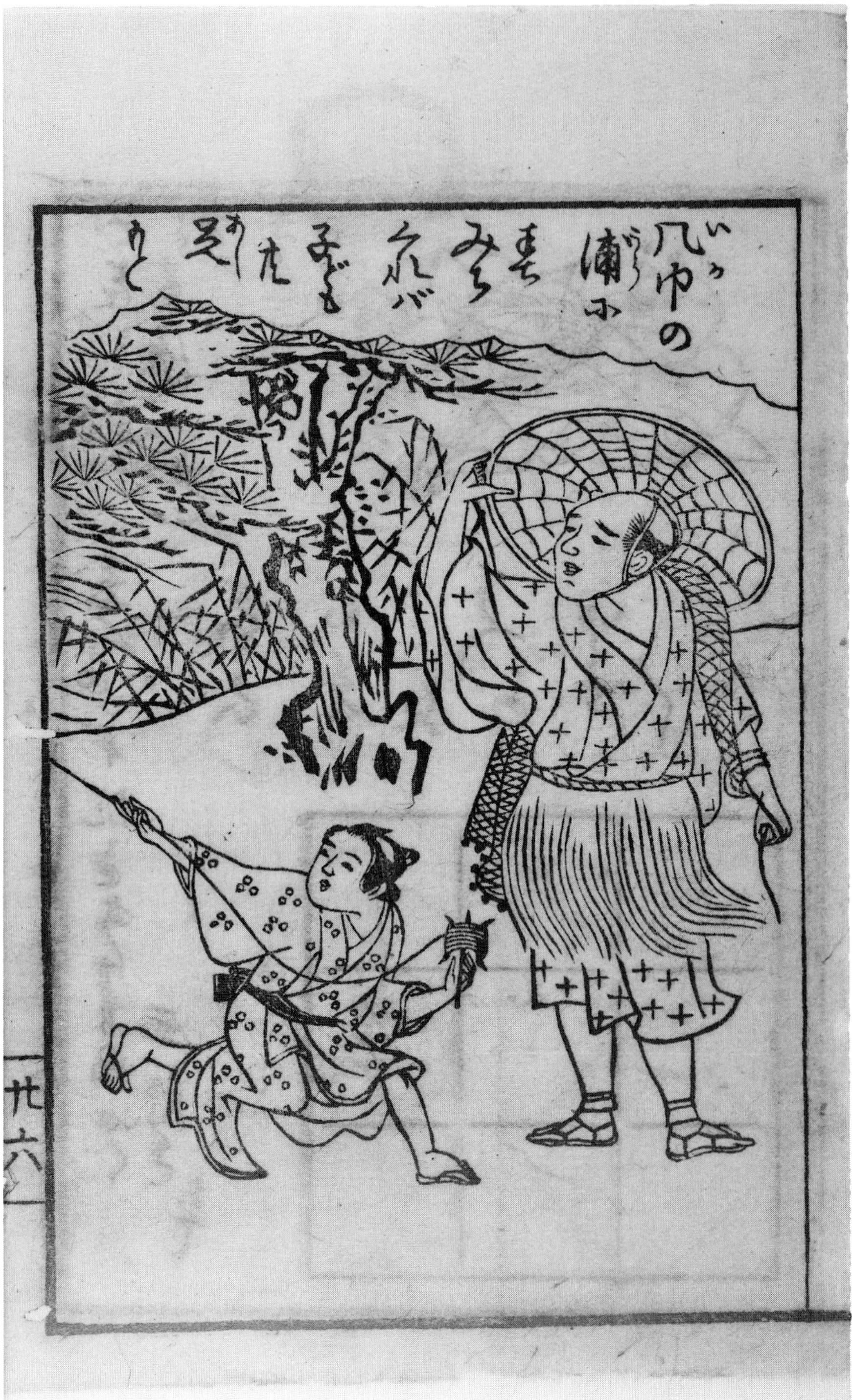

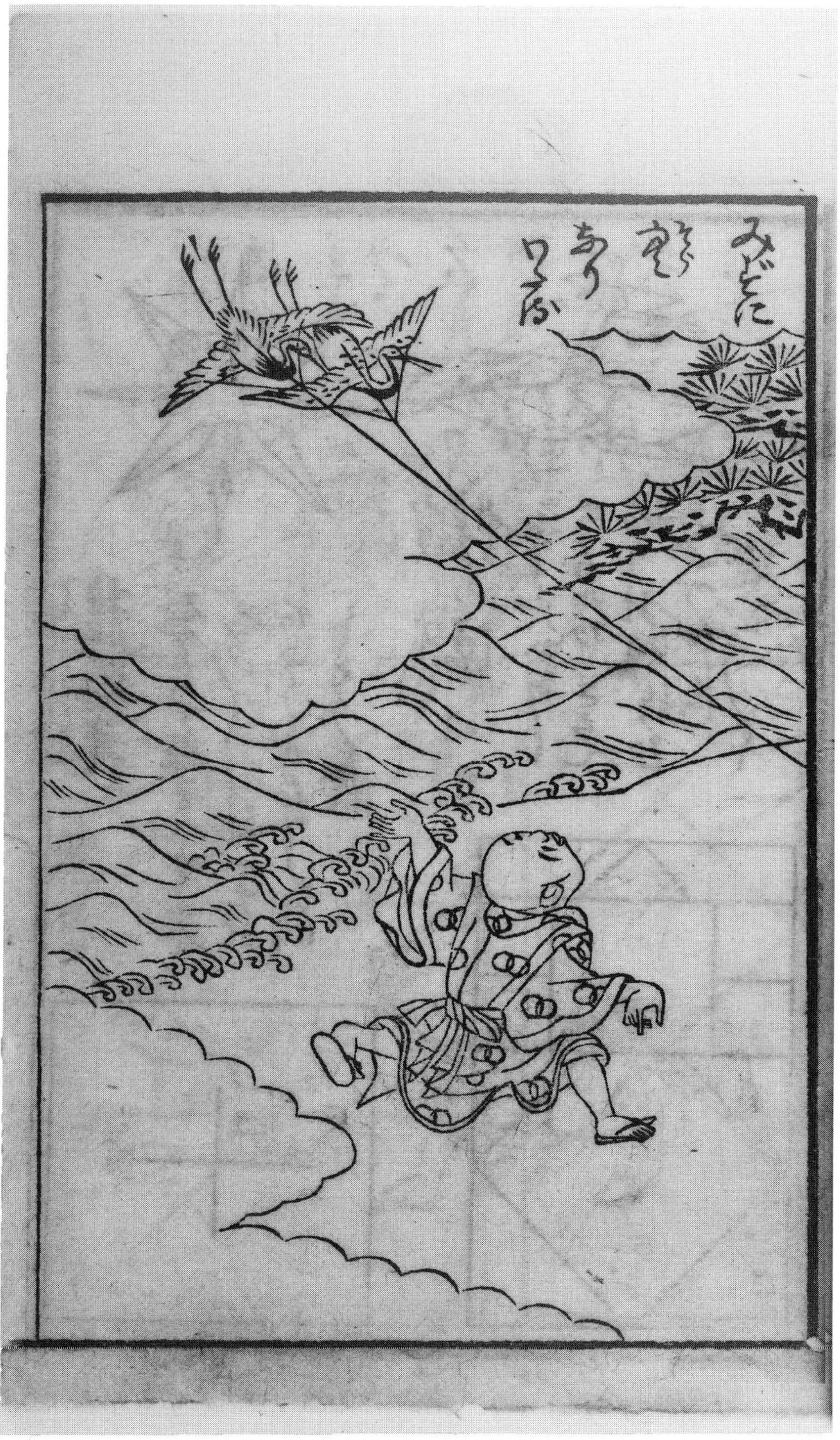
みごとに
あがり

龍膽車

志のふみ面天るゝ車
引くゝと袖や此
ところに

幢の塔
高さ八あり
ちろふからさん
なり此塔はむ
みつゆか作

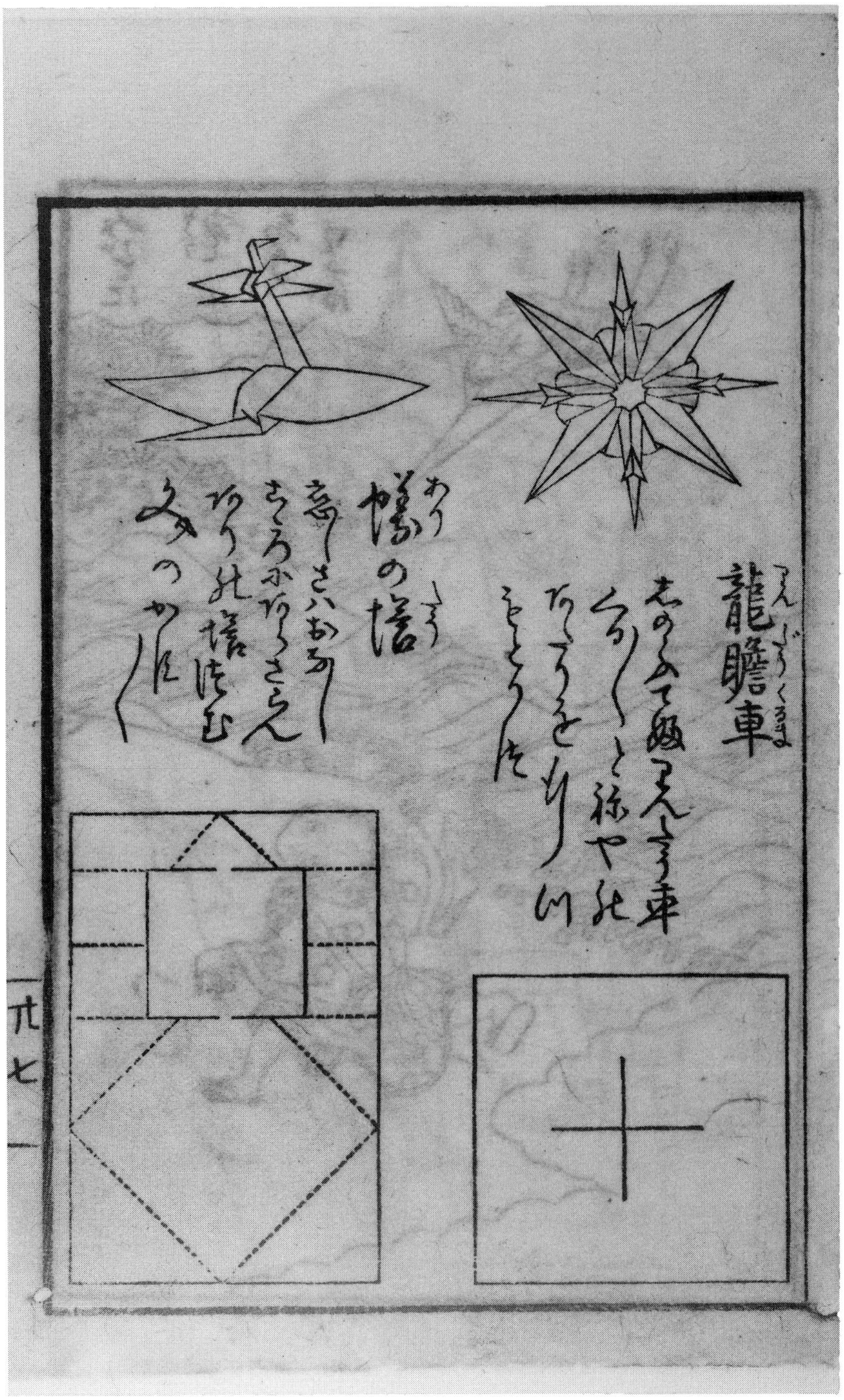

みやこ
ゑん
ば

やゑまじれゝきつるれ
しゆもあうり　ほもてうふ

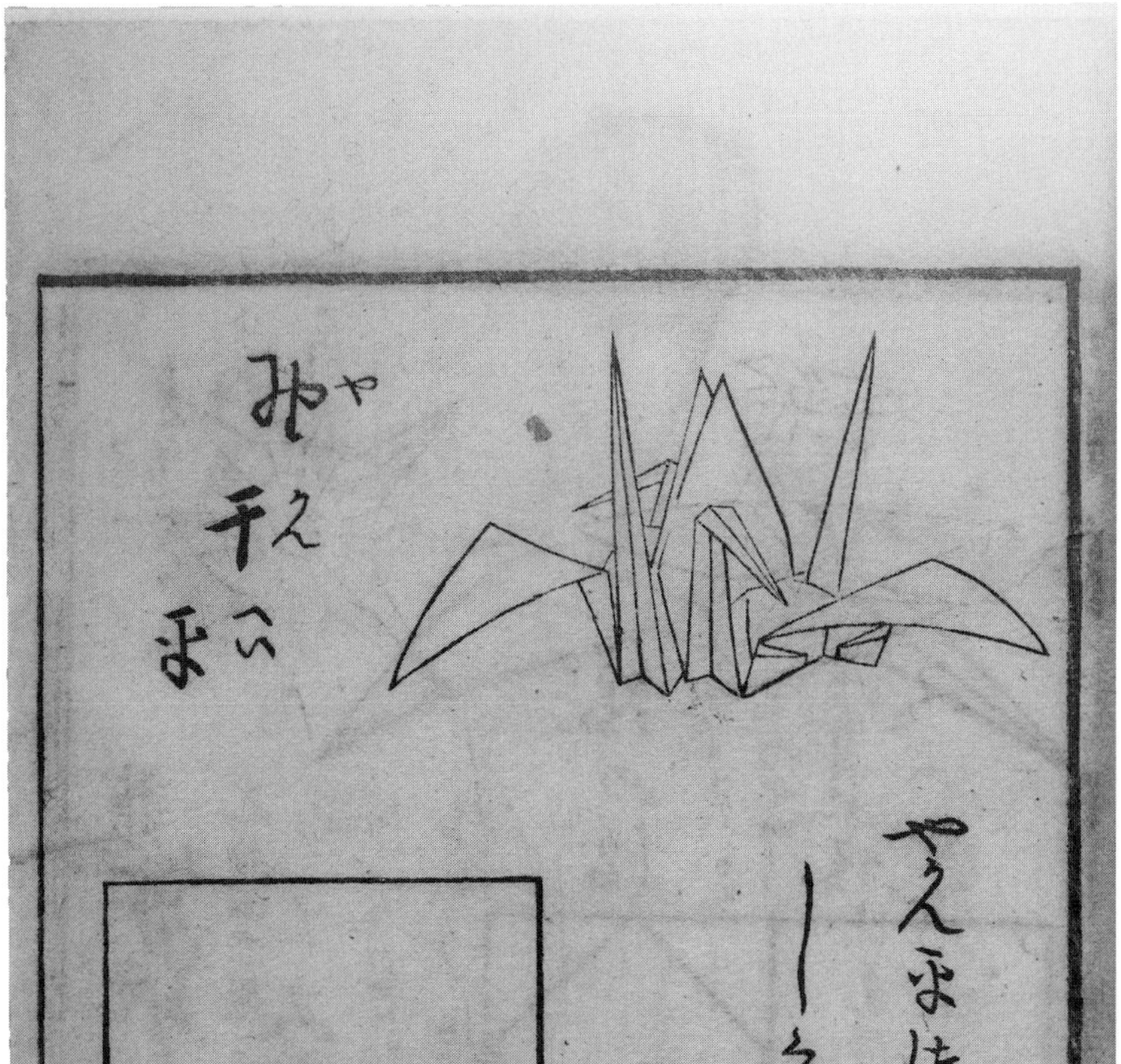

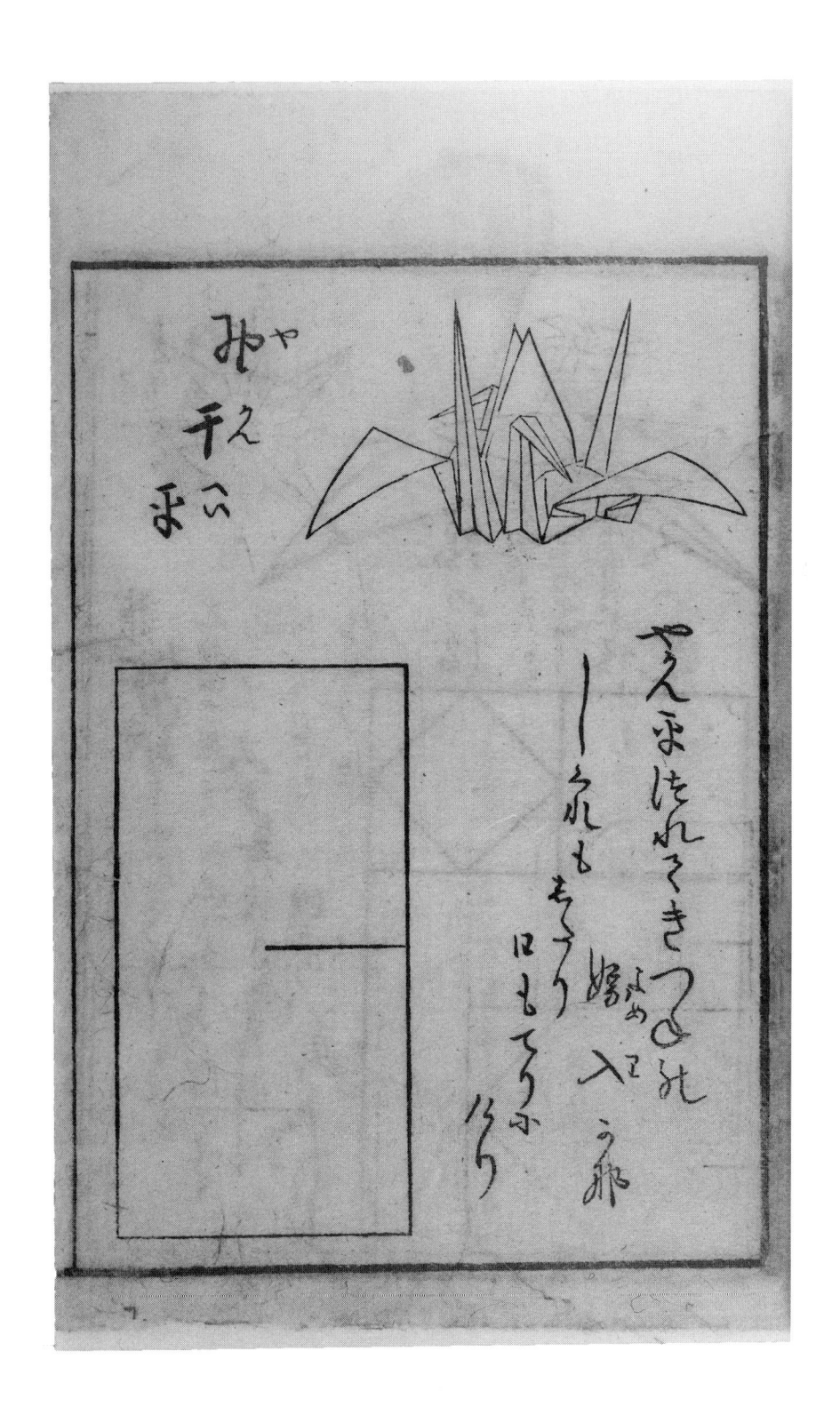

杜若

きほぞく

まひる 小さくきー花の
みか 無るき花の
かほるる
ゆう美し

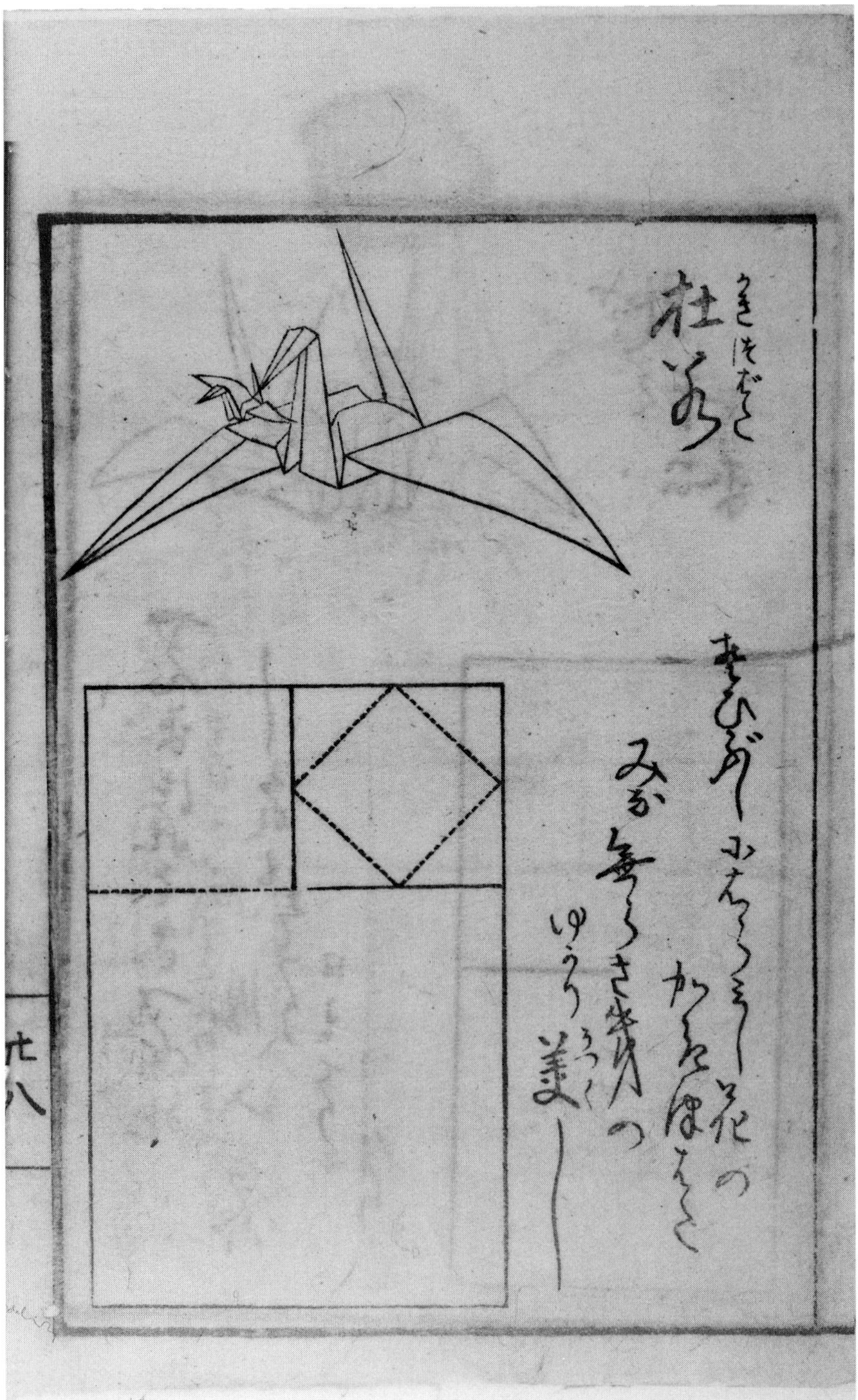

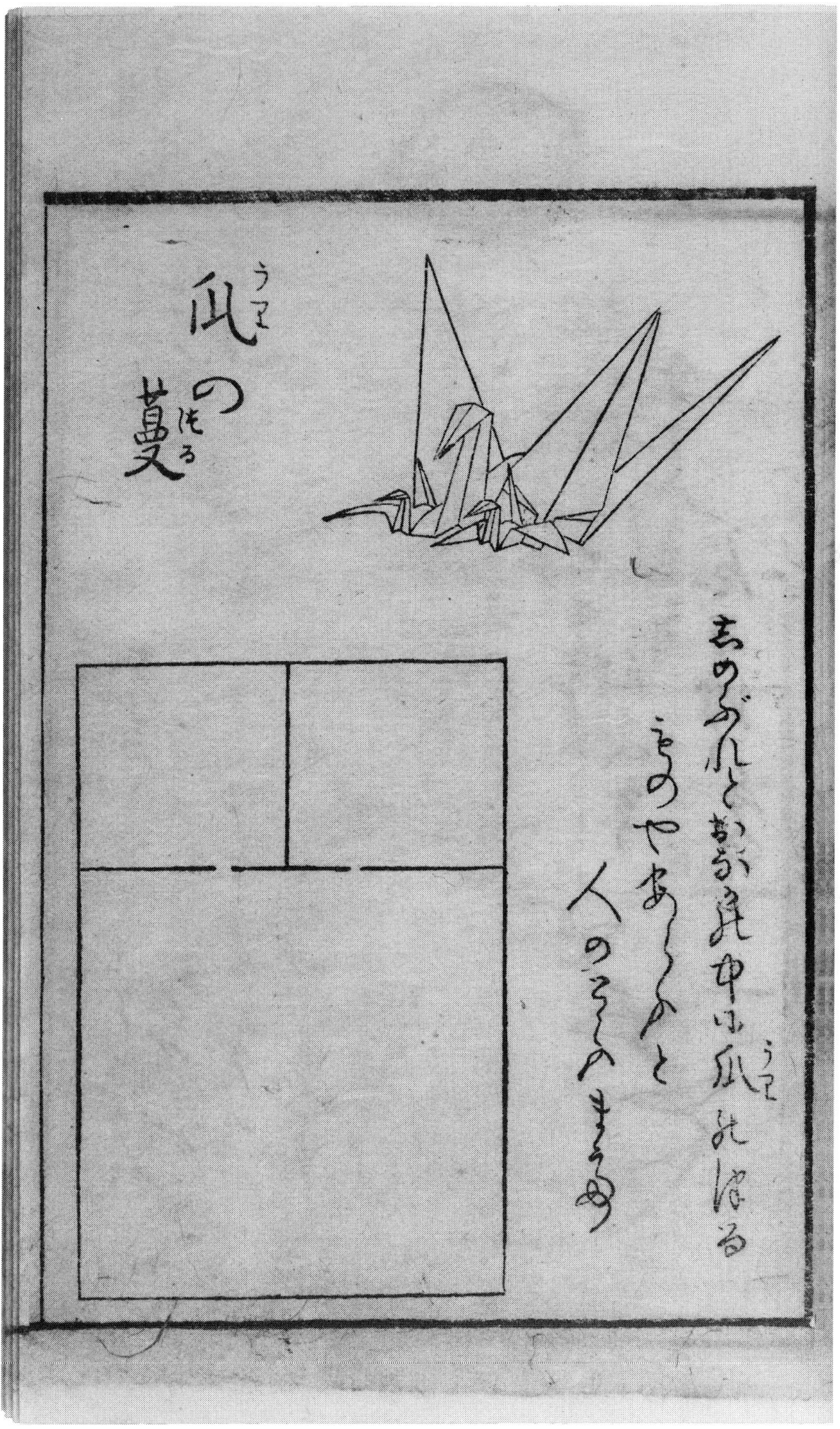

瓜《うり》の蔓《つる》

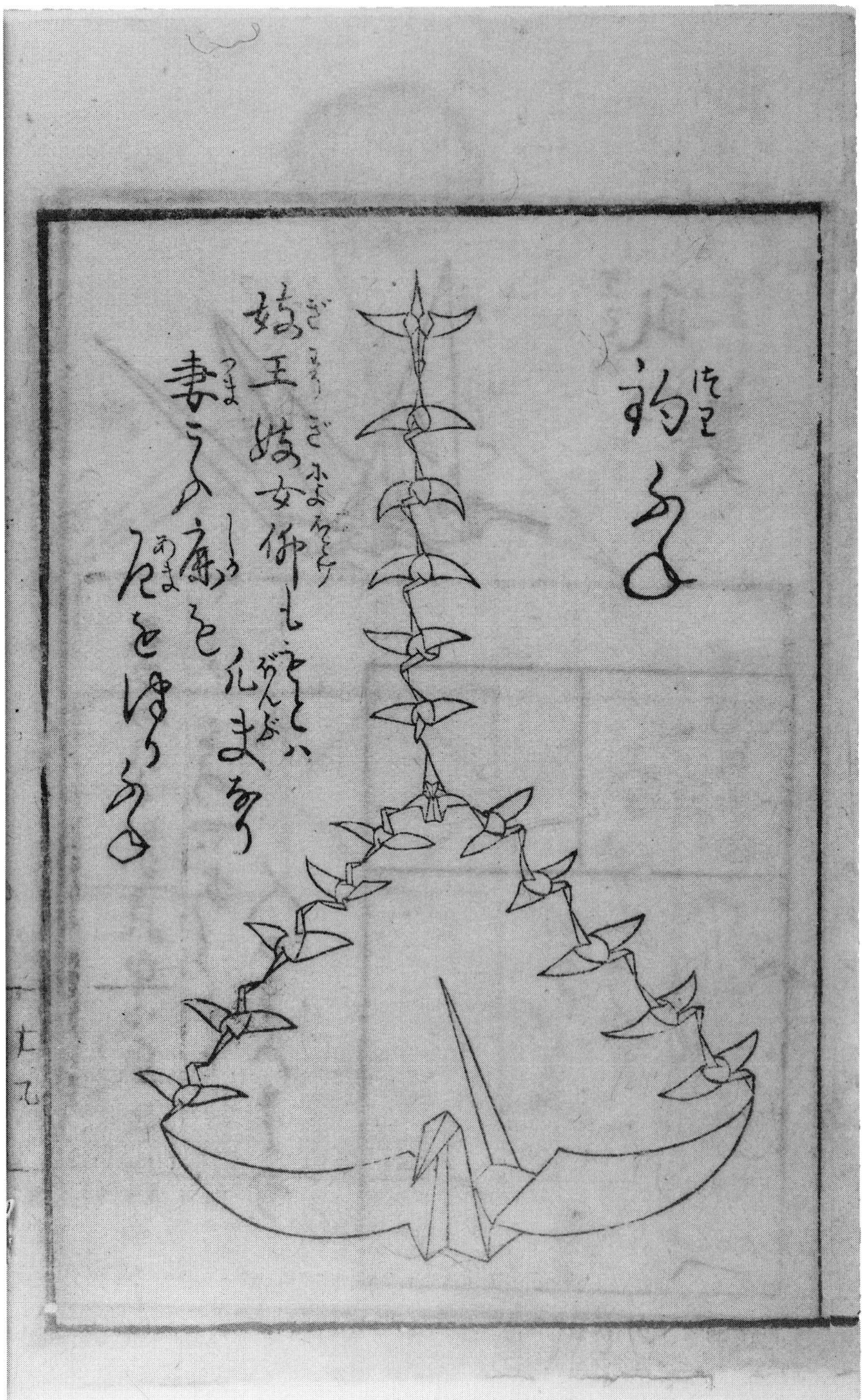

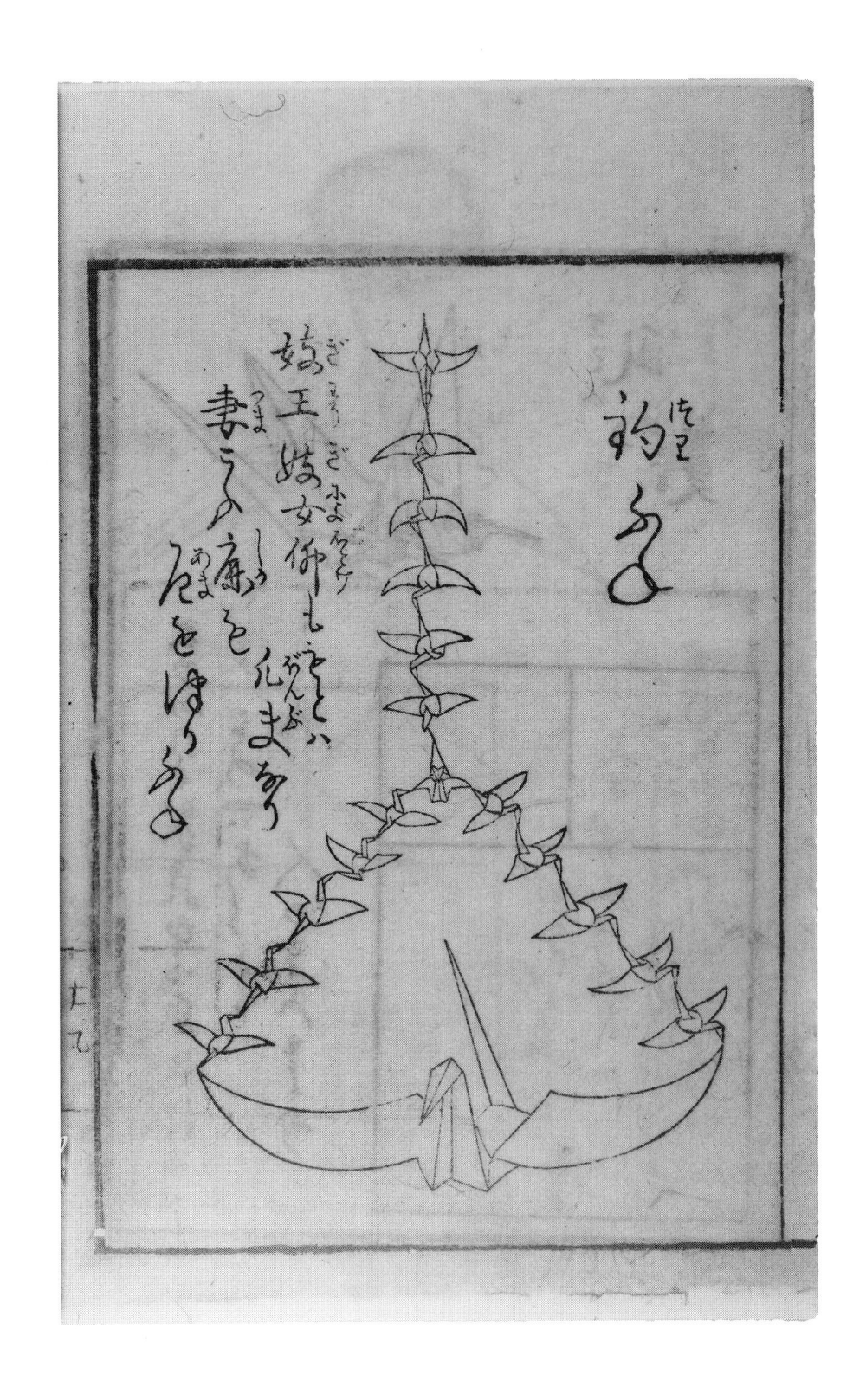

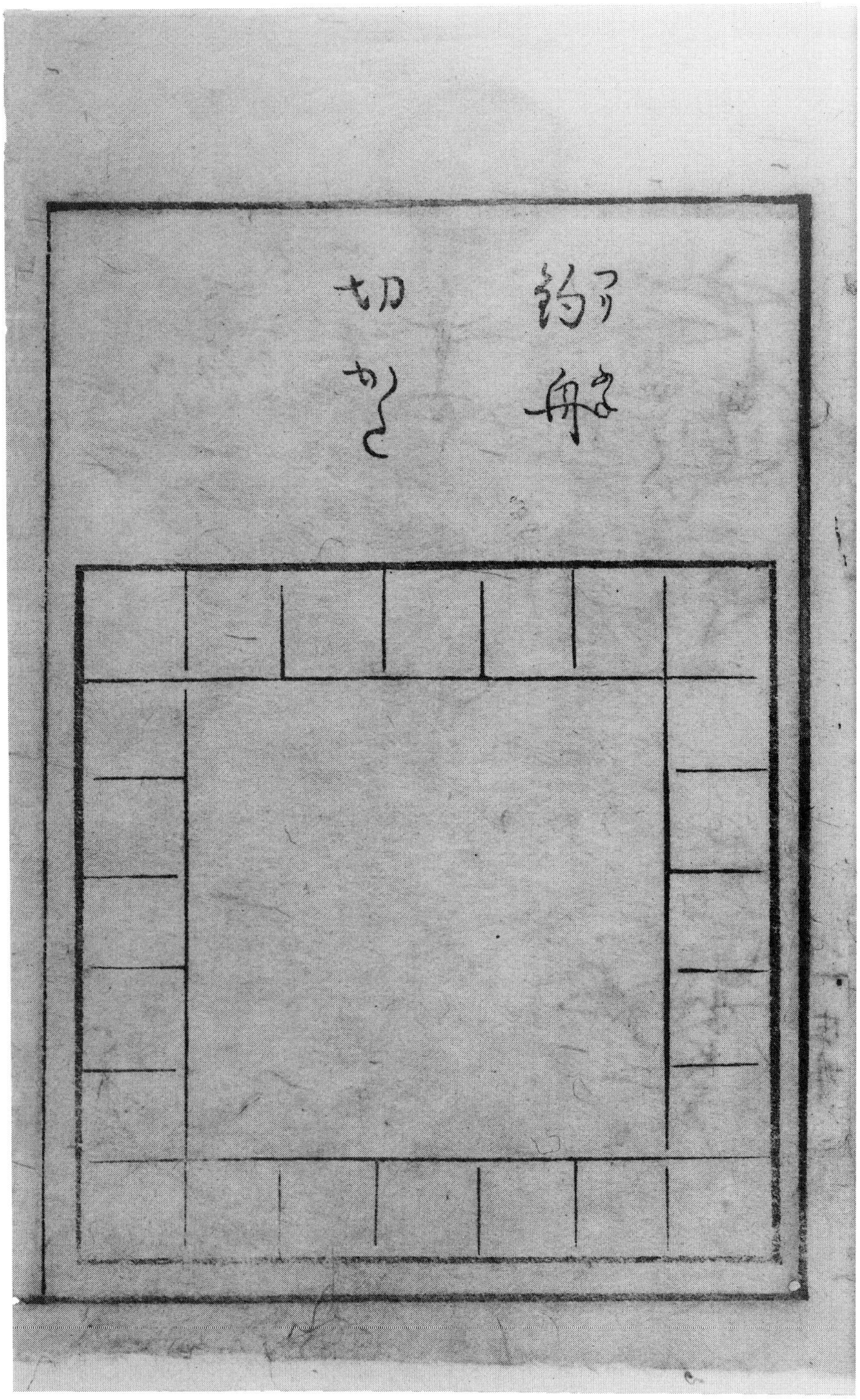
釣《ツリ》舟
切

百鶴
三十

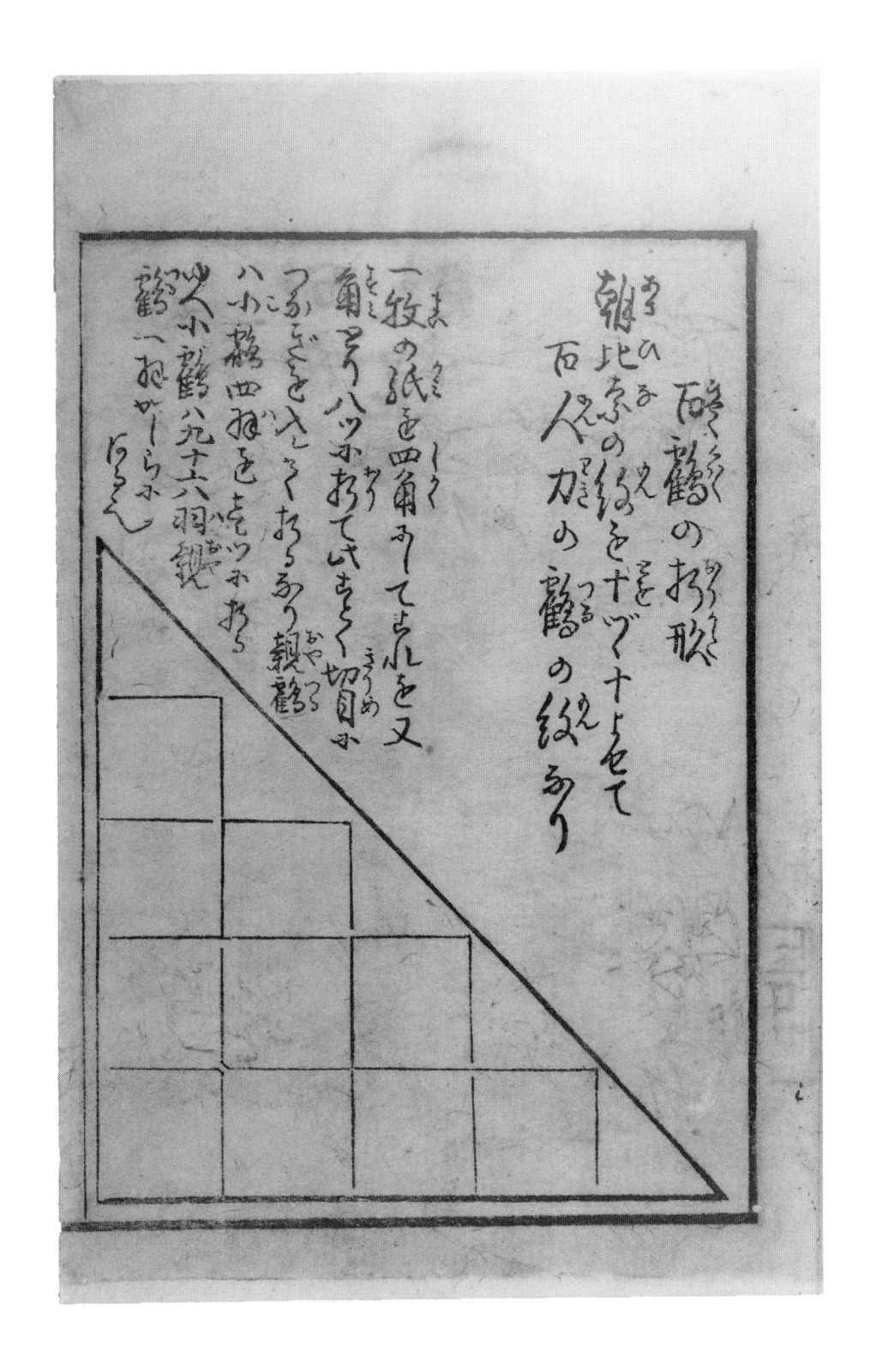

百鶴《ひやくかく》の折形《おりかた》

朝比奈《あさひな》の絵《ゑ》を十《とを》づゝよせて百人《にん》力《りき》の鶴《つる》の絵《ゑ》なり

まづ一枚《まい》の紙を四角《しかく》にしてこれを又角ゟ八ツに折《おり》て此ごとく切目《きりめ》につなぎを入ておるなり親鶴《おやつる》八小《こ》鶴四羽《は》を宛ツにおる以上小鶴八九十六羽《は》親《おや》鶴《つる》一羽がしらにはなれん

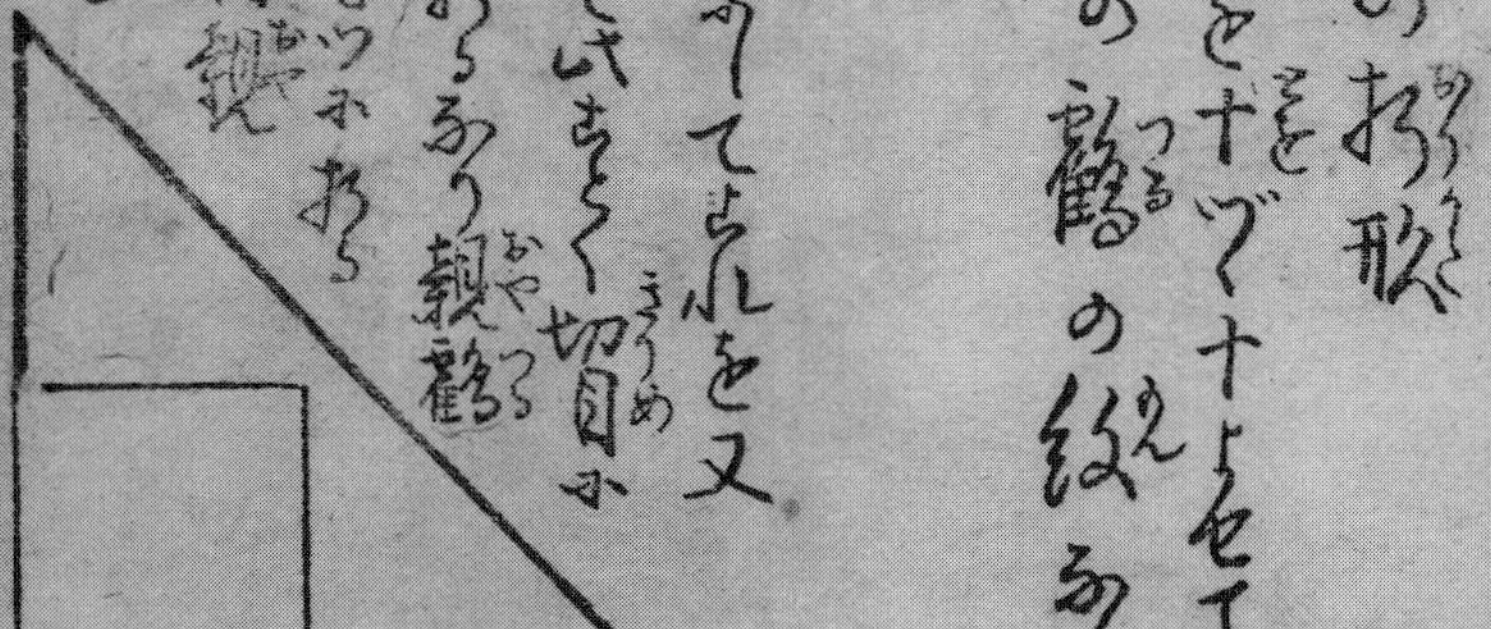

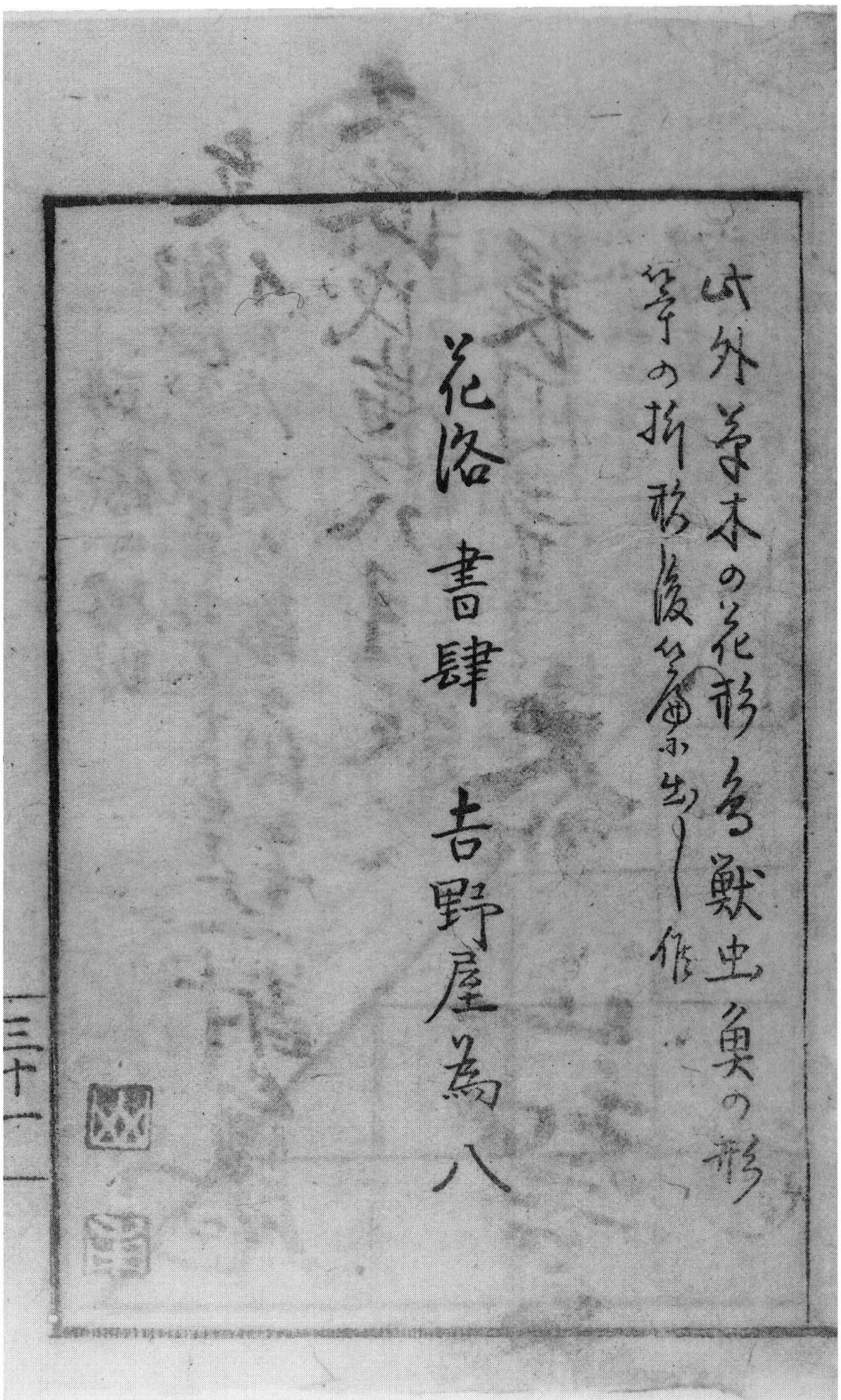
此外草木の花形鳥獣虫魚の形
等の折形後ニ集メ出し候

花洛 書肆 吉野屋為八

三十一

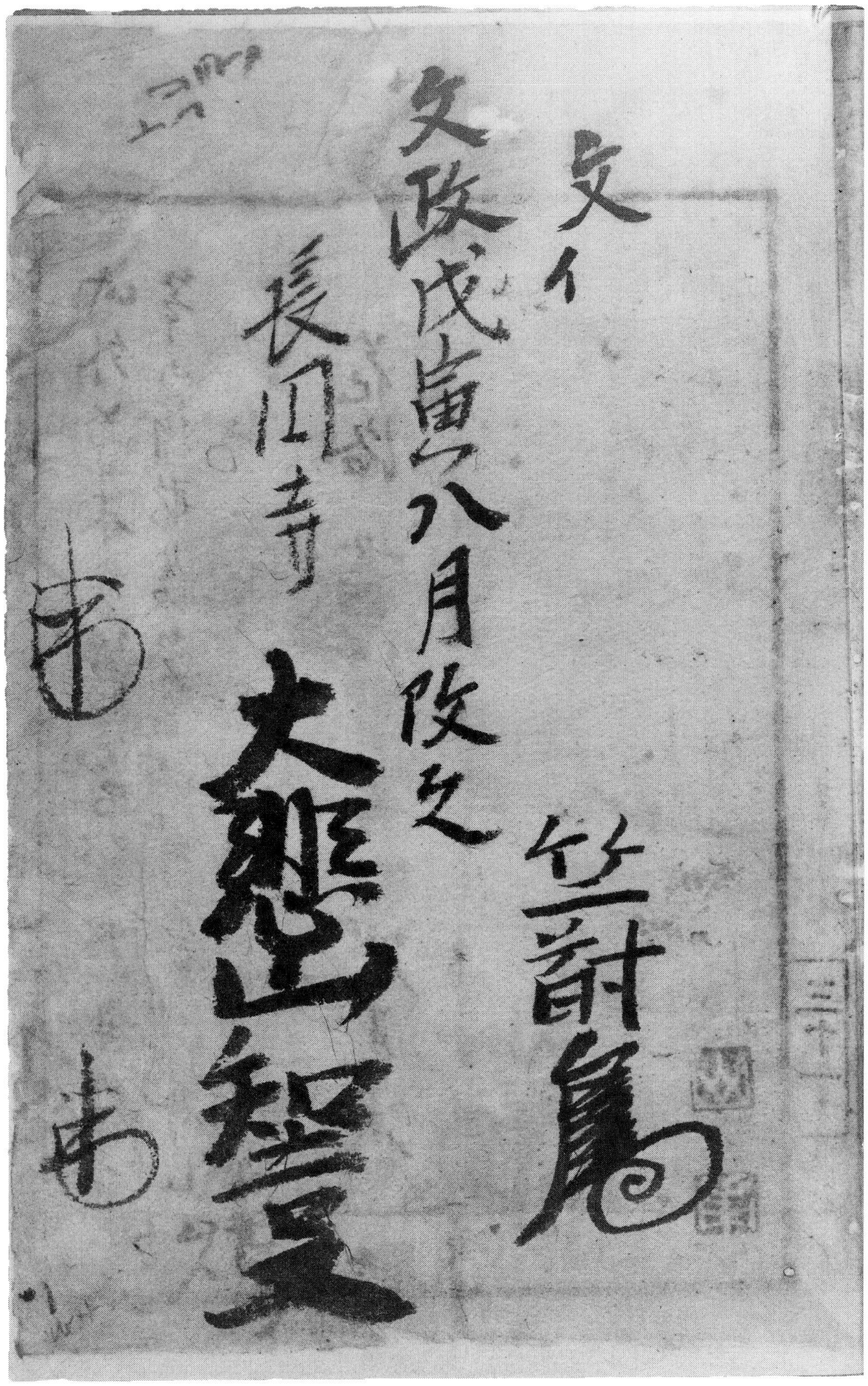
文政戊寅八月改之
長川寺

『新撰　素雲鶴』

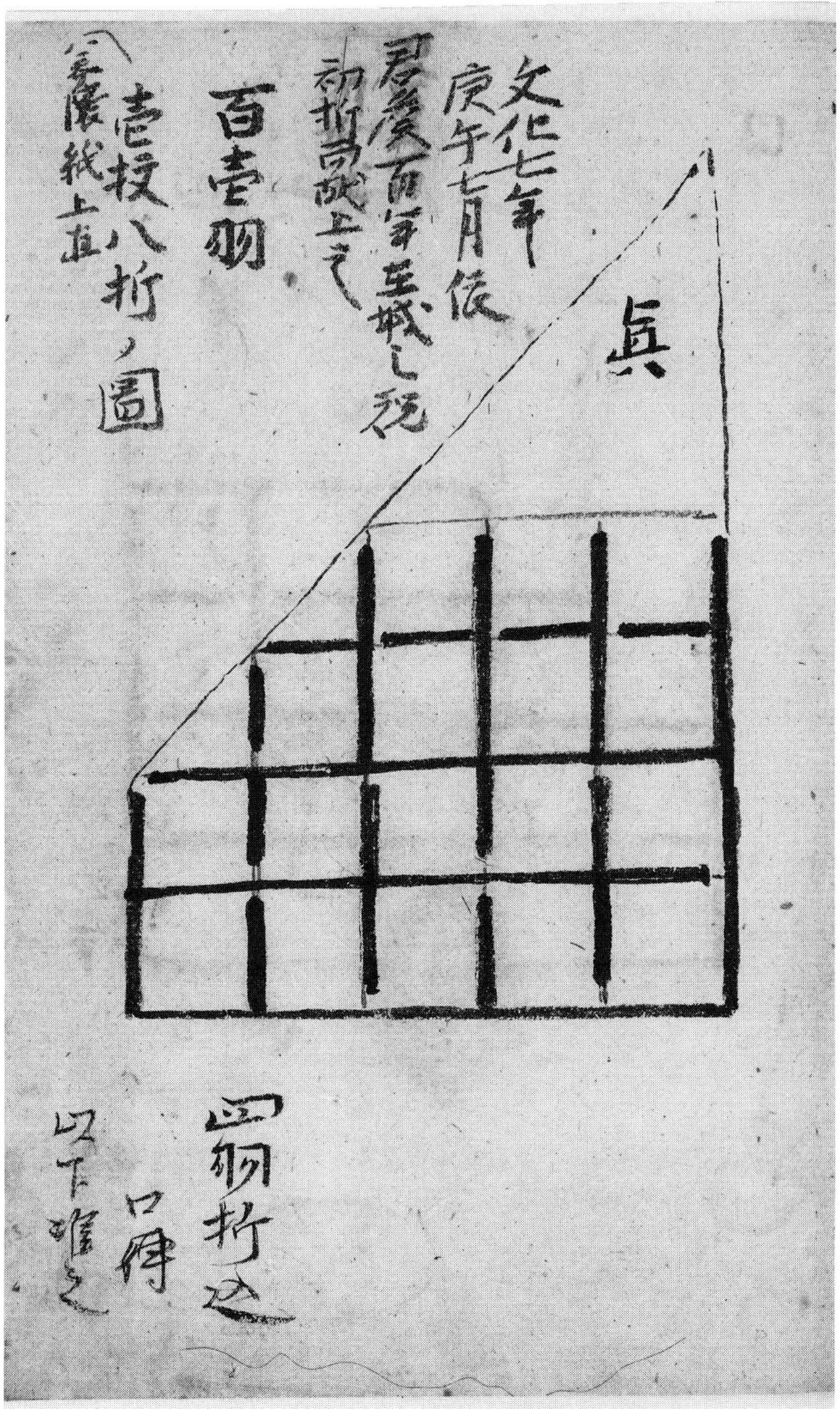

新撰　素雲鶴

　義道の亡備録のようなものと思われる。寛政五年（１７９３）と六年（１７９４）に考案した『素雲鶴』を浄書しており、その後考案されたものは余白に書かれたりして、考案の年号が前後している部分もある。ここでも、箱の名前や形状が記されており、やはり折り上げたものは箱に入れて保管しており、中身と図案が違わないように箱の詳細まで書いたと思われる。

　また、藩主松平忠翼に、奥平松平家就封百年を記念して献上した連鶴の図案も収録されている。

　裏表紙の年号は文政元年（１８１８）であるが、それ以降も書き足され、確認される最終年号は文政六年（１８２３）である。

凡例にかえて

一、本書の二カ所に訂正の貼り紙があったが、修復作業は最終の考案をもって行ったので、貼り紙のない状態は、章末にまとめて掲載した。

二、目次が無いので、仮の目次とする。

・百鶴品目　壱函　三十品　百羽
　親一羽　子五十二羽　二羽隠し　文政三年辰五月考之
・続百鶴品目　壱函　二十三品　百羽
　新撰百羽品目　文政三辰七月十六日／十五品一箱
・続後百鶴品目　壱函　二十二品　百羽
　三函（百鶴品目・続百鶴品目・続後百鶴品目）七拾五品　三百羽
・五彩筥入百羽　廿五品圖（一羽一品　二羽八品
　　　　三羽五品　四羽三品
　　　五羽四品　六羽一品）
　〆五品　一百羽　△文政戊寅九月改正
　　　寛政六甲寅夏六月始折之
・方紙裁断　中央以四坪為一羽
　其余以一坪為一羽
　　　寛政六寅年ヨリ追々折之
・眞　四羽折込／口傳／以下準之
　〆六品　五百三拾八羽
　文化七年庚午七月依／君侯百年在城之祝
　初折而献上之／百壱羽／壱枚八折ノ圖／美濃紙上直
・草
・行
　　△〆三品
・口傳　眞
　文化十五年／戊寅四月始／考之
　右足鶴／壱羽子百羽／八つ折形ノ圖
・口傳　草
　甲申六月二日／一枚二十五羽
・口傳　行
　∧〆三品
　　○□／△∧　四品〆八十七品／一千四百四十四羽
・新規百羽／弐十五品／庚辰五月改之
　以上二十五品（一羽一品　二羽十品／三羽六品　四羽三品
　　五羽一品　六羽一品／九羽一品　十三羽一品
　　　十六羽一品）
　辰八月考之／辰八月考之

三、裏表紙　文政元年戊寅九月写之／桑府傳馬丁長円寺蔵

四、本書の中には、『秘伝千羽鶴折形』とは名称は同じでも図面が違うもの、反対に、図面は同じでも名称が違うものなどがあり、『秘伝千羽鶴折形』は、発行に当たってはかなり編集されていると思われる。

魚𥡴薹新撰

素雲鶴

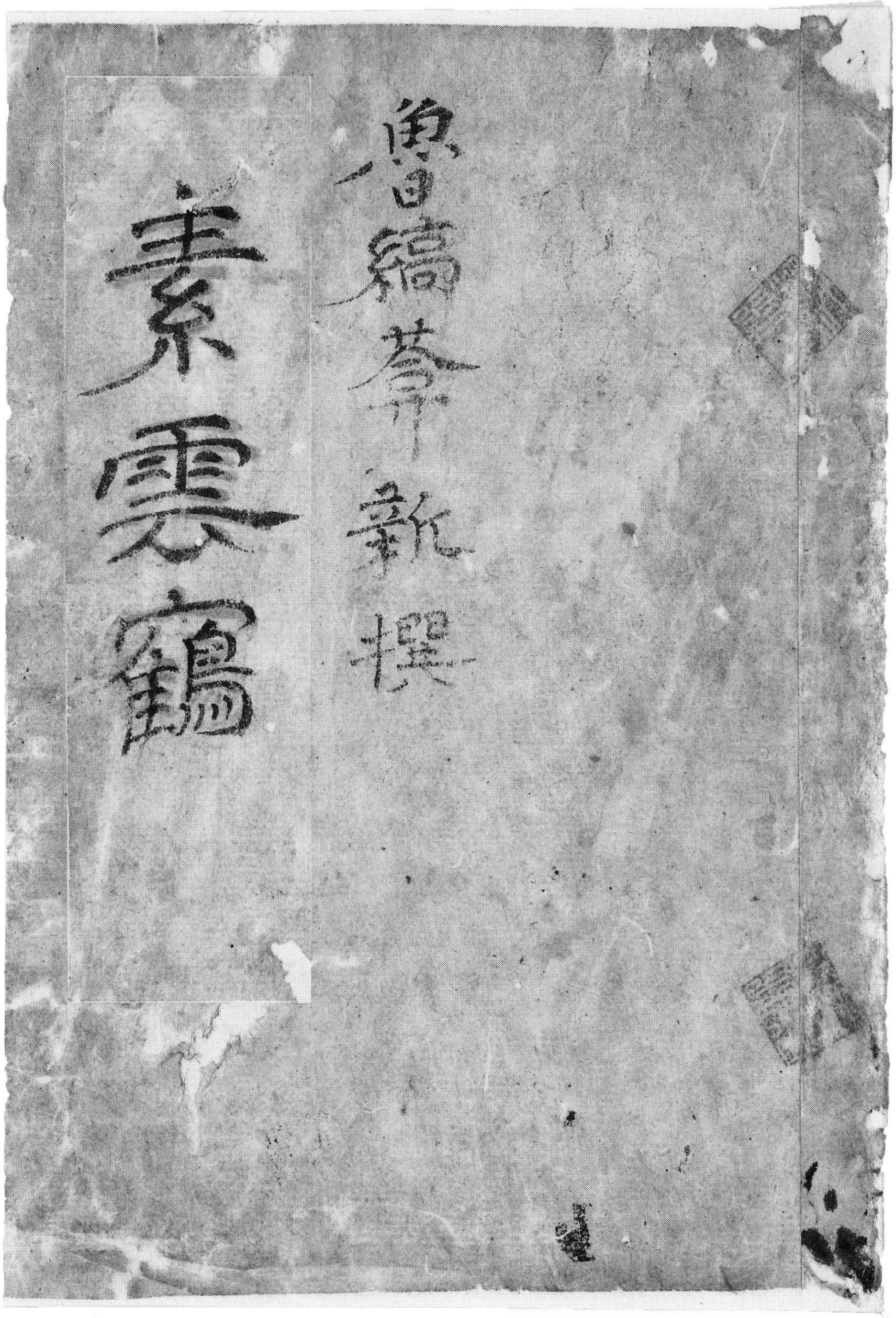

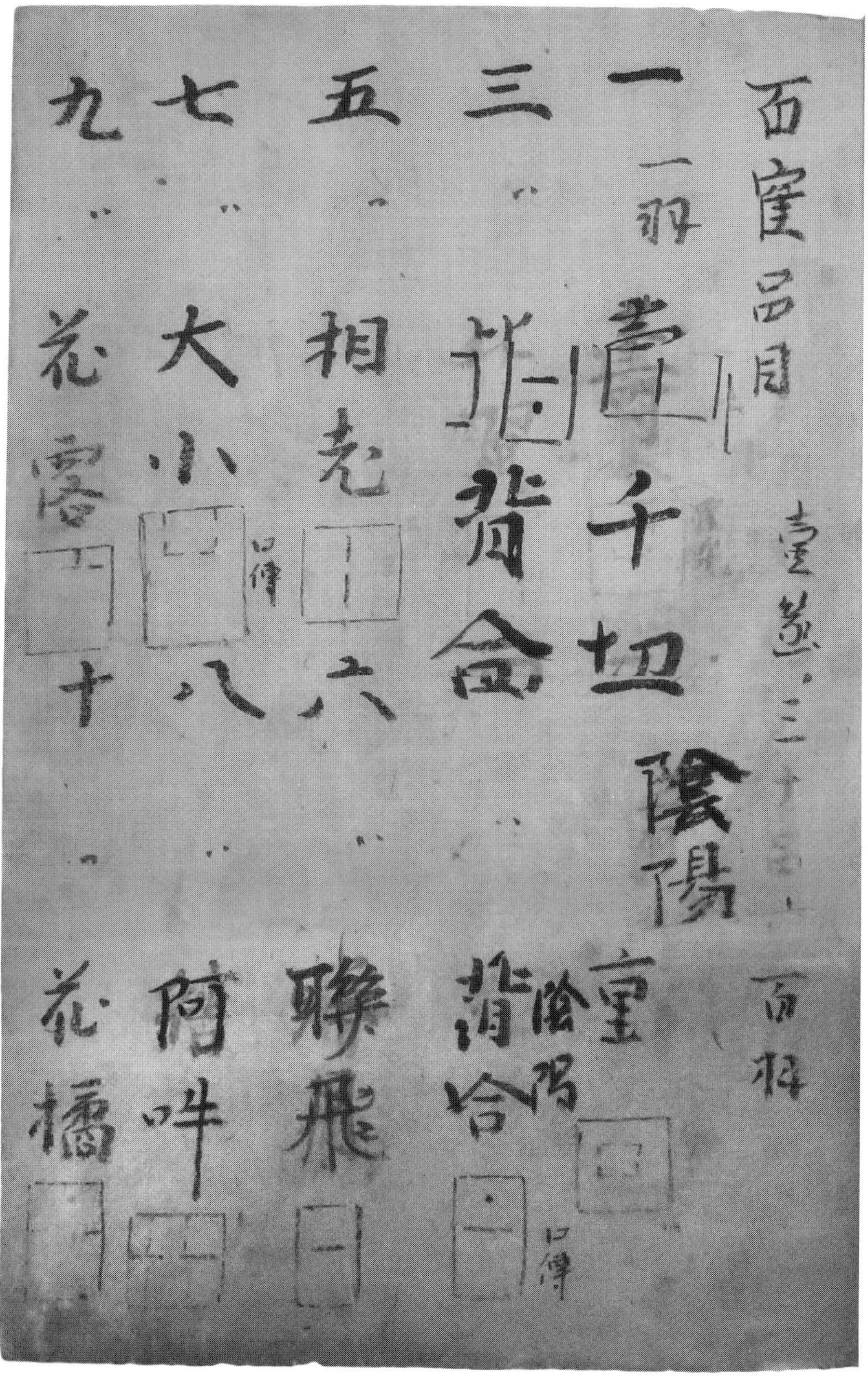

西室呂曲
臺盤。三
百拍
一 一拍 壹千切 陰陽
室
三 指背合
指背合 陰陽 口傳
五 相老 六
聯飛
七 大小 口傳 八
阿吽
九 十
花橘

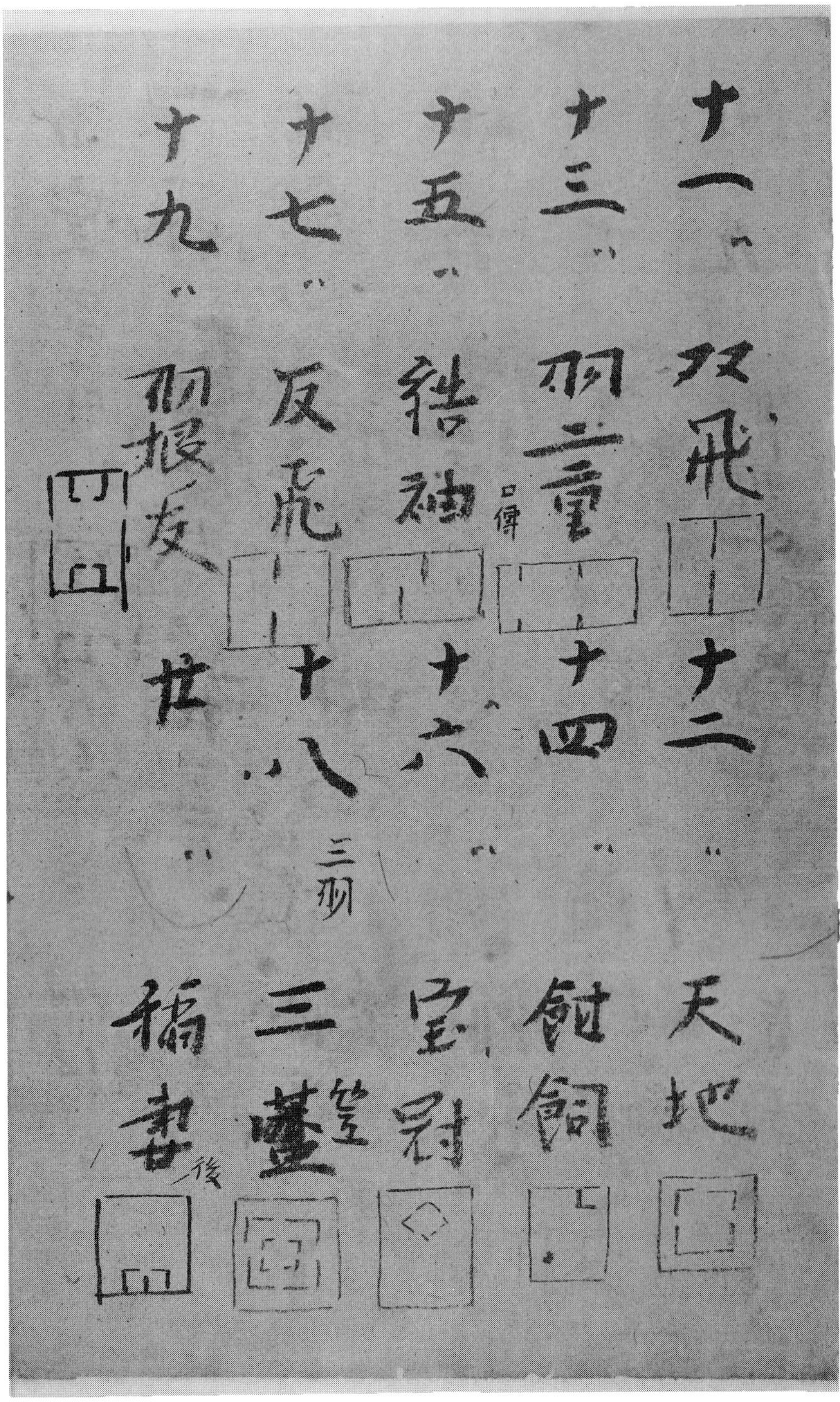
十一〃
双飛
十二〃
天地
十三〃
羽三重
口傳
十四〃
十五〃
十六〃
十七〃
反飛
十八〃
三羽
三
十九〃
羽根ノ友
廿〃
稲妻
後

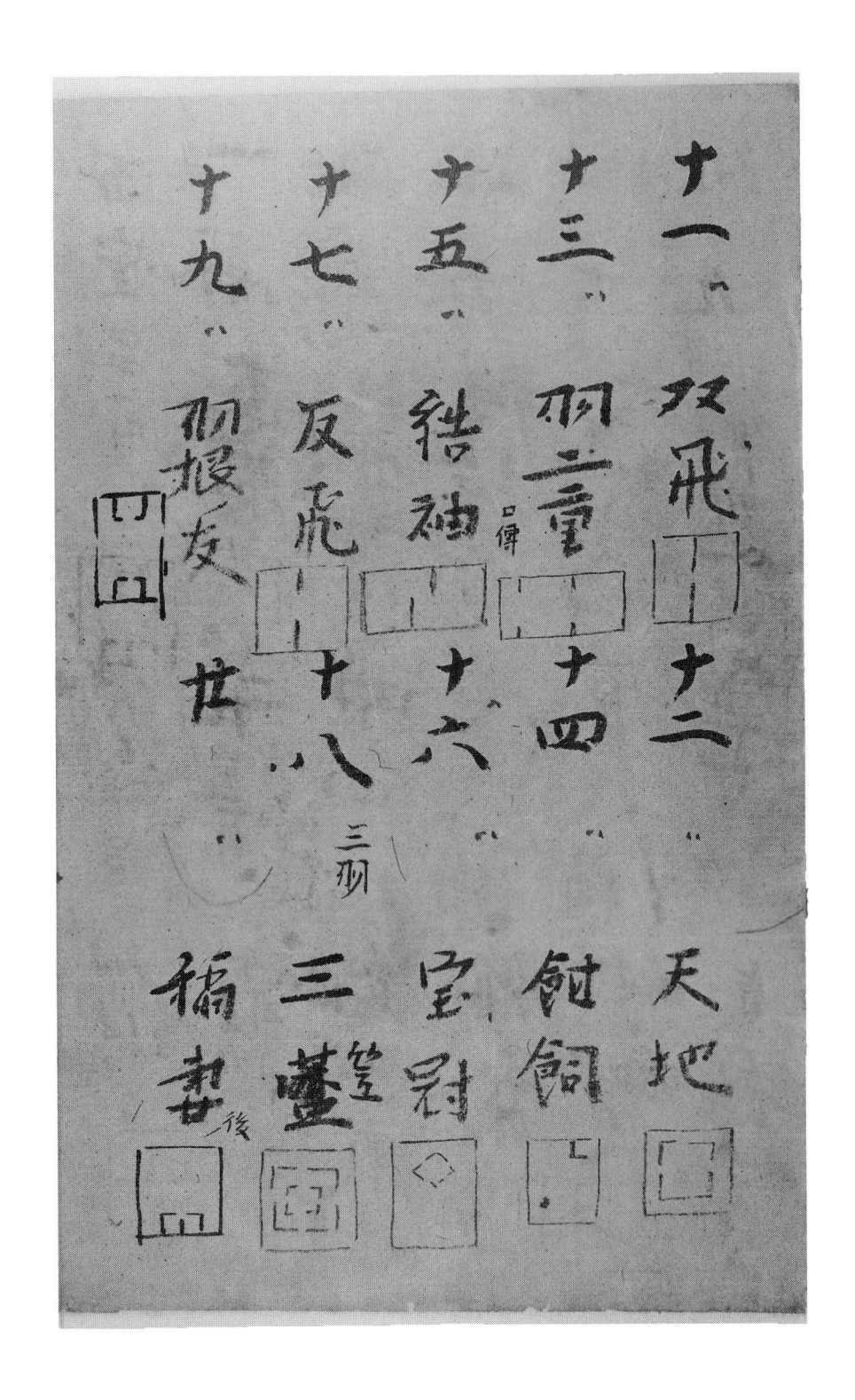

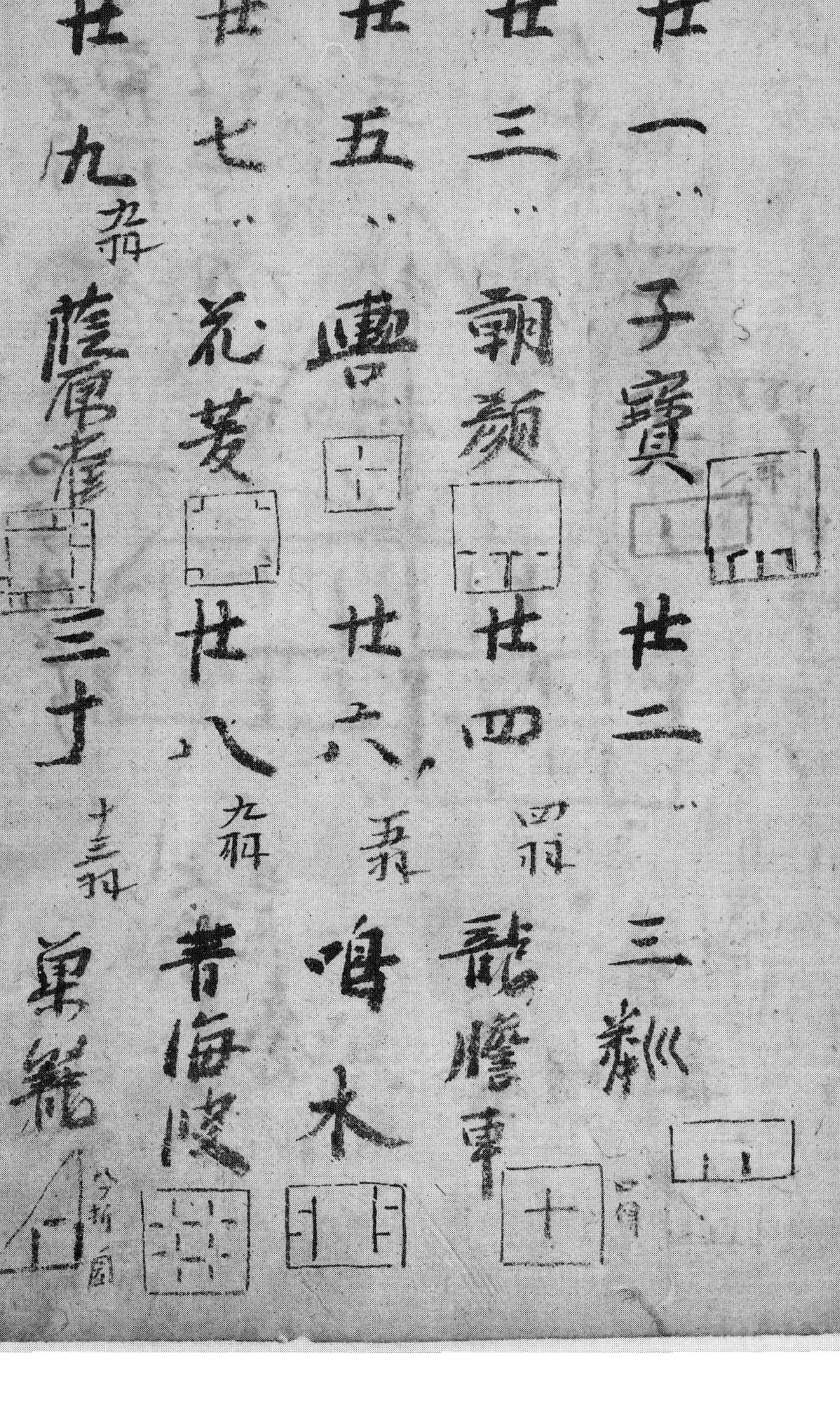
廿一〻 子寶
廿二〻 三絃
廿三〻 朝顔
廿四 四丹 龍膽車
廿五〻 [illegible]
廿六〻 五丹 鳴木
廿七〻 花菱
廿八 九丹 青海波
廿九 九丹 薩摩屋
三十 十三丹 巣籠
八ツ折図

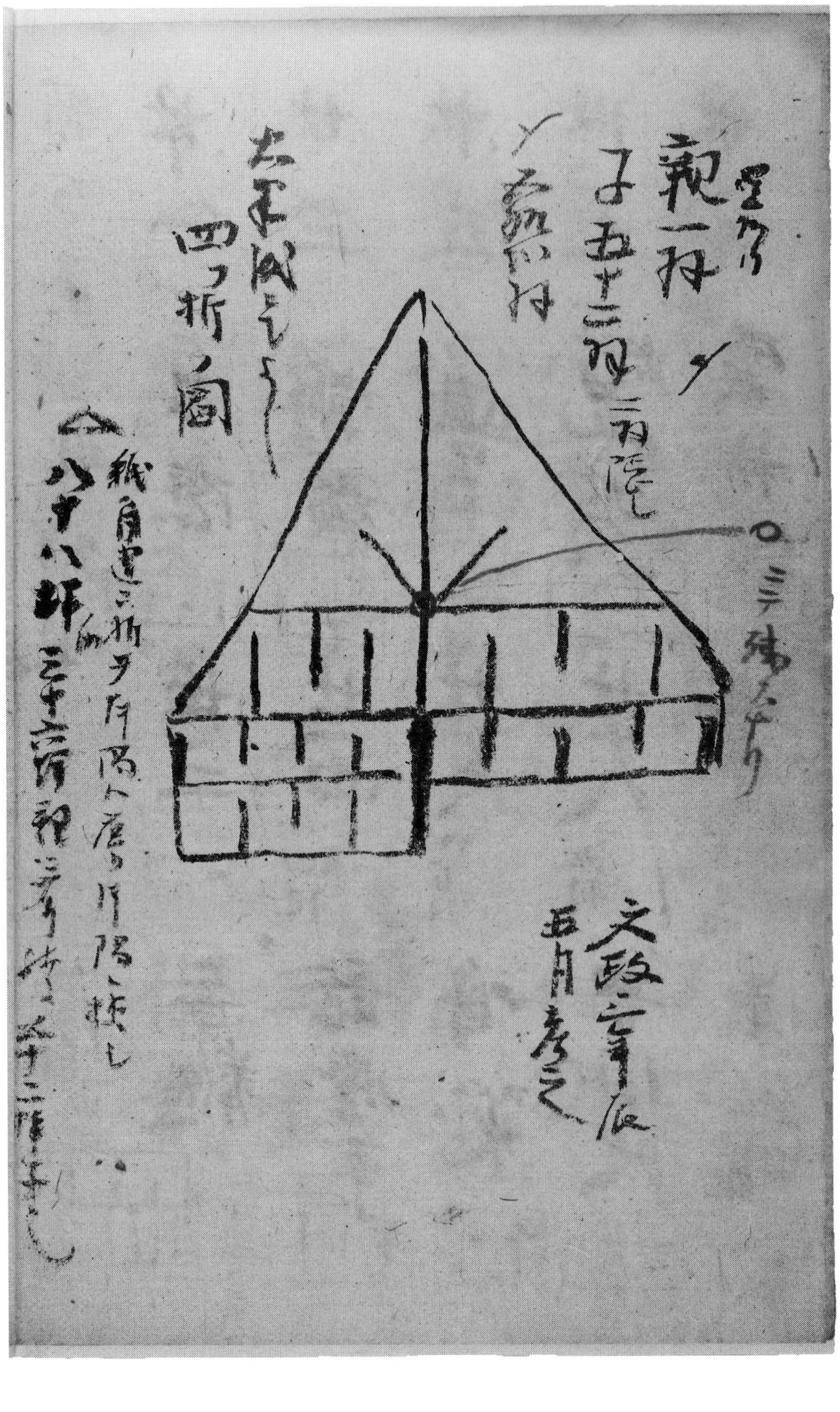
四ッ折ノ図
八十八坪
文政六年

続百雀品目　壹篭二十三品百物

イ 壹羽　真霜 □　口 二羽　雀春 □

八 雲遊 □　輕業 □ 二　尋乙女 □

木 雲遊 □ 　烱篭 ◇ 千　一候 □　雛移 田

リ 三羽　雲井 □又　澤堅 □

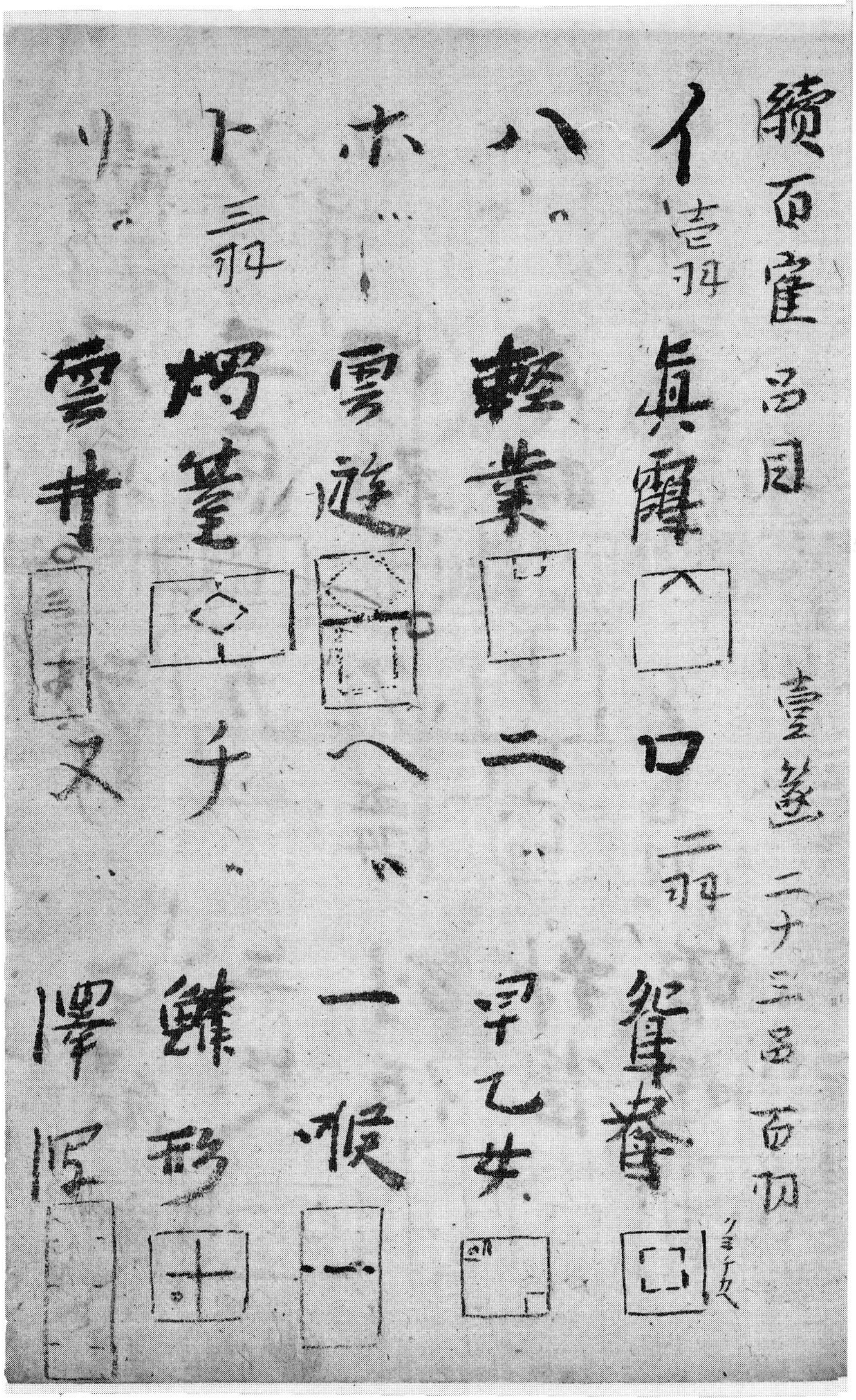

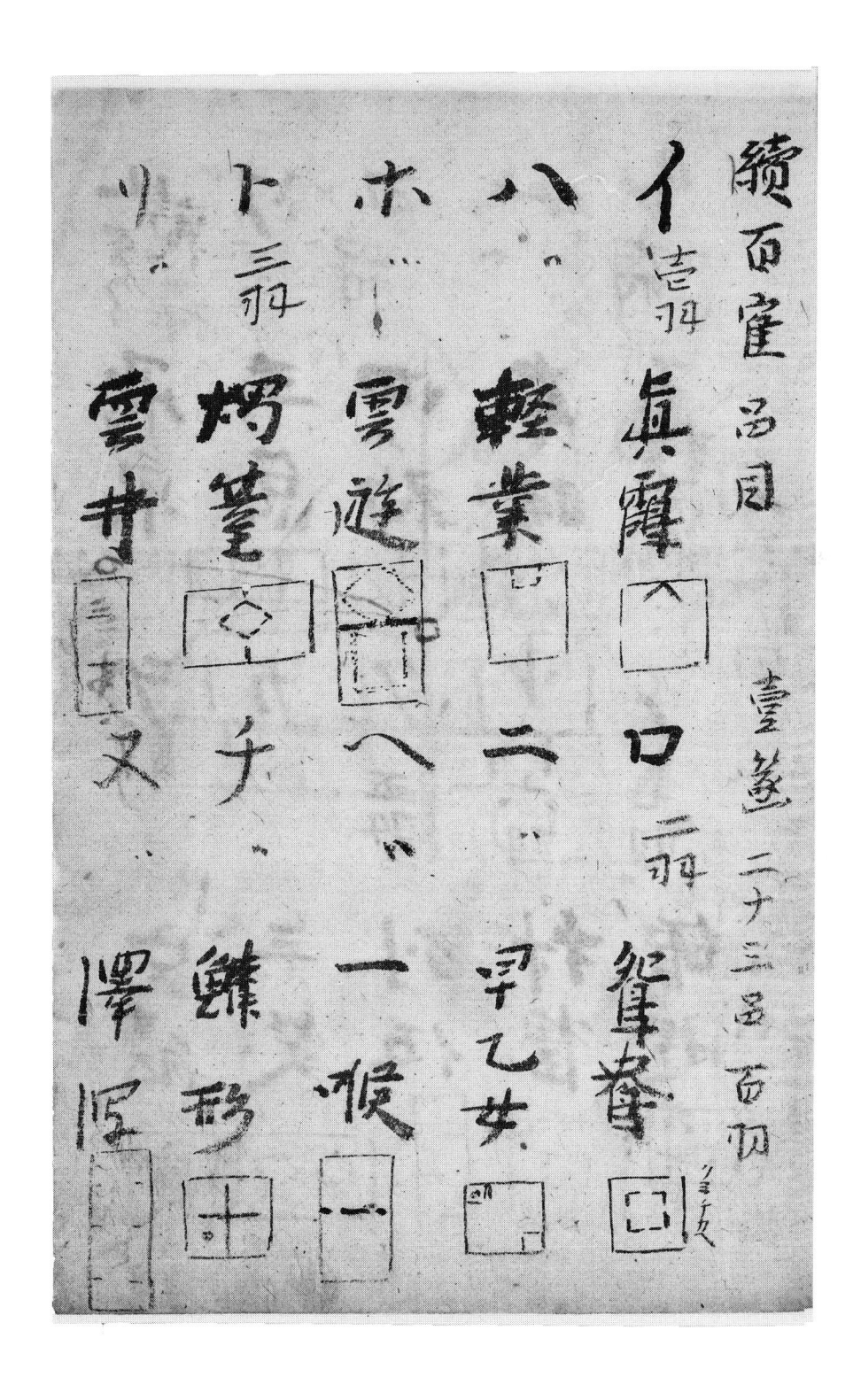

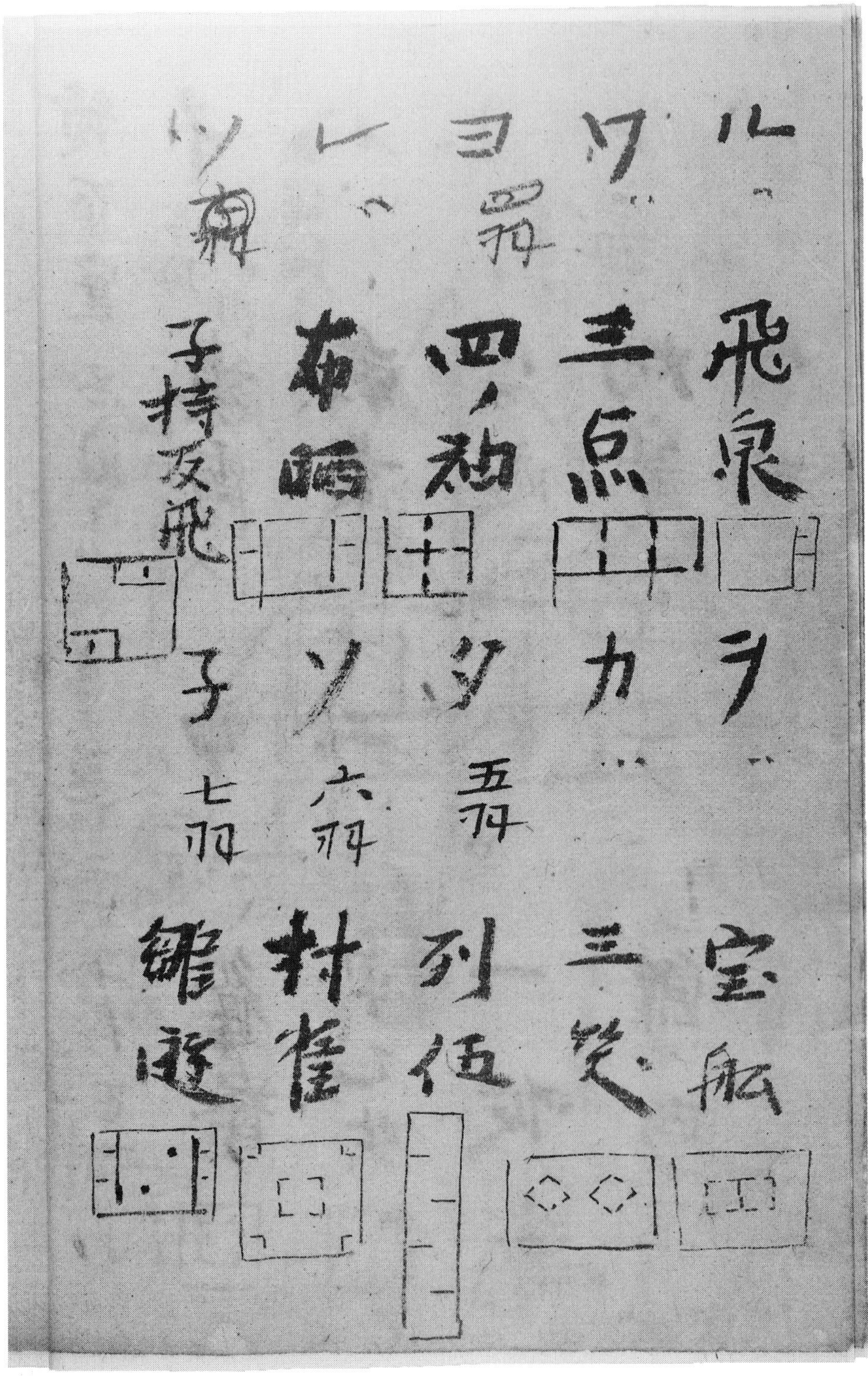
ル
ワ
ヨ
レ
飛泉
三点
子持
ラ
カ
タ
ソ
子
五羽
六羽
七羽
列伍

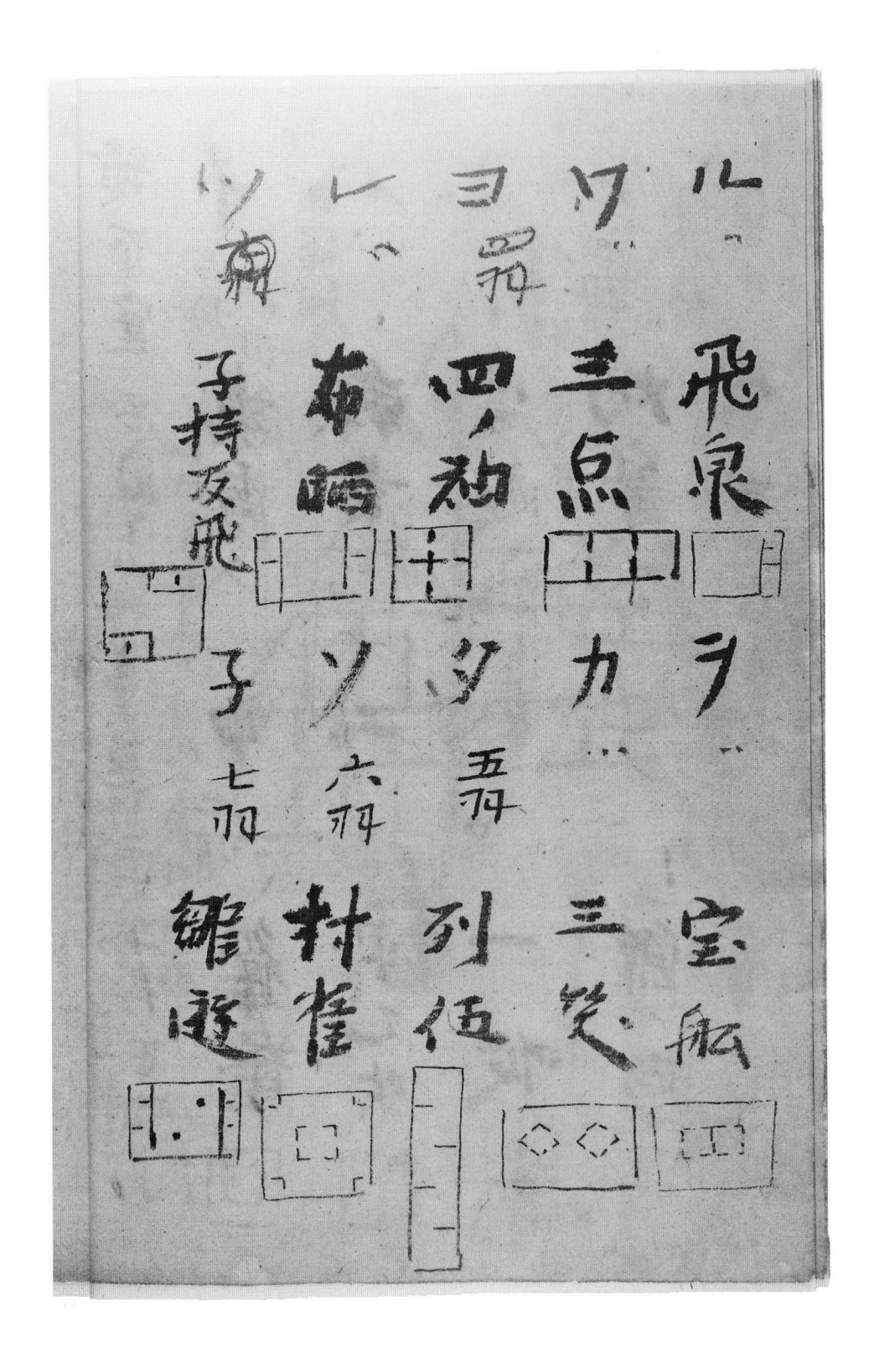

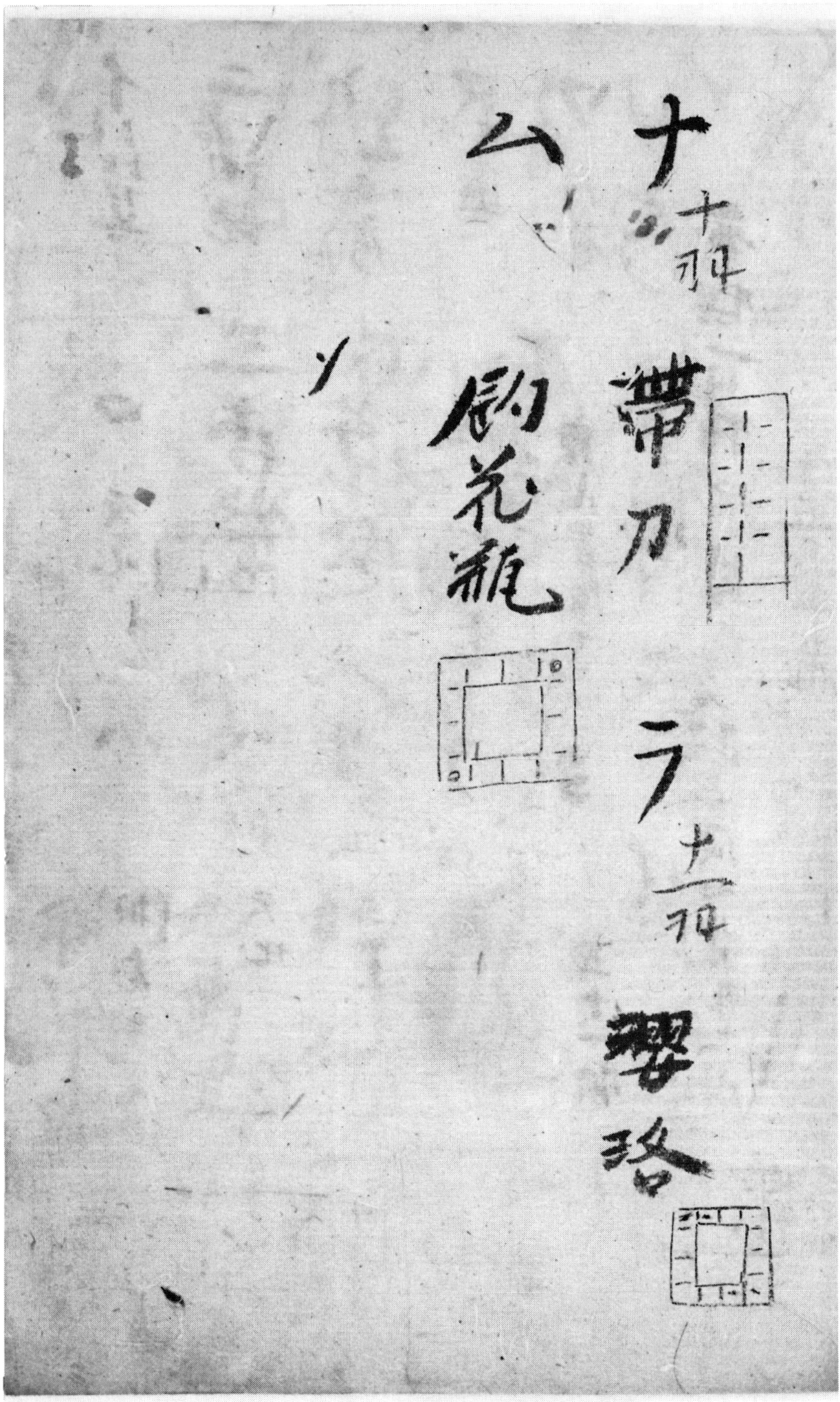

ナ 十羽

帯刀

ラ 十一羽

瓔珞

ム

釣花瓶

ソ

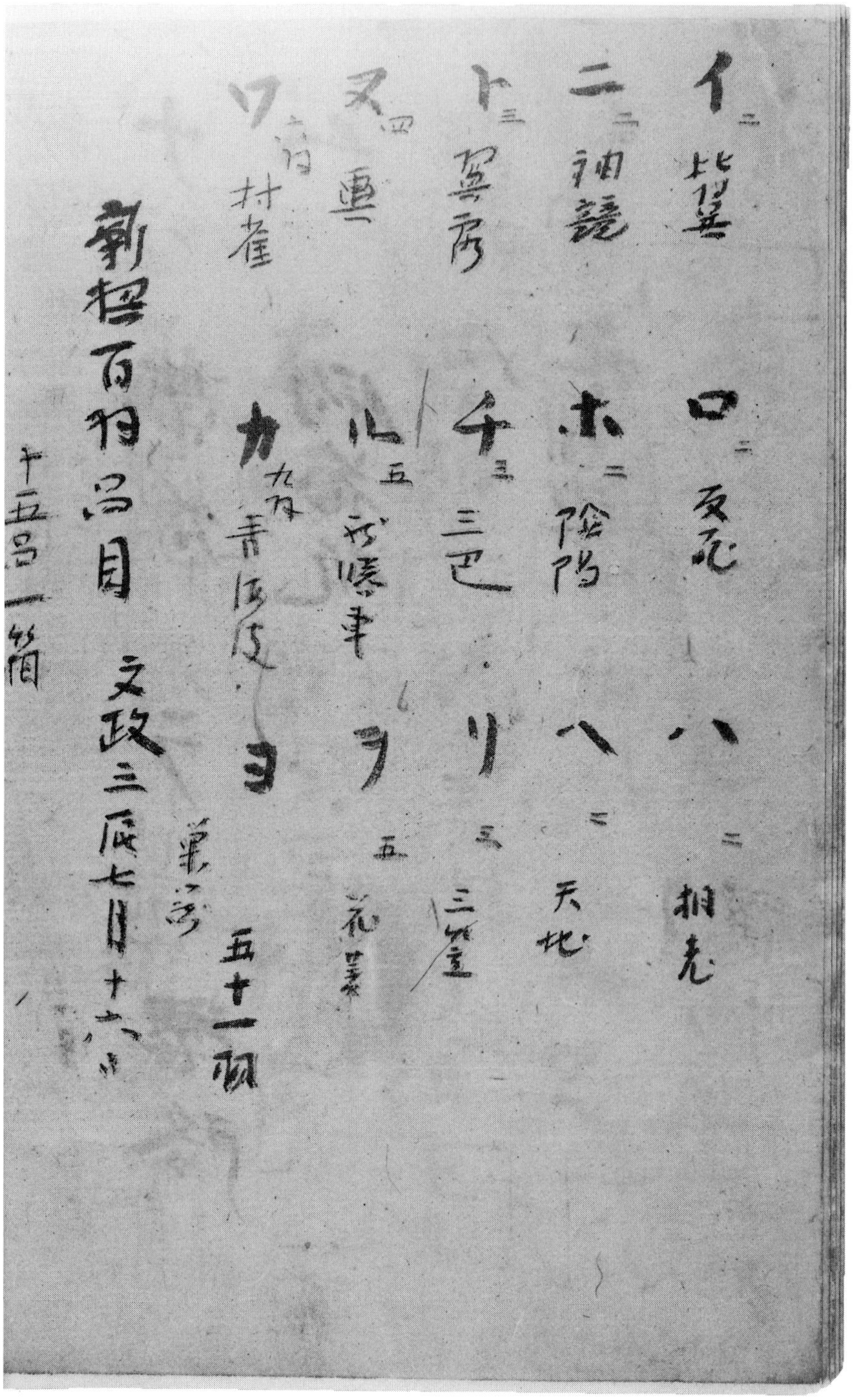

イ 二 紫翠
ロ 二 夏花
ハ 二 相生
ニ 二 神鏡
ホ 二 陰陽
ヘ 二 天地
ト 三 翠房
チ 三 三巴
リ 三 三笠
ヌ 四 連
ル 五 邪慾車
ヲ 五 花篝
ワ 六 村雀
カ 九 青海波
ヨ 巣ごもり
五十一顆
新撰百物品目 文政三辰七月十六日
十五号一箱

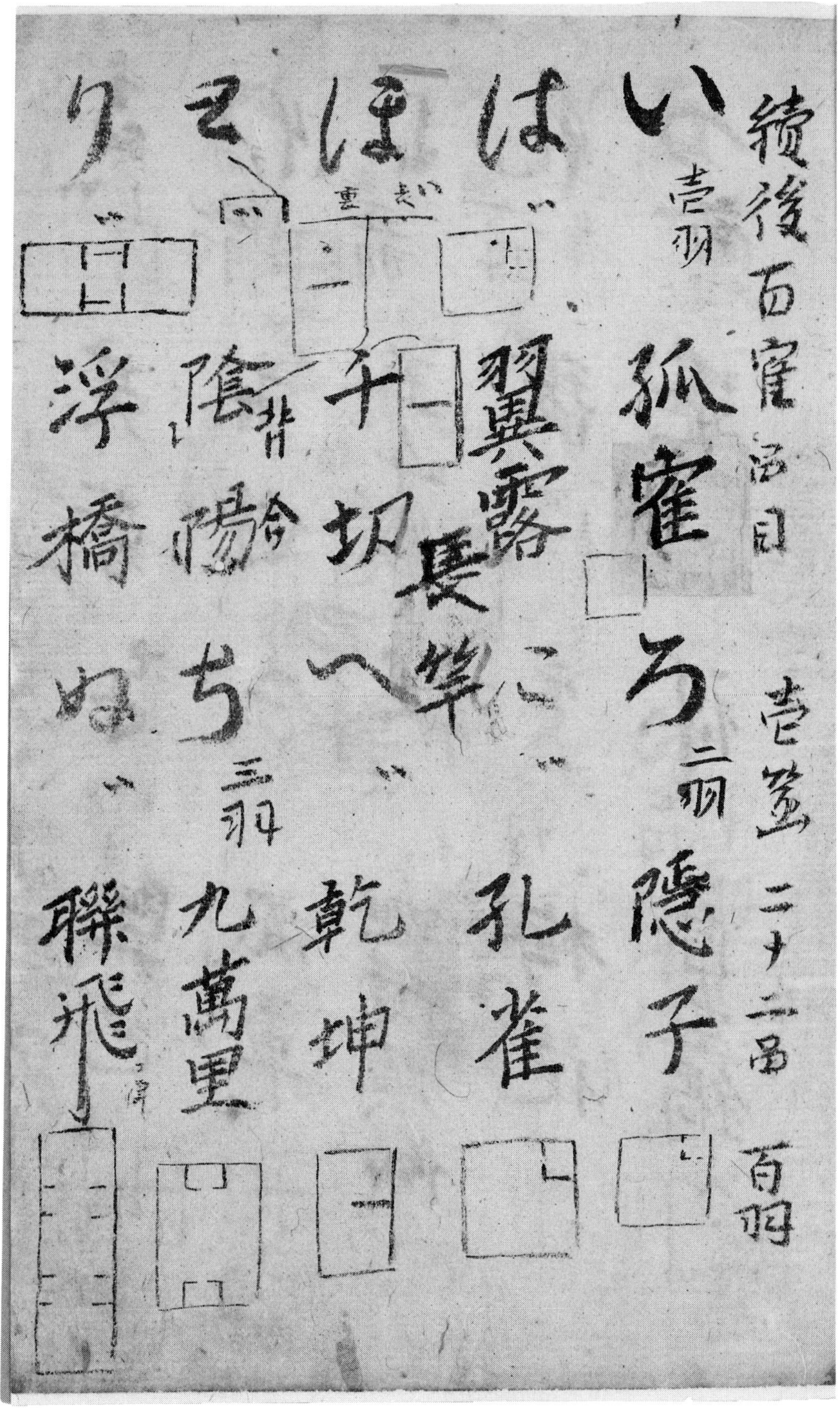
續後百寉 品目 壹蓋 二十二品 百羽

い 壹羽 孤雀 ろ 二羽 隠子

は 翼露 に 孔雀

ほ 千切 へ 乾坤

長筆

と 陰陽 ち 三羽 九萬里

り 浮橋 ぬ 聯飛

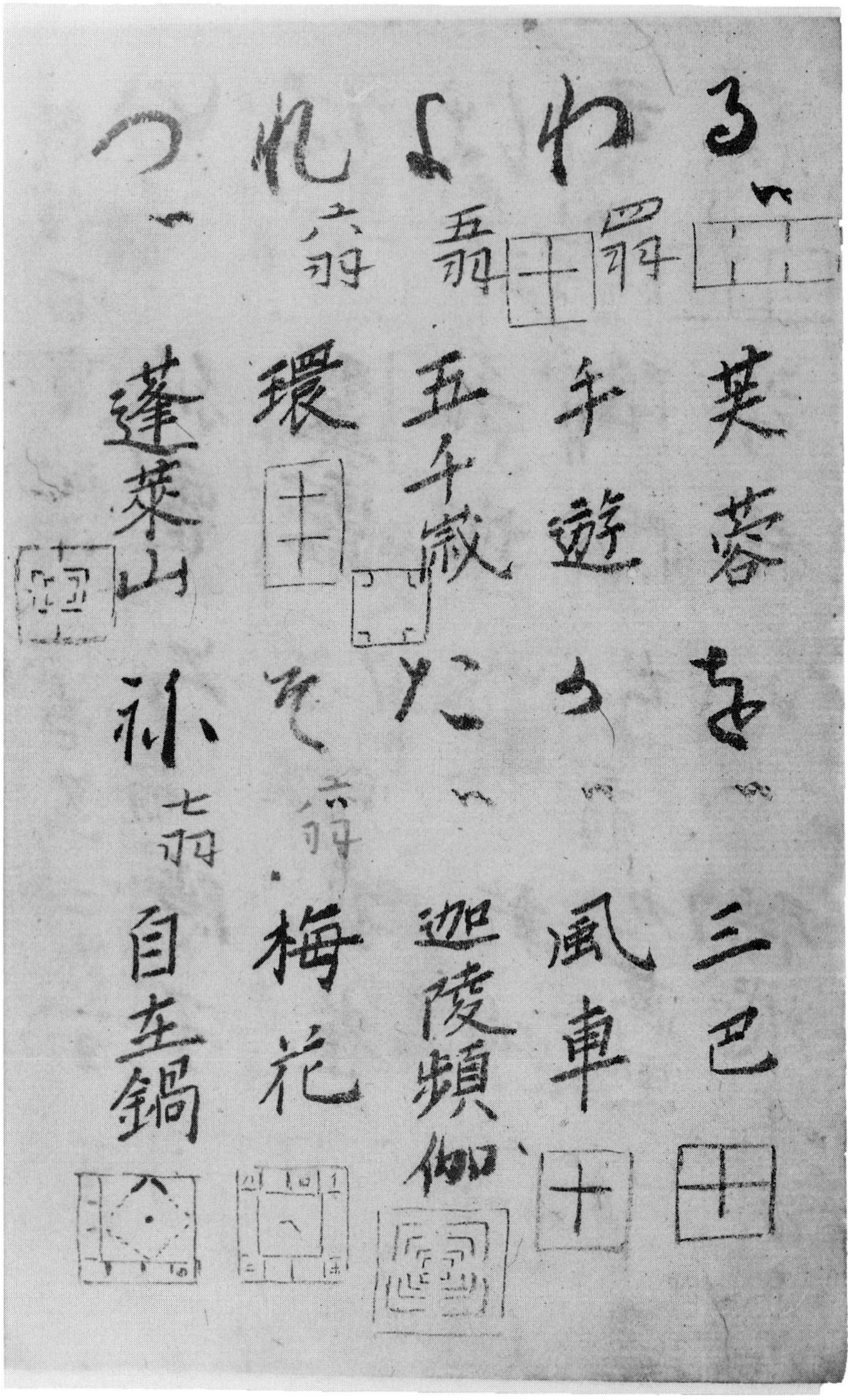
芙蓉
三巴
手遊
風車
五千歳
迦陵頻伽
環
梅花
蓬莱山
自在鍋

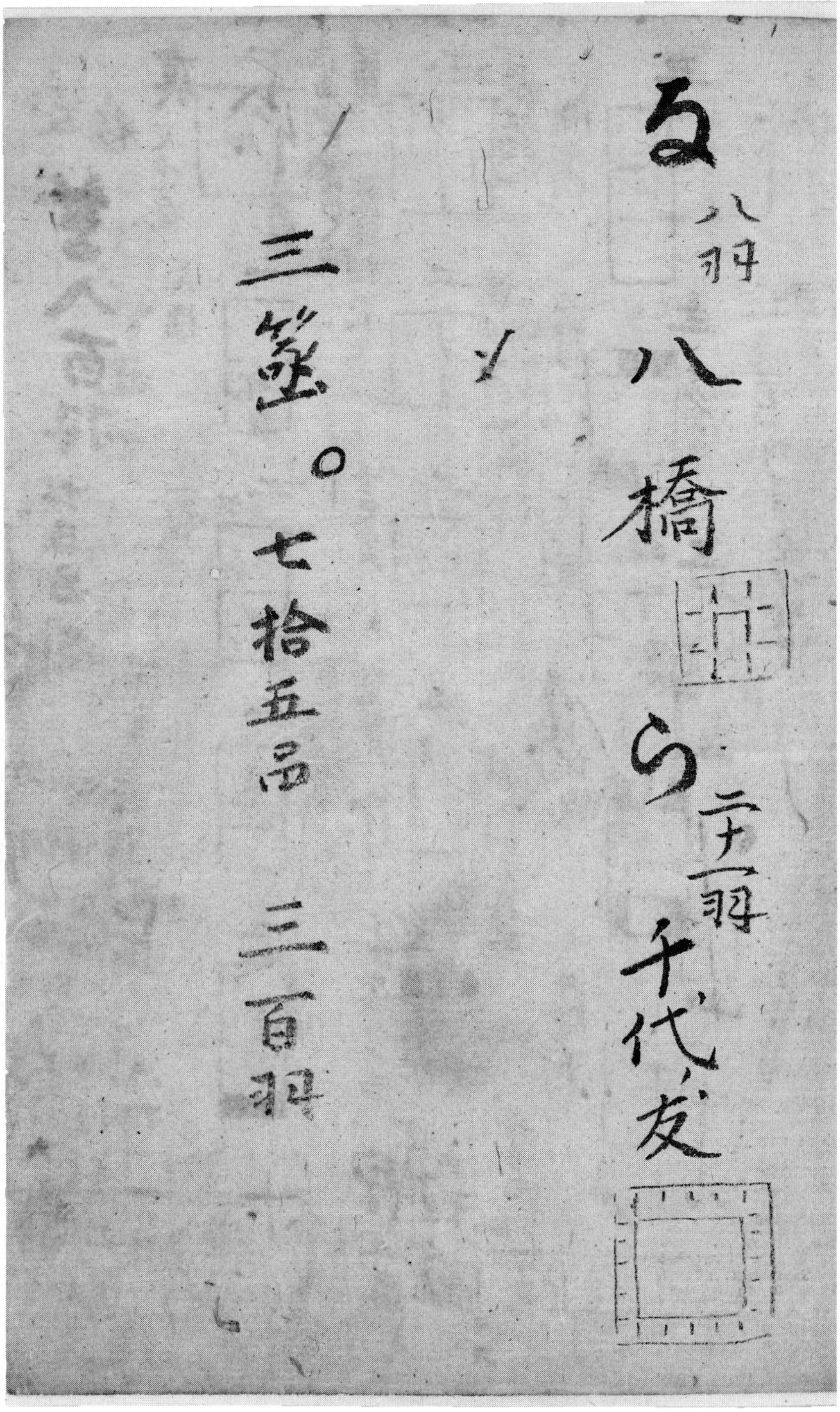
ヌ
八羽
八橋
ら
二十一羽
千代友
七拾五品
三百羽

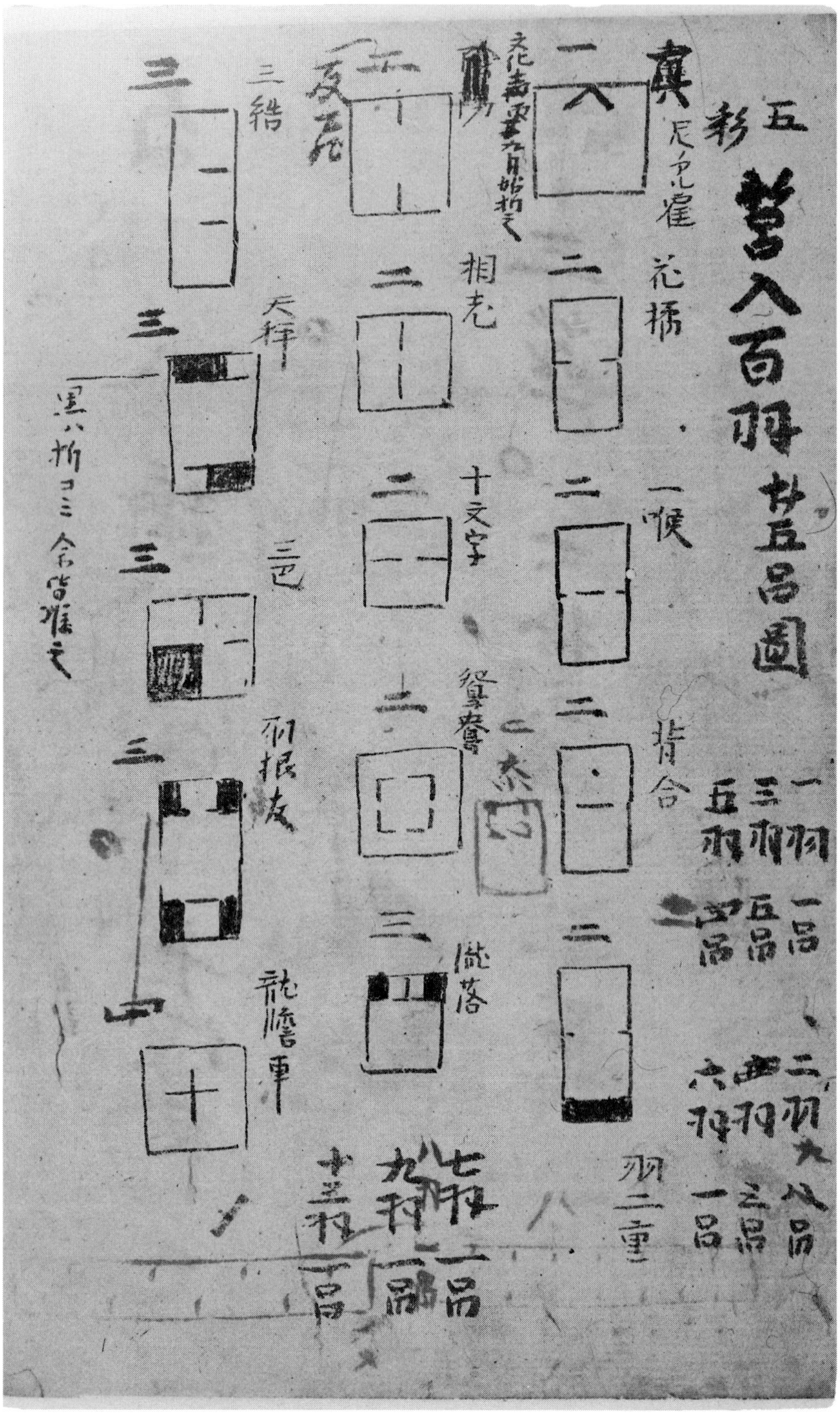
十文字
背合
羽二重

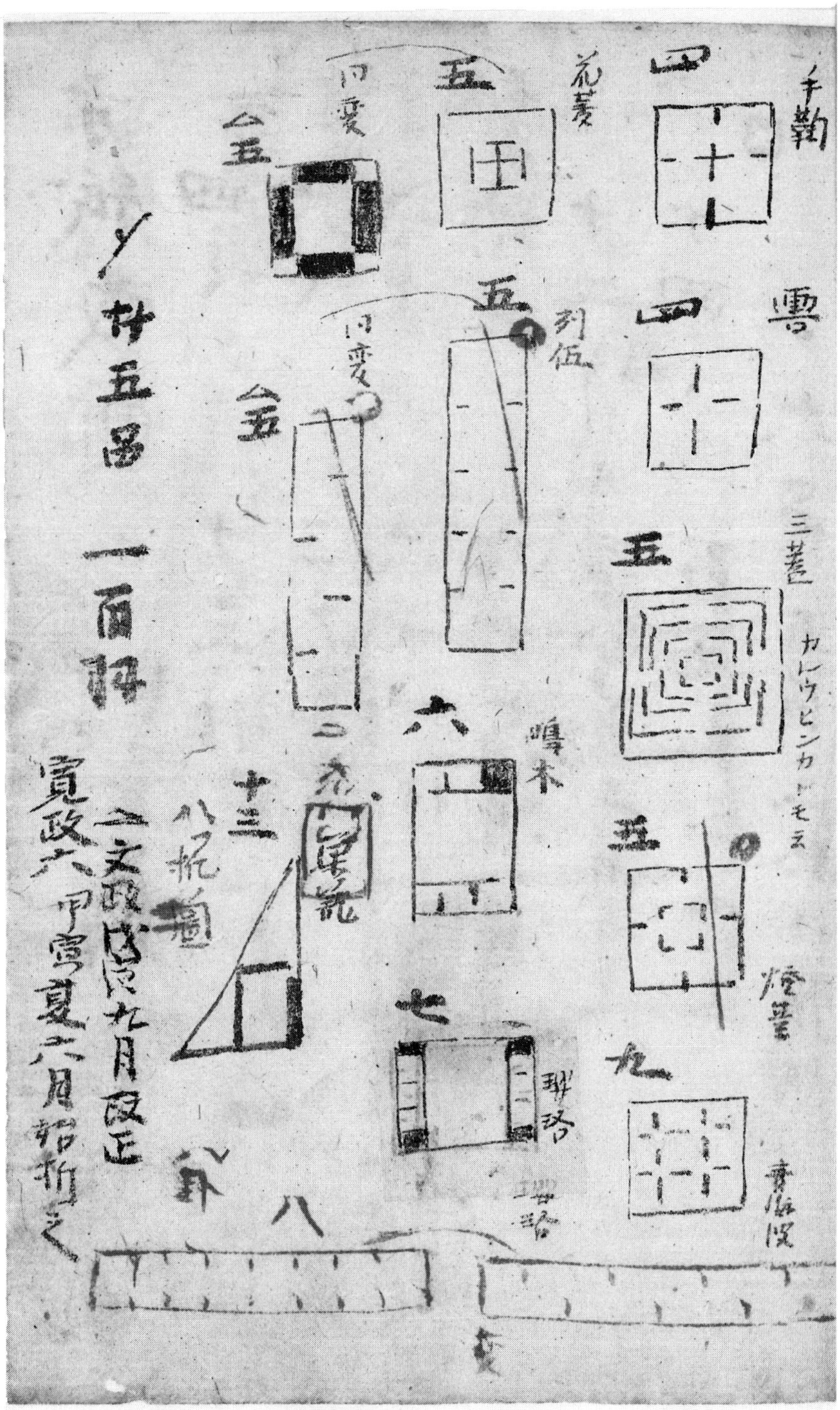
手鞠
雲
花菱
文政戊寅九月改正
寛政六甲寅夏六月初折之

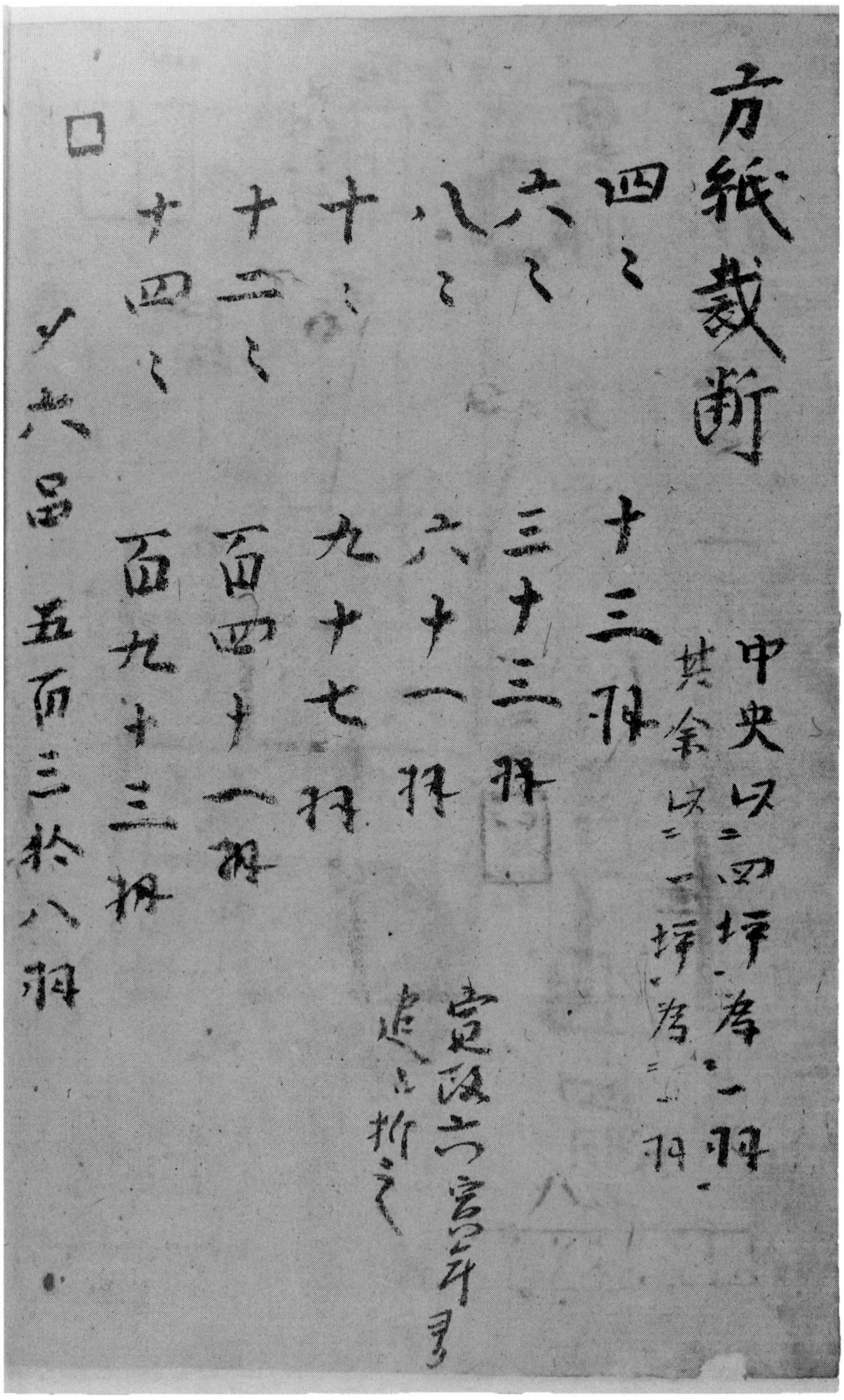

方紙裁断

中央以㆓四坪㆒為㆓一羽㆒
其余以㆓一坪㆒為㆓一羽㆒

四〻　十三羽
六〻　三十三羽
八〻　六十一羽
十〻　九十七羽
十二〻　百四十一羽
十四〻　百九十三羽
口
〆六品　五百三拾八羽

寛政六〻宮正手書
追〻折之

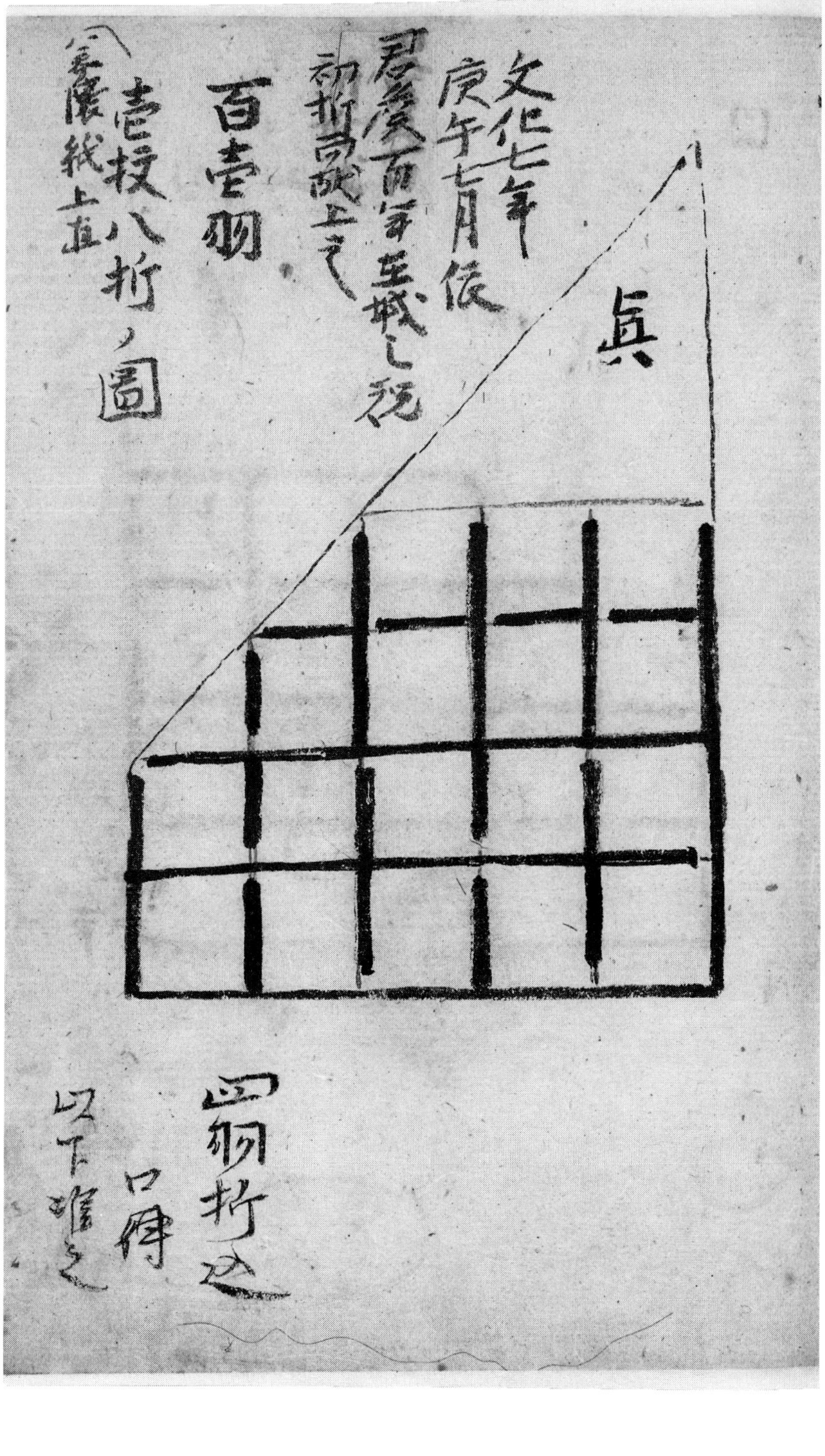
文化七年
庚午七月依
百壹羽
壹枚八折ノ圖
真
四羽折込
口傳
以下准之

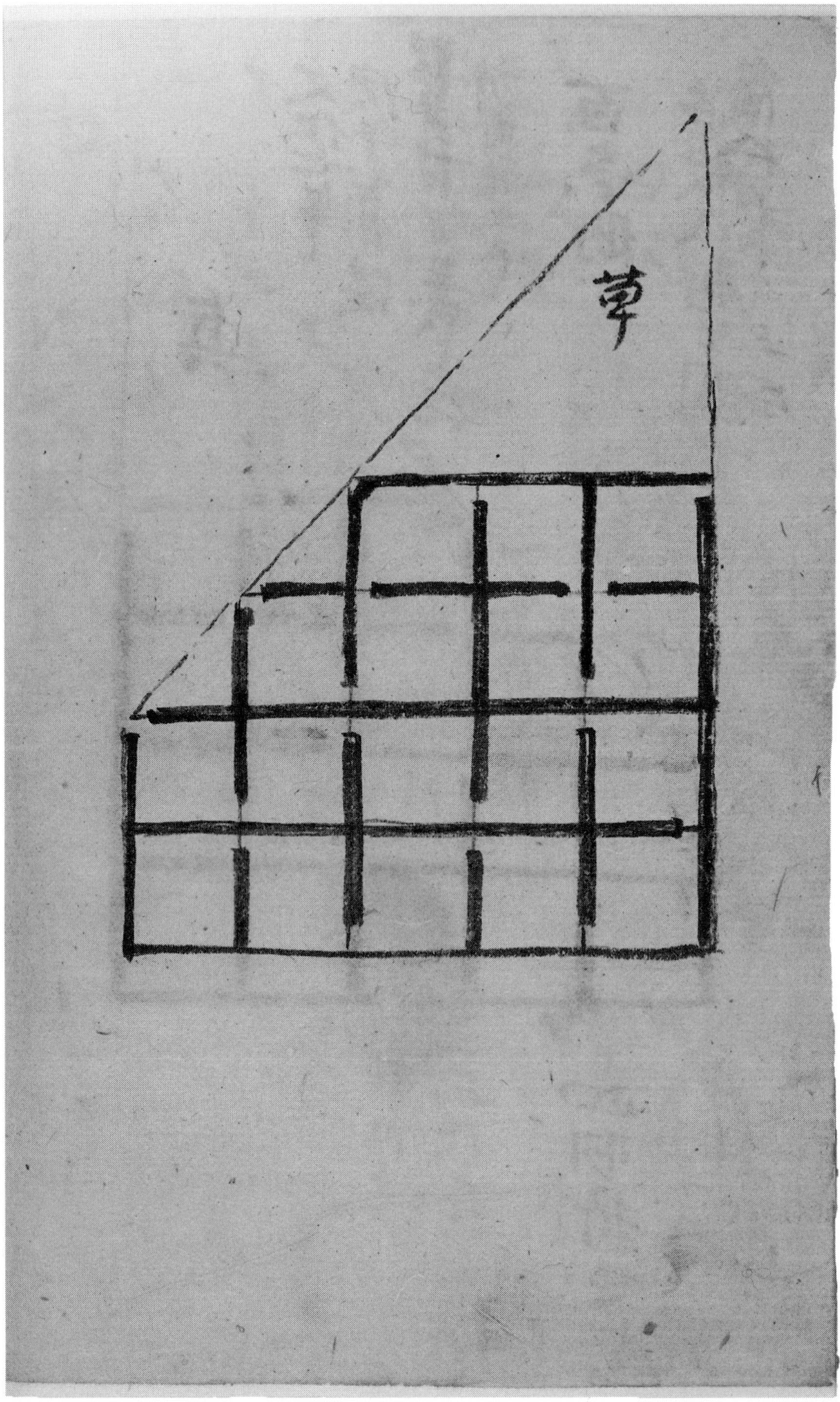
草

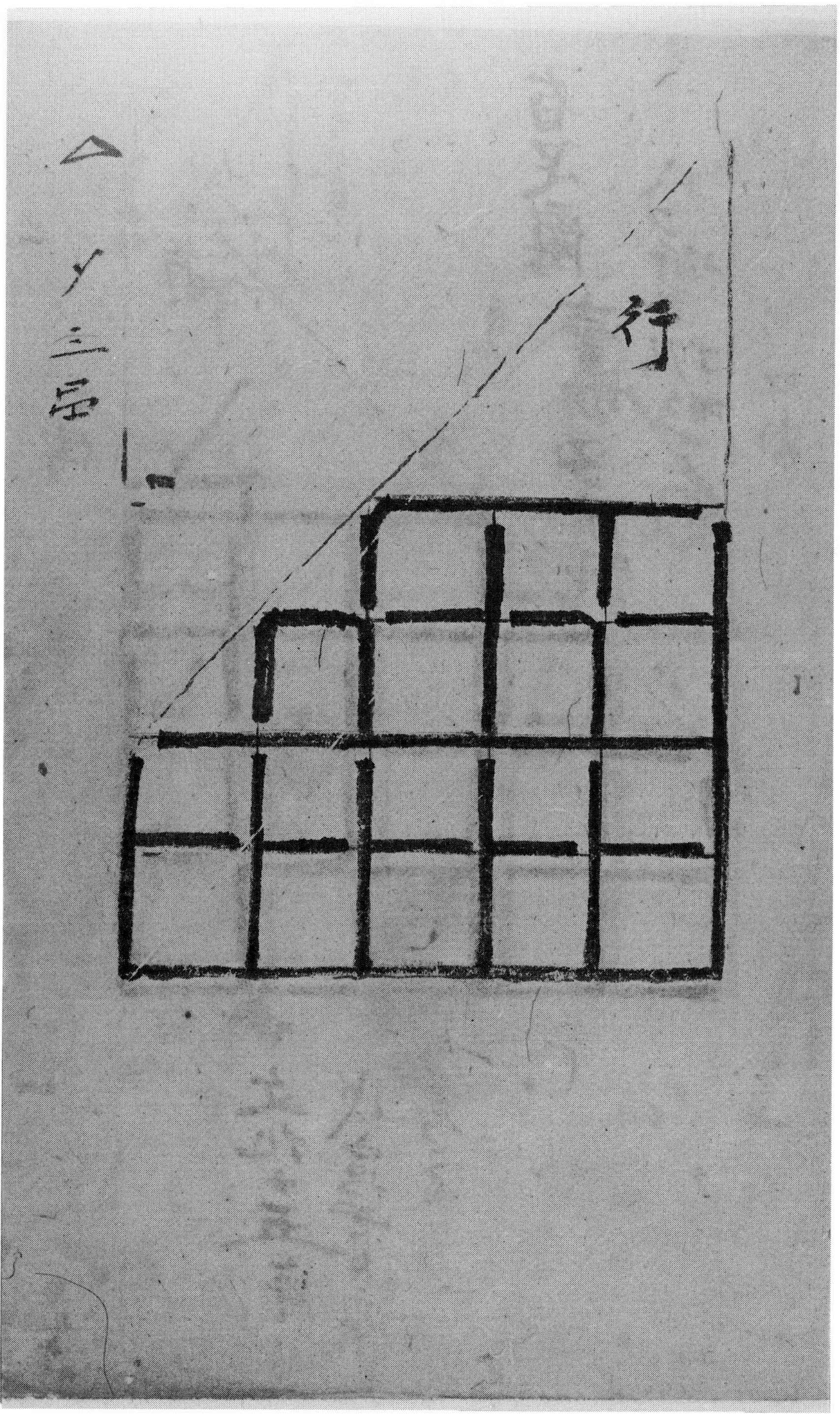
〆三品
行

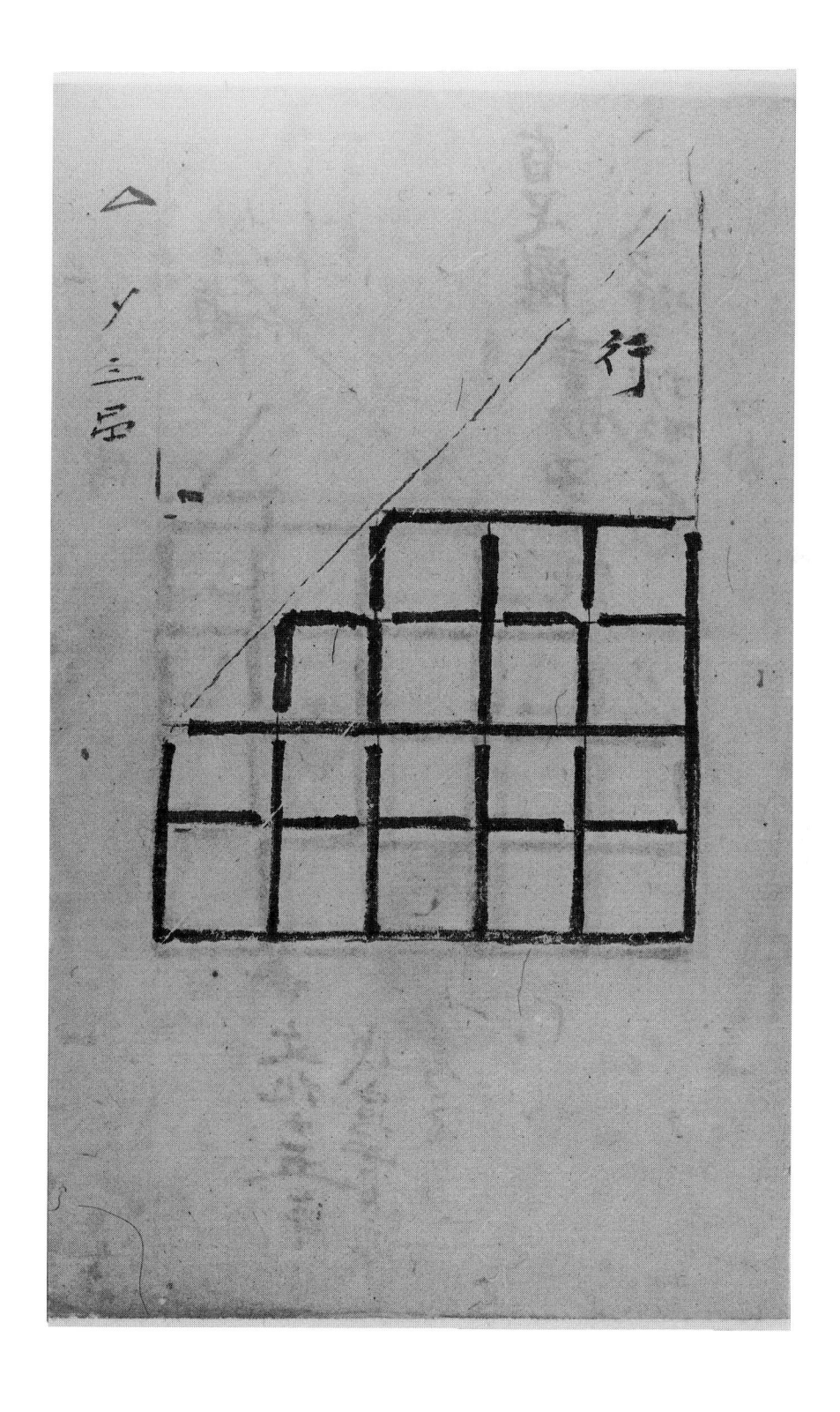

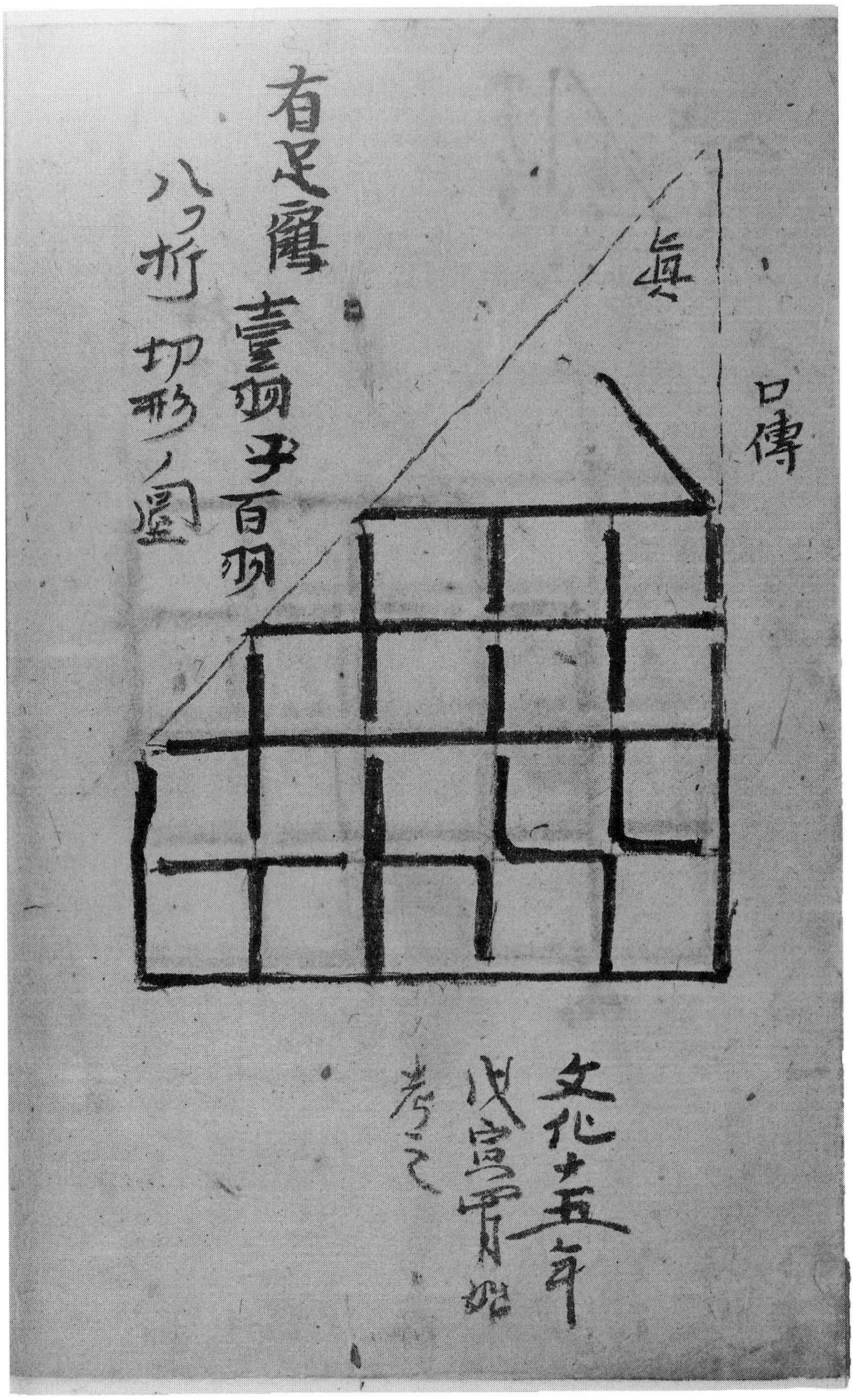
有足庵
八ッ折切形ノ圖
真
口傳
文化十五年
考之

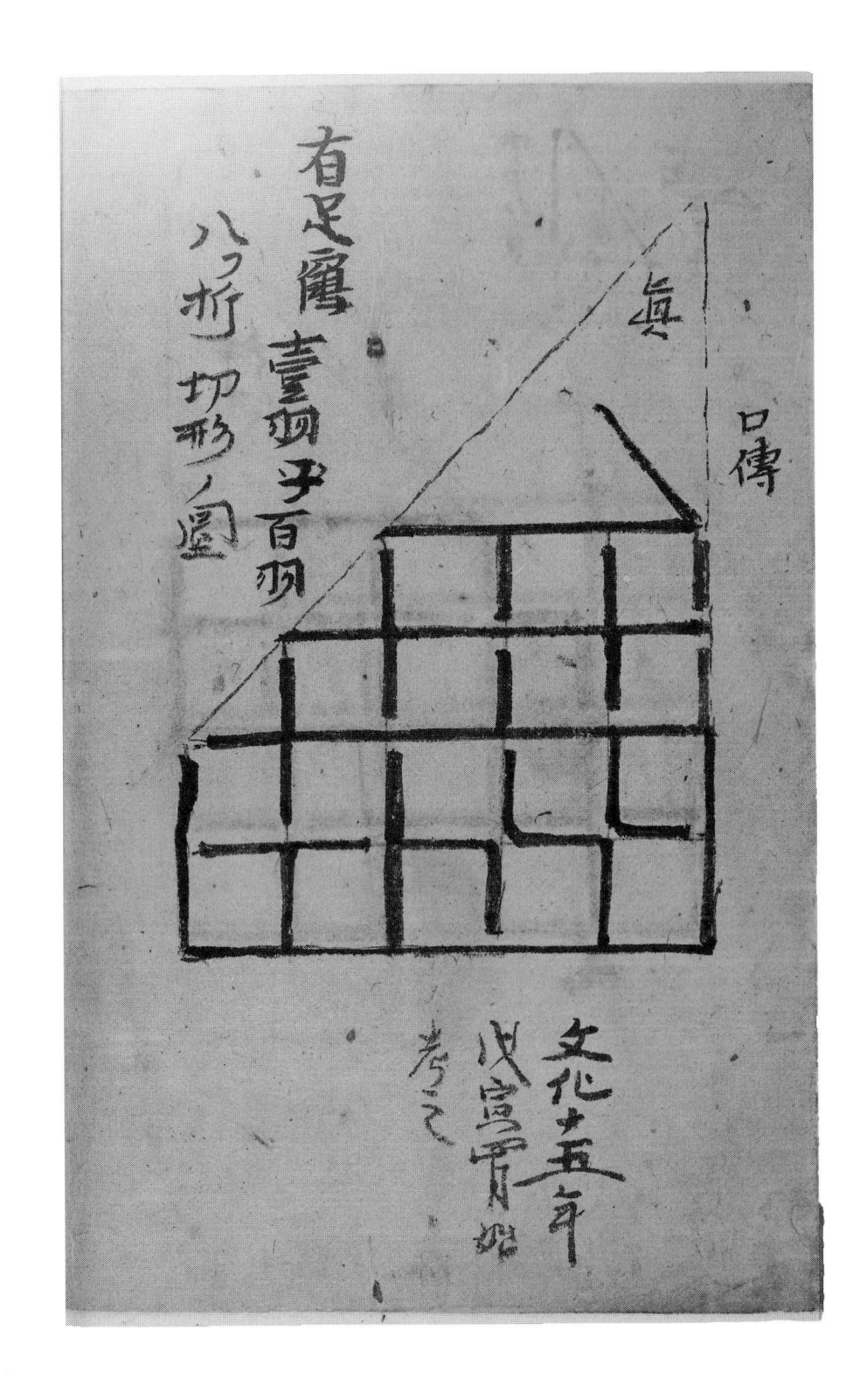

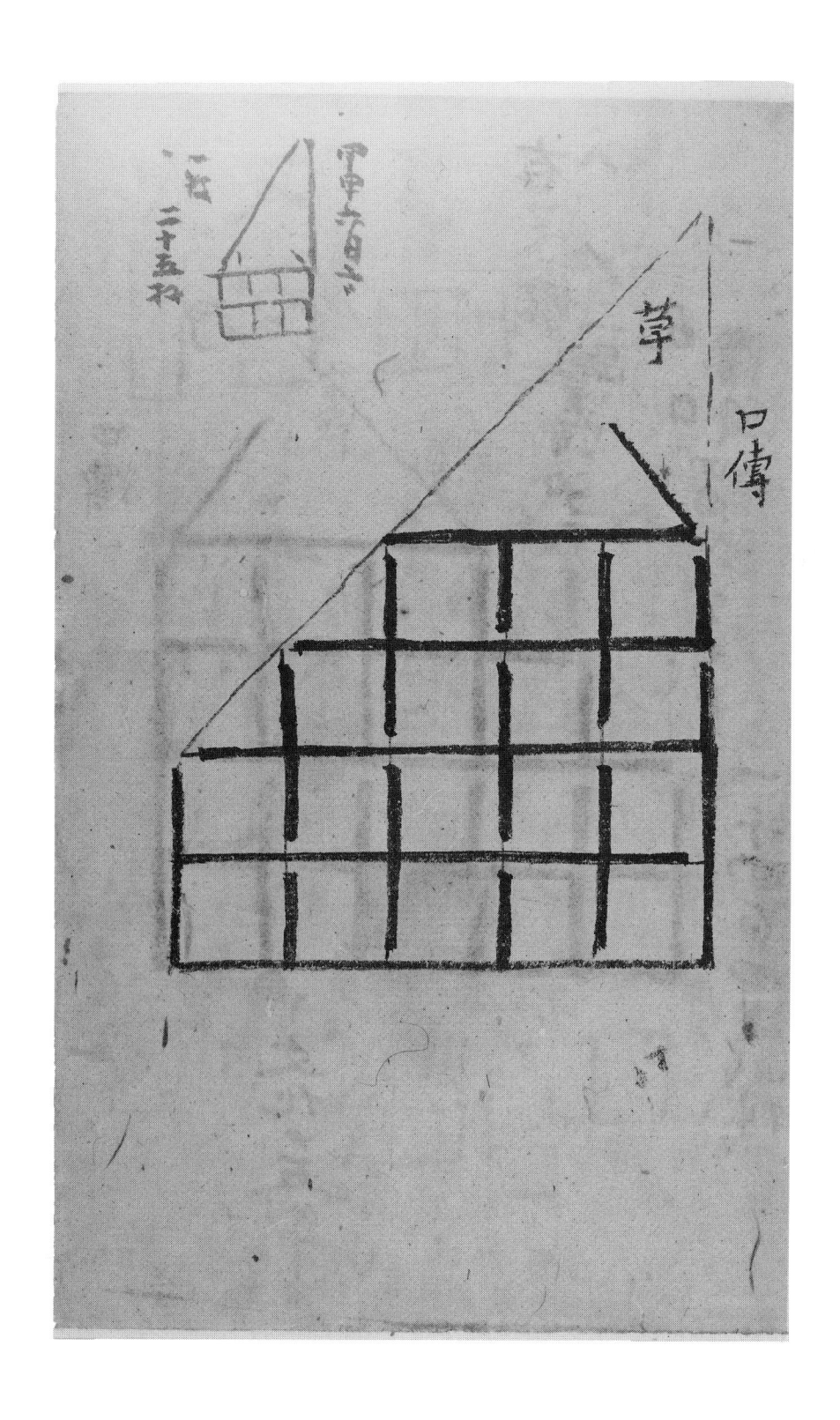

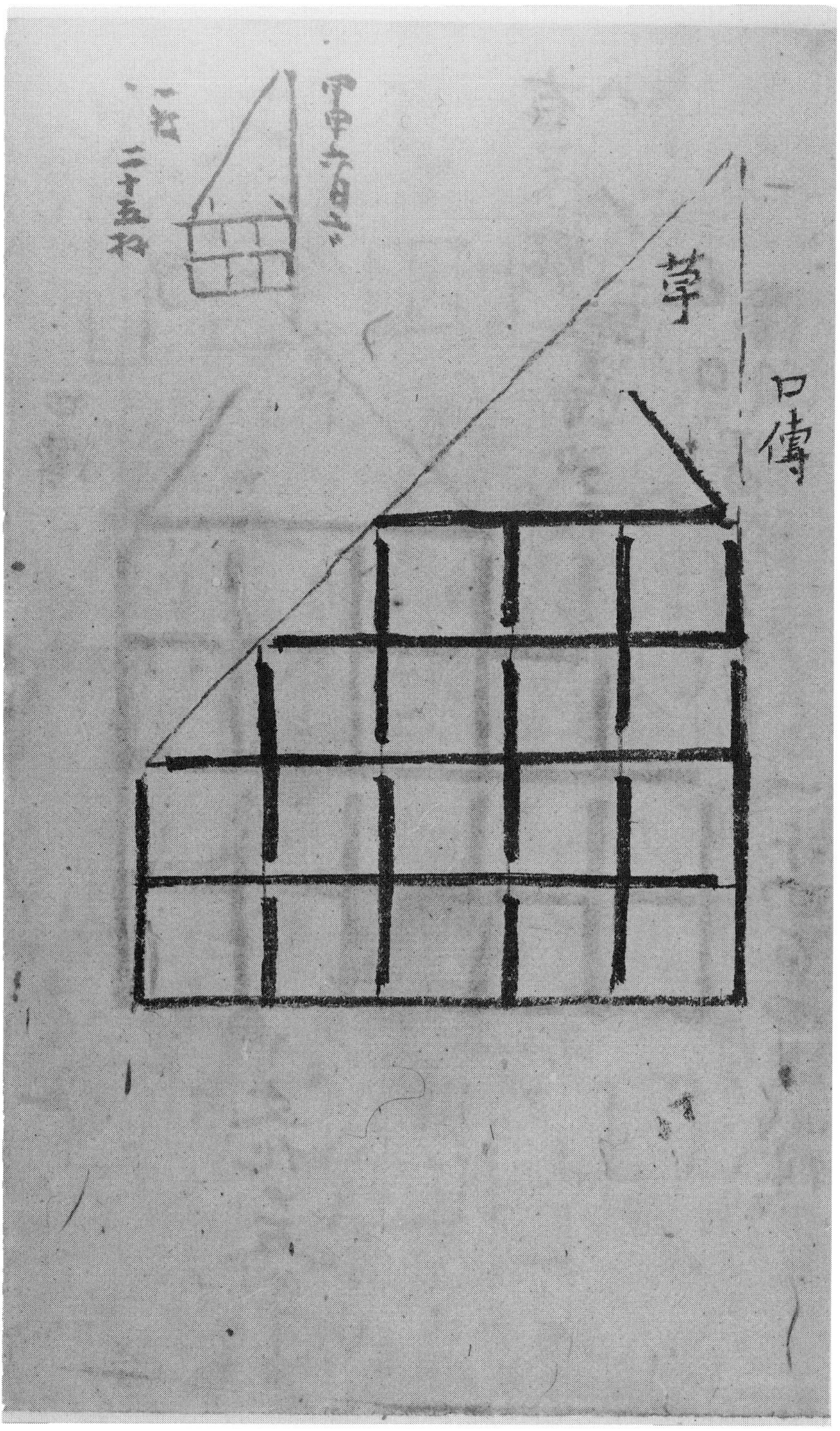

口傳

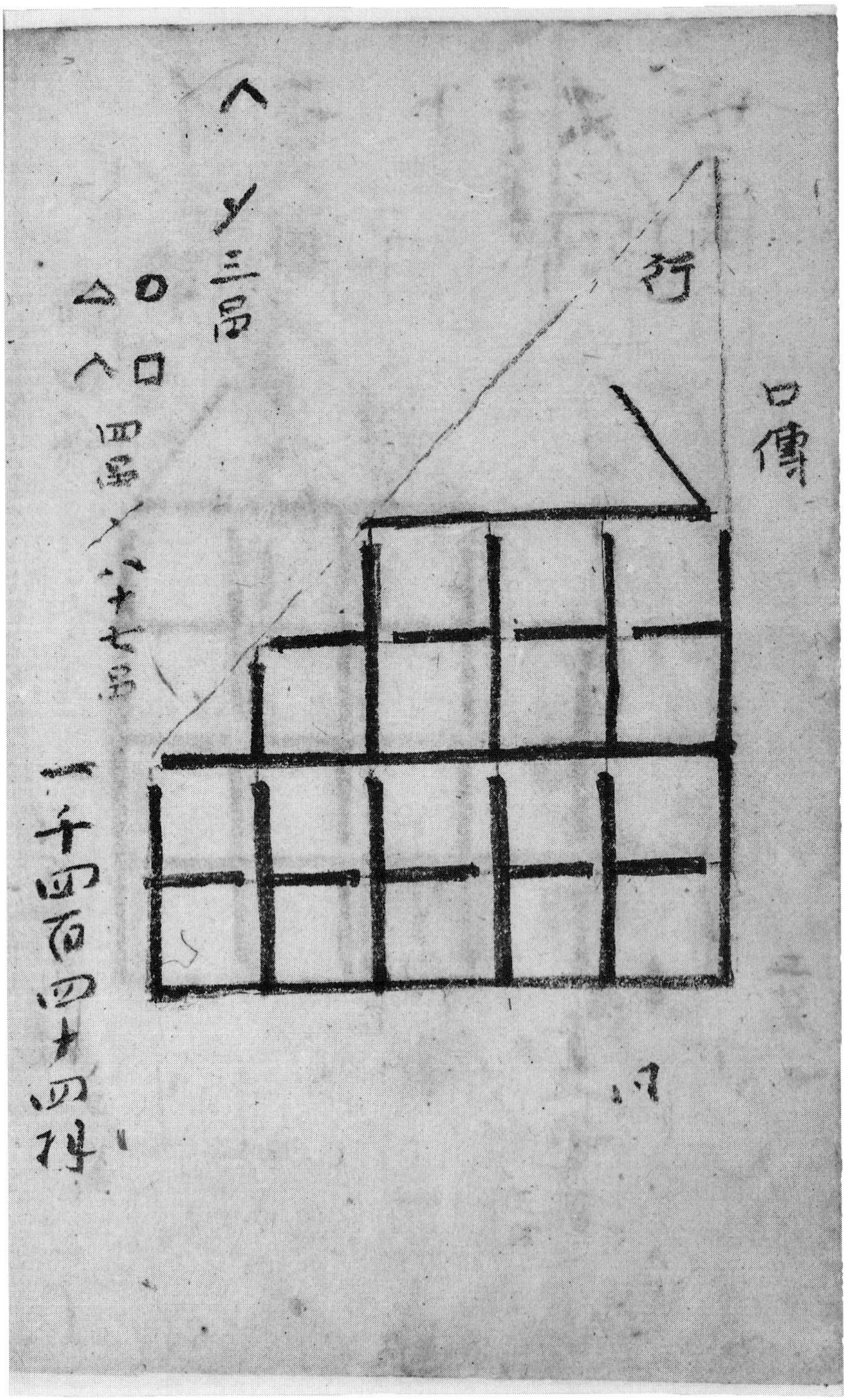
行
口傳
三品
四品
八十七品
一千四百四十四枡

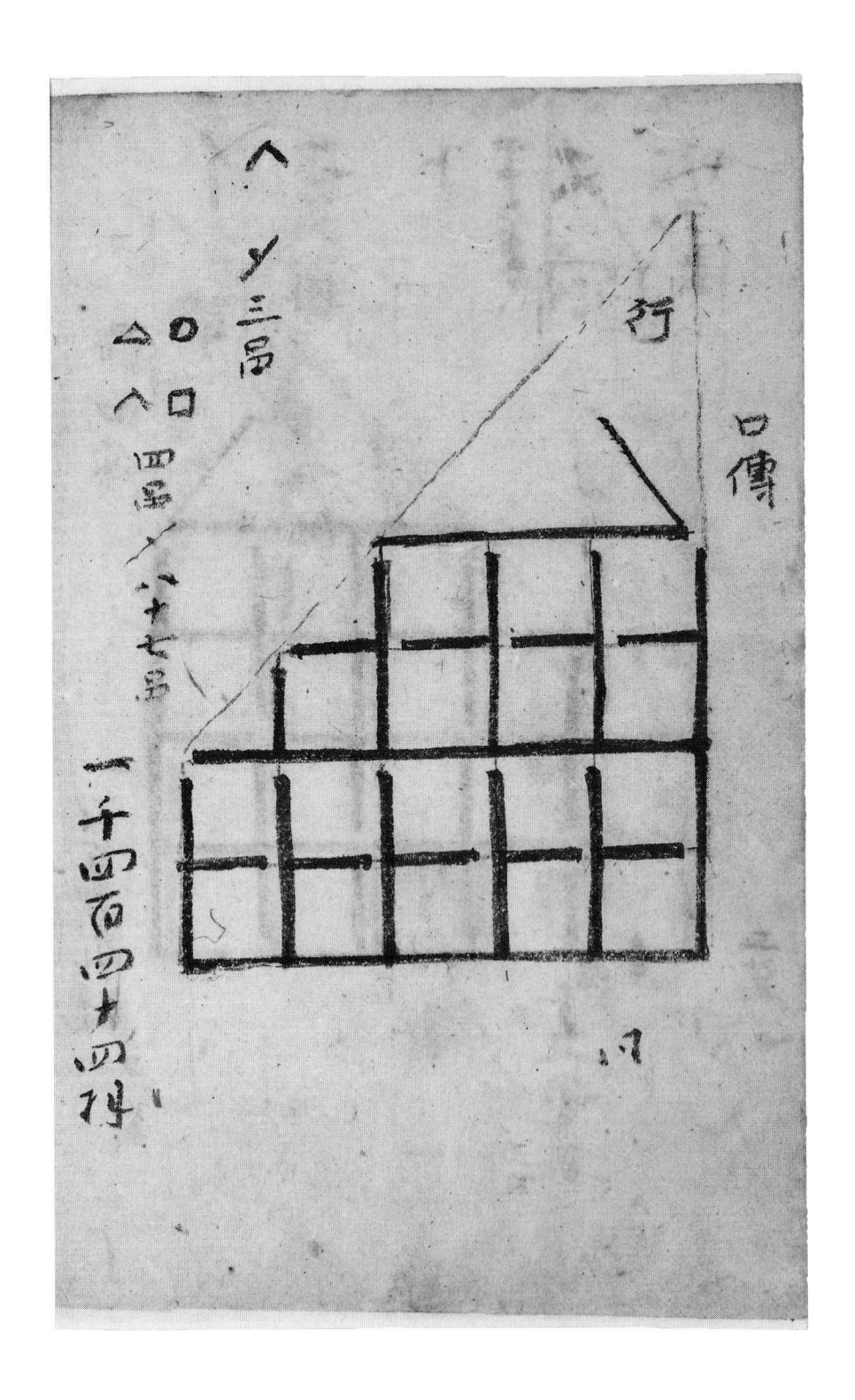

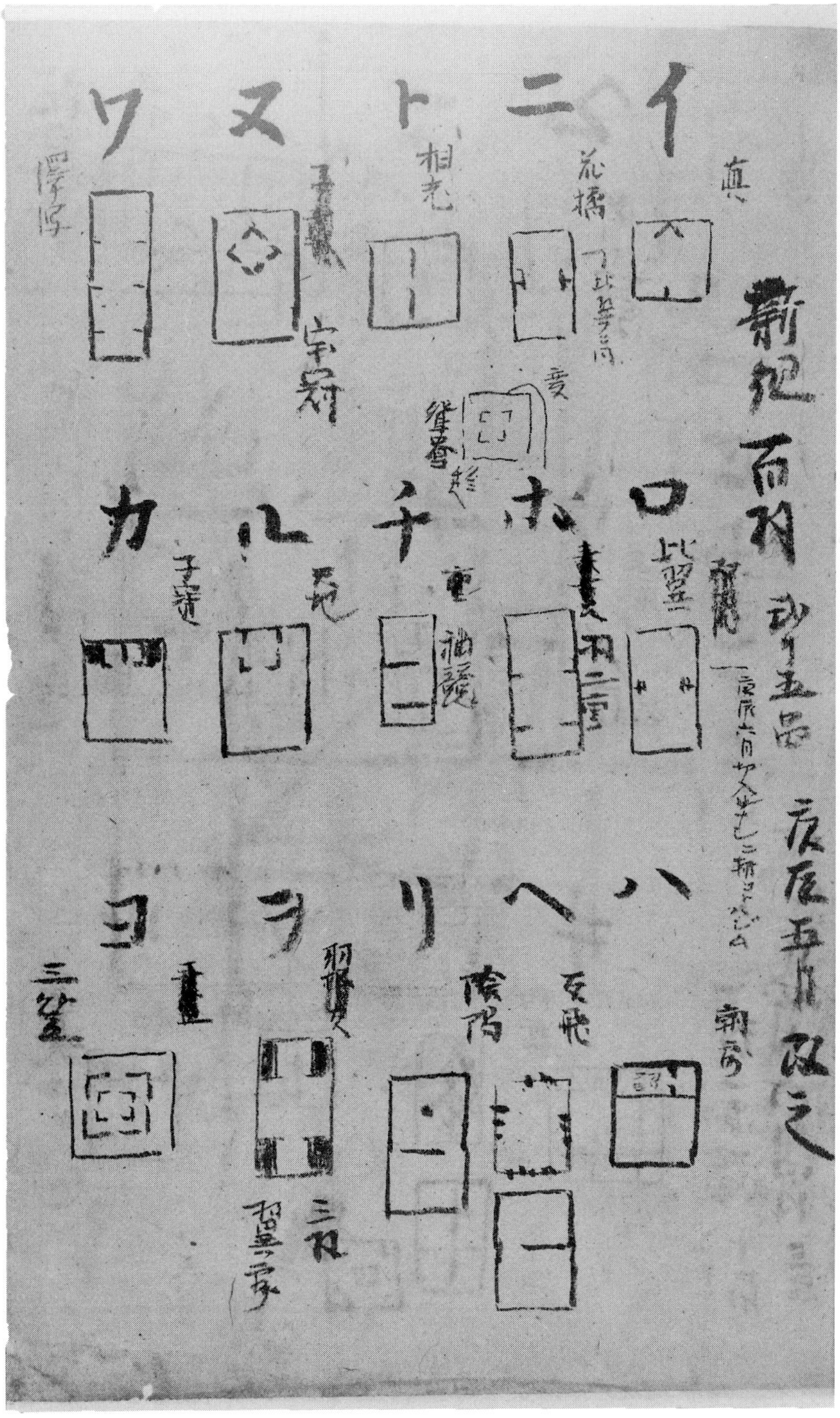
イ ニ ト ヌ ワ
ロ ホ チ ル カ
ハ ヘ リ ヲ ヨ

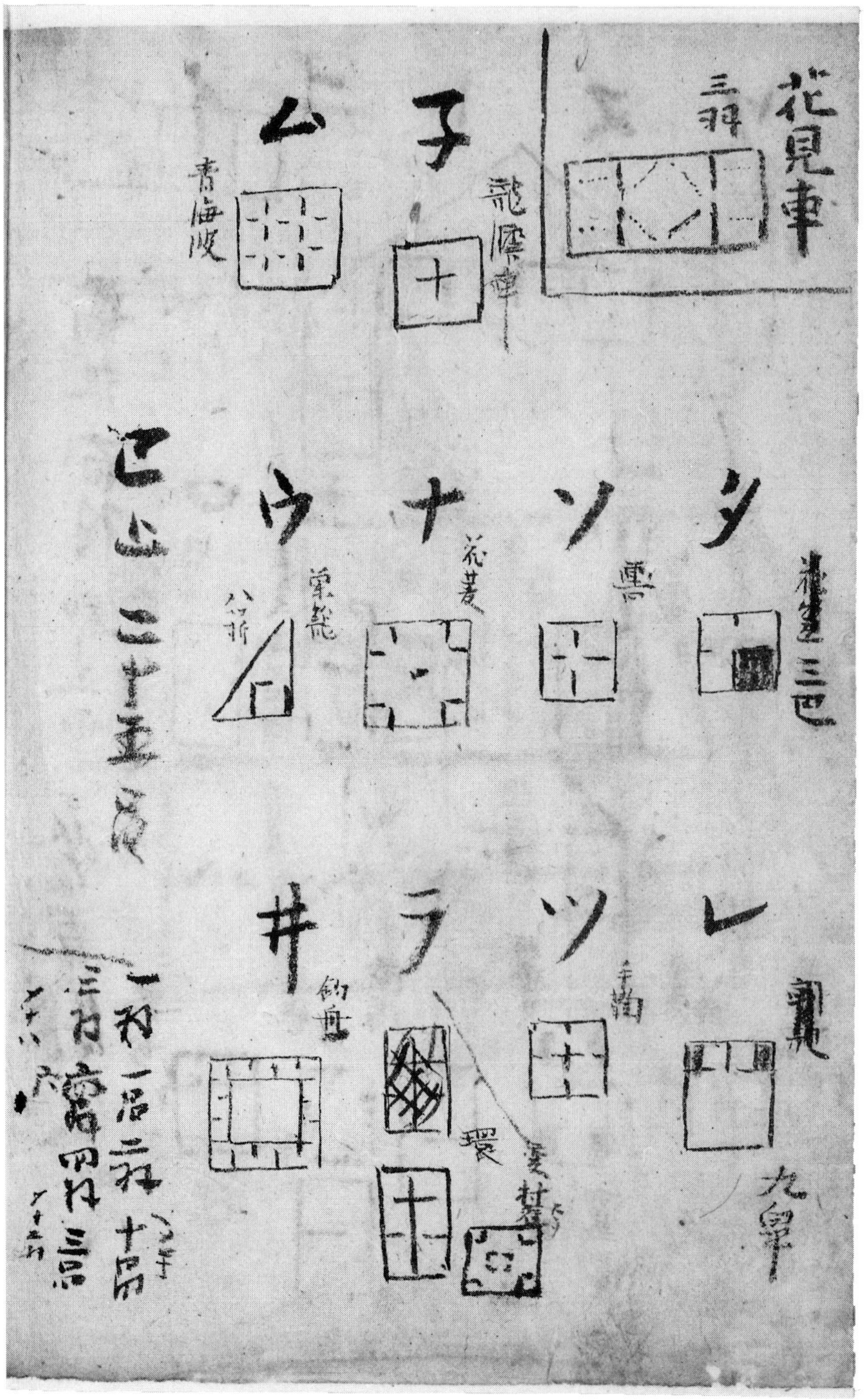
花見車
ム
子
タ
ソ
ナ
ウ
レ
ツ
ラ
井

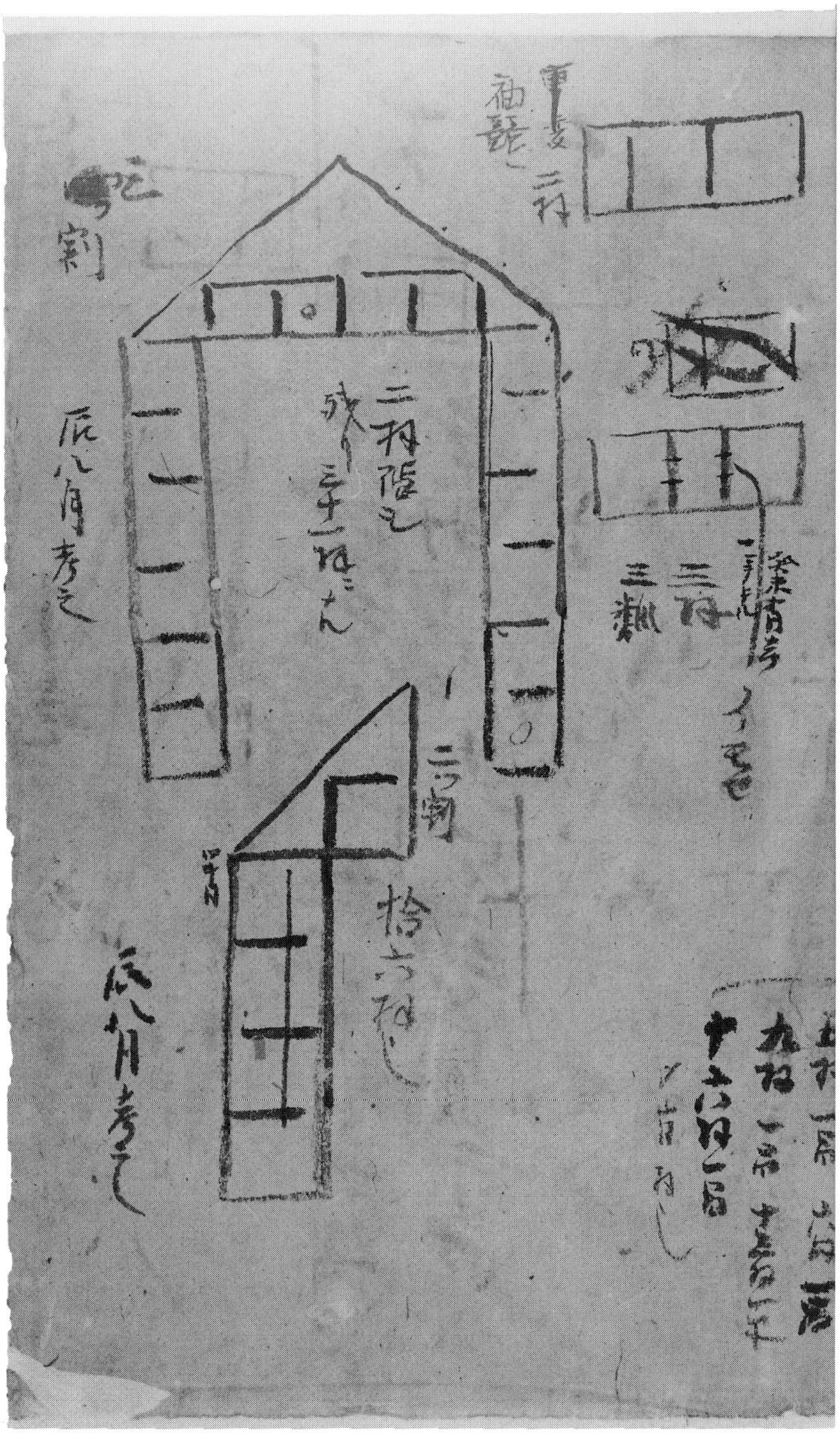

文政元年寅戌十月　　
京都傳馬丁長門守蔵

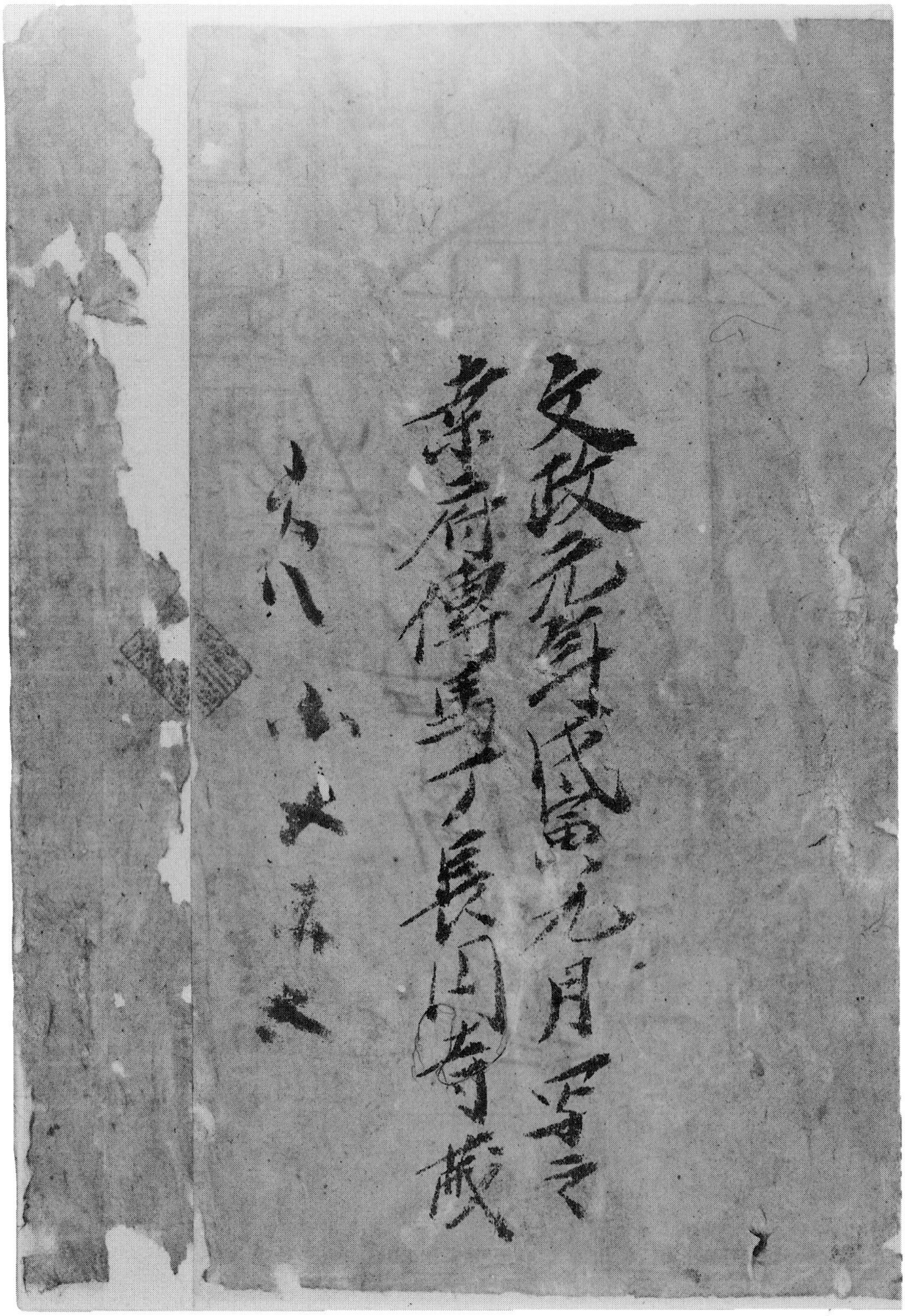

一丁表　貼紙前

百寶品目

一ノ羽　壽
三ゝ　比翼□四
五ゝ　相老□六
七ゝ　大小□八
九ゝ　花零□十

十勝陰陽

室陰陽
背合□
聯飛□
阿吽□
花橋□

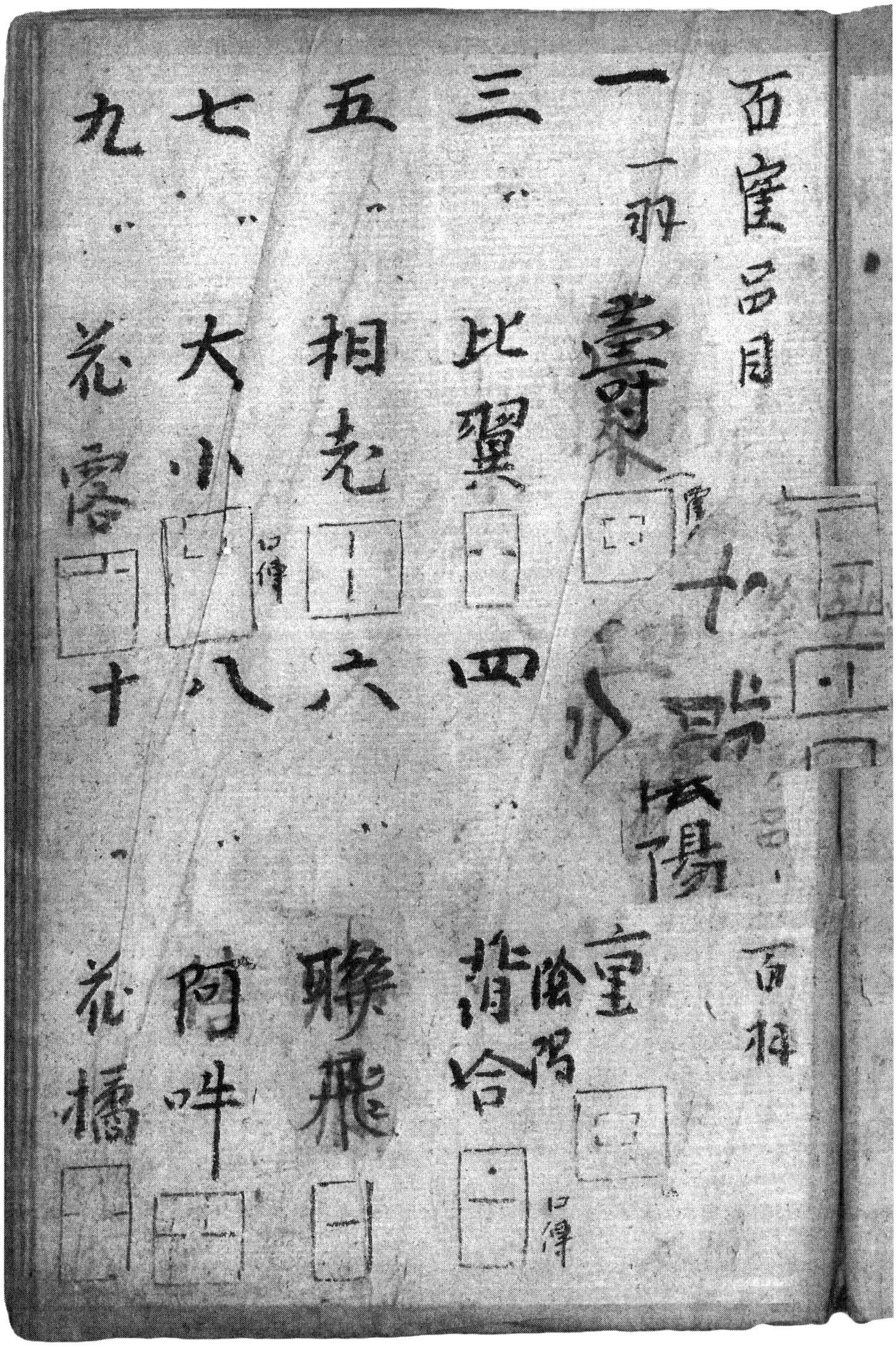

二丁表 貼紙前 1

廿一、子隠 廿二、三番叟
廿三、朝顔 廿四、龍膽車
廿五、轡 廿六、鳴木
廿七、花菱 廿八、青海波
廿九、薩摩庵 三十、巣籠

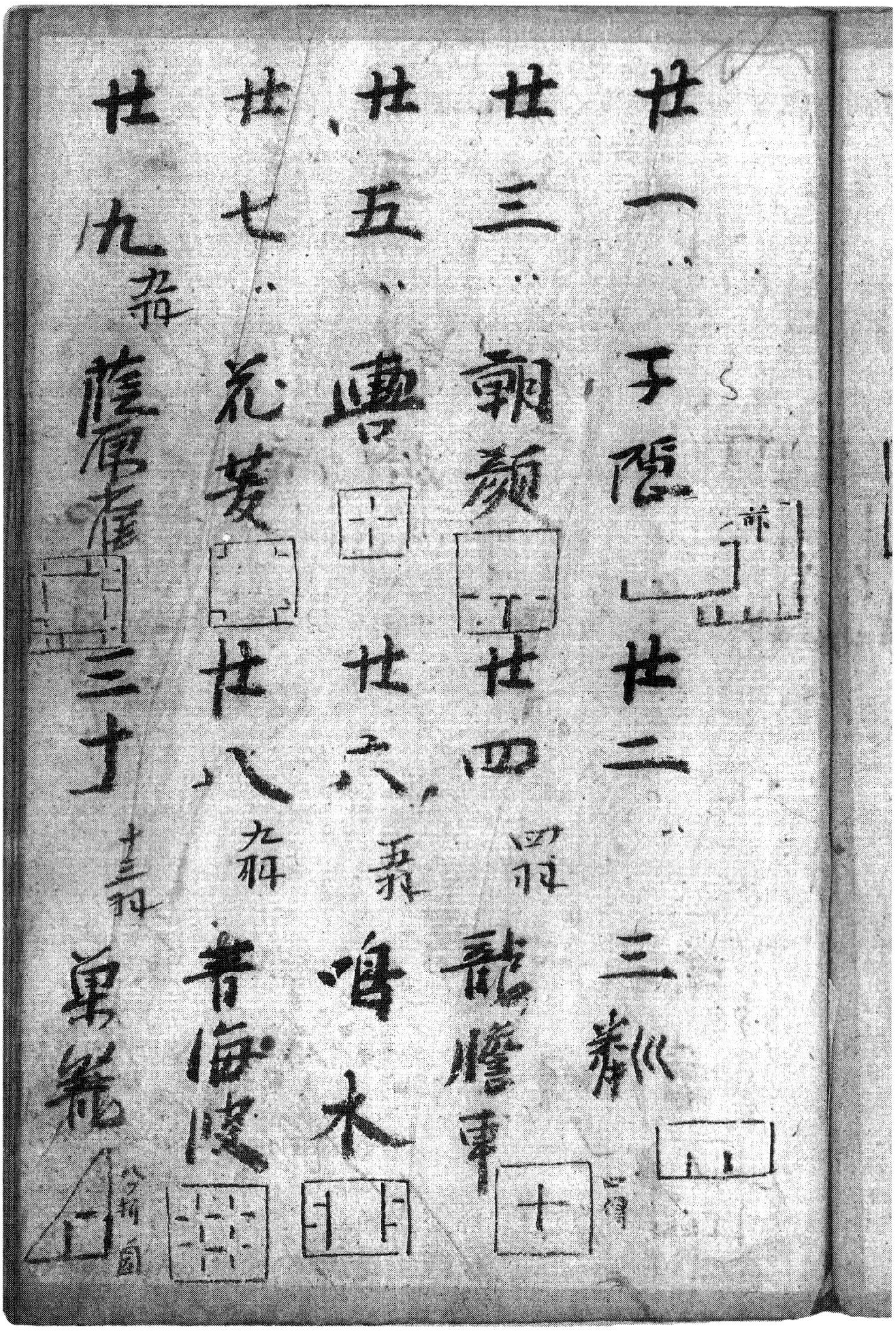

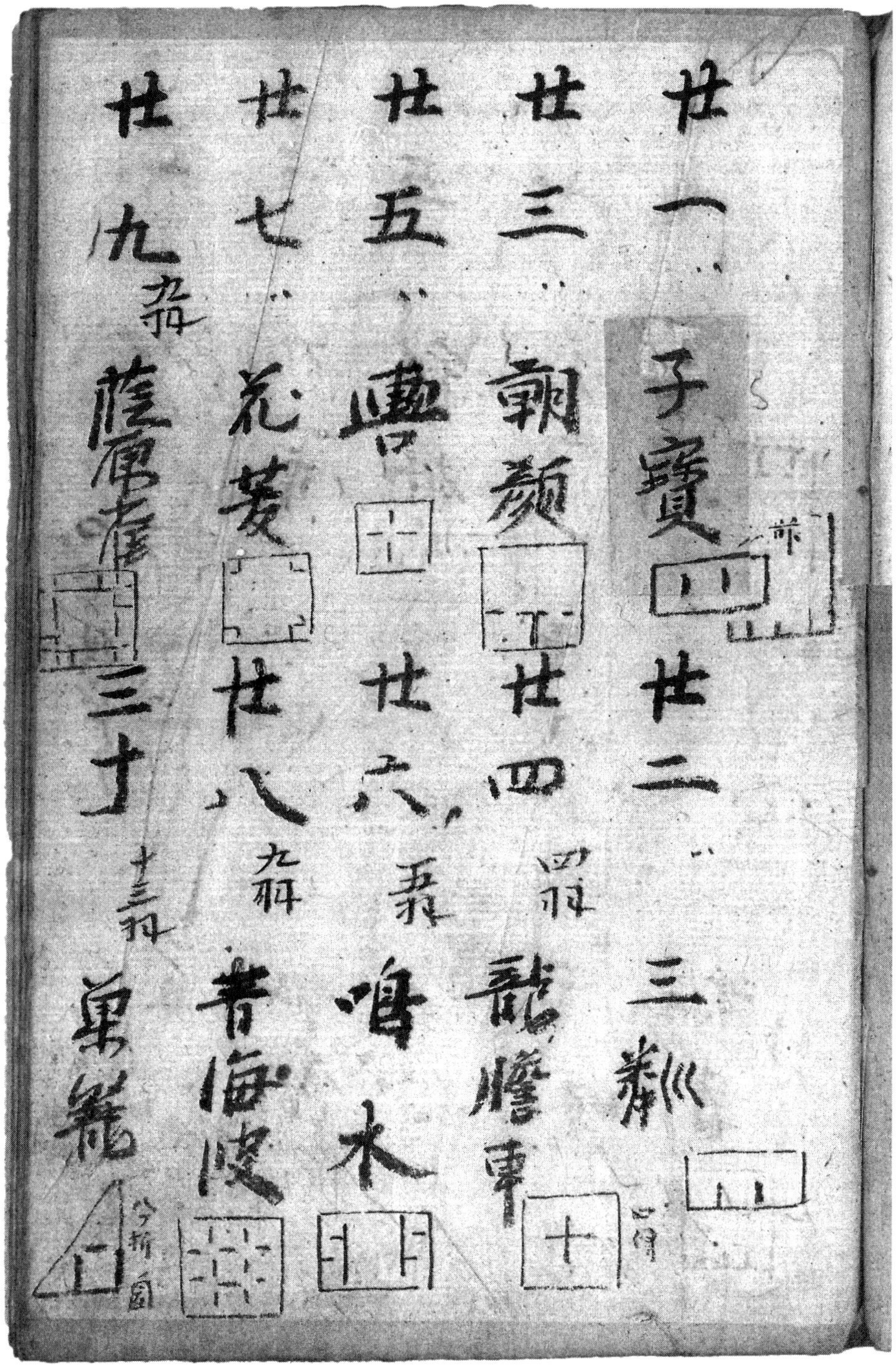
廿一　子寶

廿二

廿三　朝顔

廿四　龍膽車

廿五　曙

廿六

廿七　花菱

廿八　青海波

廿九

三十

魯縞庵義道の出自

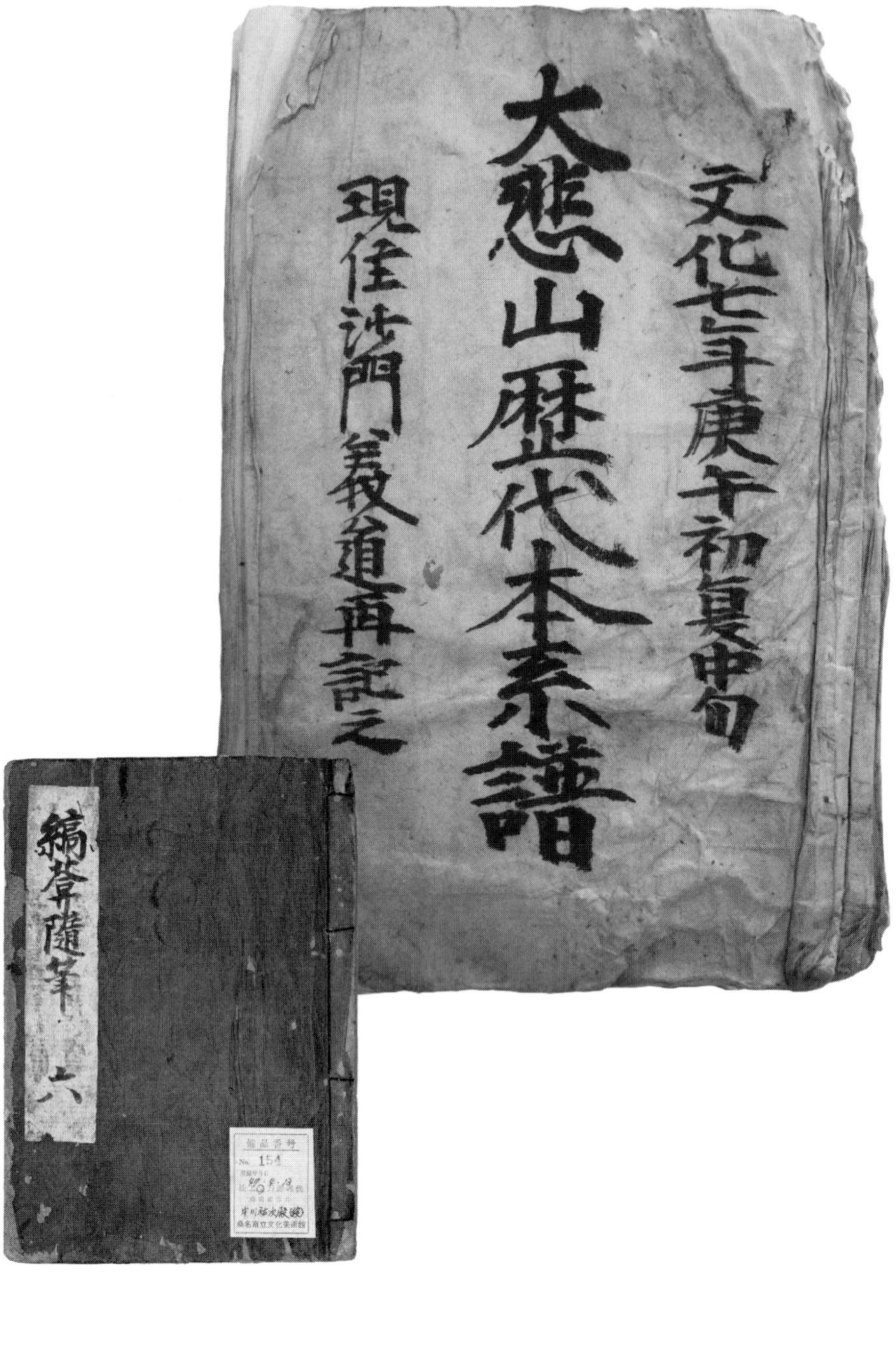

魯縞庵義道は、多くの著書を残し、広く文人達と交流していたが、正確な生没は明らかではなかったが、この度『大悲山歴代本系譜』によって生没年と、彼が再婚していた事が明らかになった。

長圓寺の中興の祖圓道は、俗名を佐藤左馬頭義治と言い、武士であった。その長子玄好も出家して圓道の後を継ぎ、次子義時は織田家に仕え子孫は會津藩士となった。この義時の子孫が桑名を訪ねて来たのを機に、義道は系譜を書き直す事にしたようで、文化七年（１８１０）に『大悲山歴代本系譜』が成立した。この間の経緯は義道著の『縞庵随筆』に詳しく記されている。

系譜を改めた事で、義道は自分が長圓寺の十一世であった事が確認されたようで、それまでは十二世を名乗っていたのを訂正している。

『大悲山歴代本系譜』の内　義道と室の出自

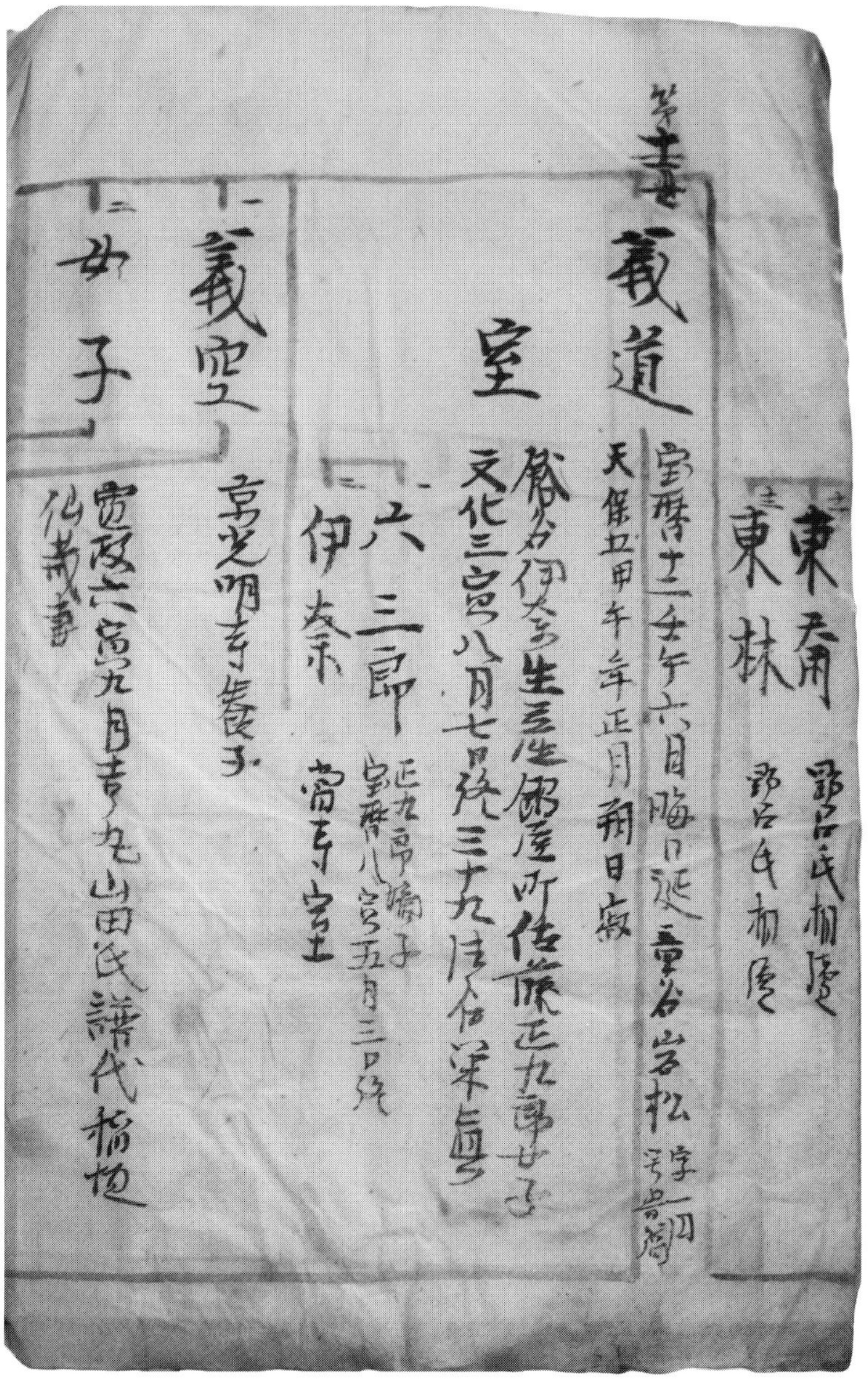

第十一世
義道
宝暦十二壬午六月晦日誕童名岩松 字一円 号義道
天保五甲午正月朔日寂
室
俗名伊奈生産鍋屋町佐藤正九郎女子
文化三寅八月七日終三十九　法名栄真

『大悲山歴代本系譜』の内　義道の後室の出自

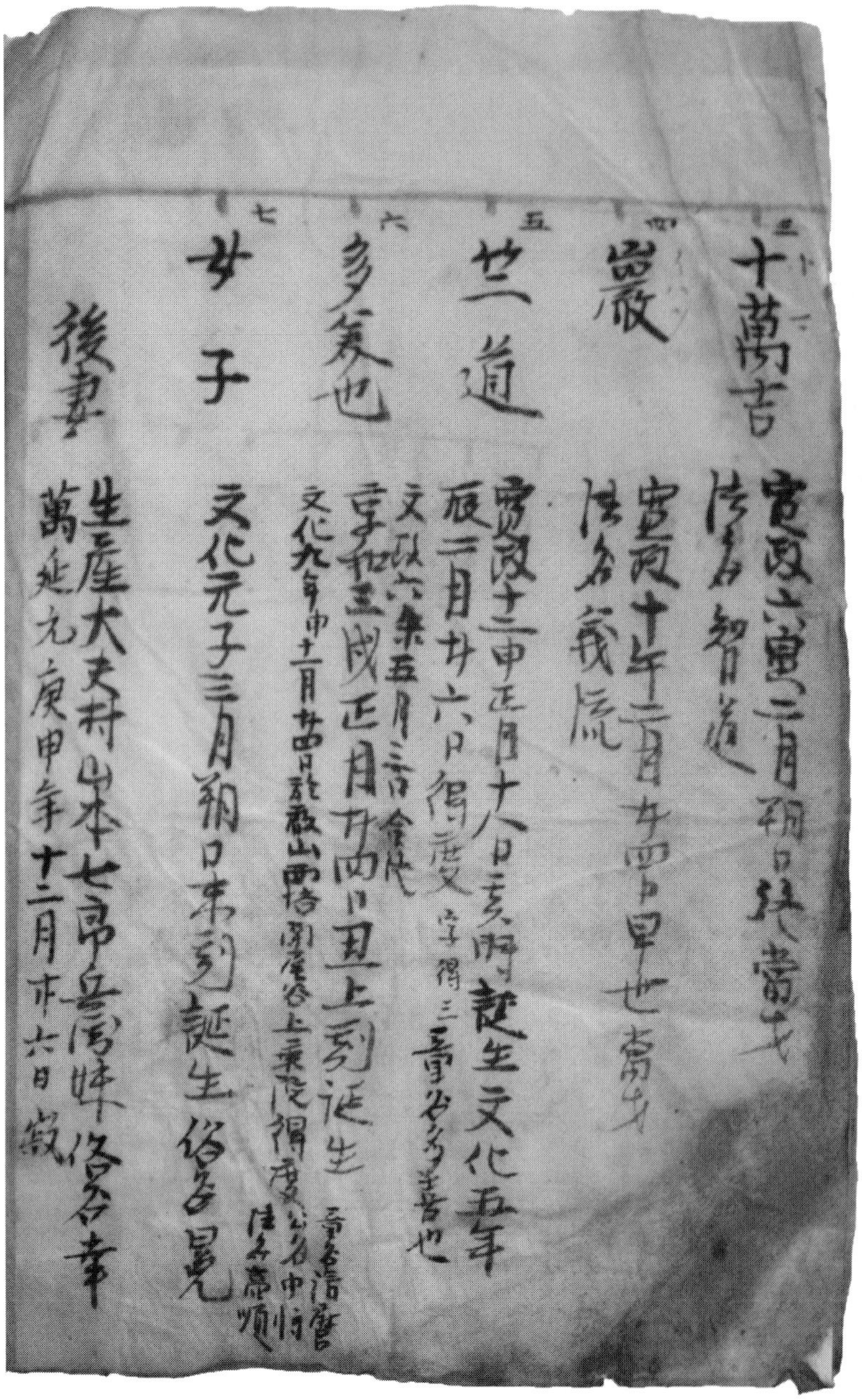

後妻
生産太夫村山本七郎兵衛妹俗名幸
萬延元庚申年十二月廿六日寂

『縞庵随筆』の内　大悲山長円寺系譜序

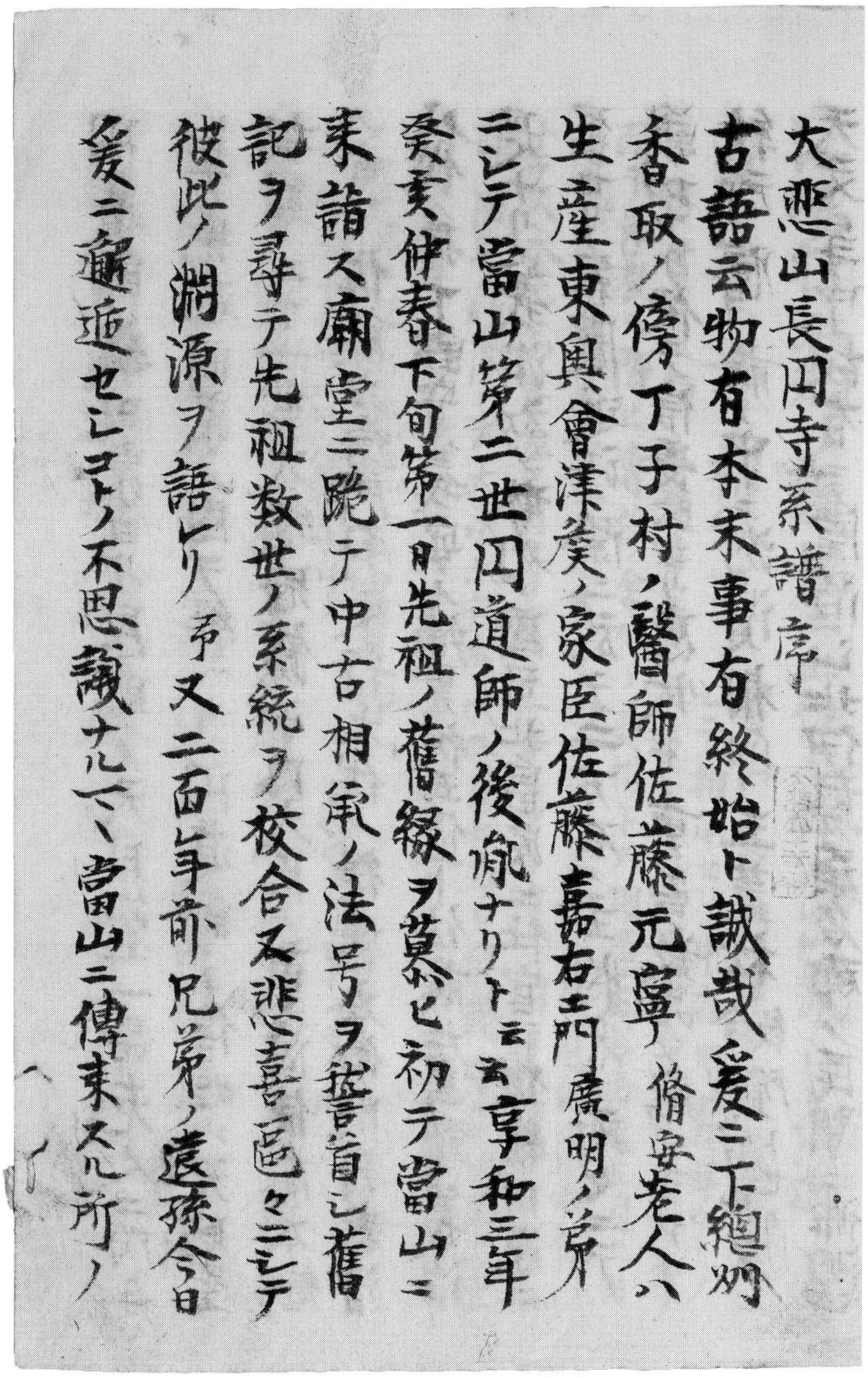

大悲山長円寺系譜序
古語云物有本末事有終始ト誠
哉爰ニ下総州／
香取ノ傍丁子村ノ醫師佐藤元
寧脩安老人ハ／
生産東奥會津侯ノ家臣佐藤嘉
右衛門廣明ノ弟／
ニシテ當山第二世円道師ノ後
胤ナリト云々享和三年／
癸亥仲春下旬第一日先祖ノ舊
縁ヲ慕ヒ初テ當山ニ／
来詣ス廟堂ニ跪テ中古相承ノ
法号ヲ稽首シ舊／
記ヲ尋テ先祖数世ノ系統ヲ校
合ス悲喜區々ニシテ／
彼此ノ淵源ヲ語レリ予又二百
年前兄弟ノ遠孫今日／
爰ニ邂逅セシコトノ不思議ナ
ルマ、當山ニ傳来スル所ノ／

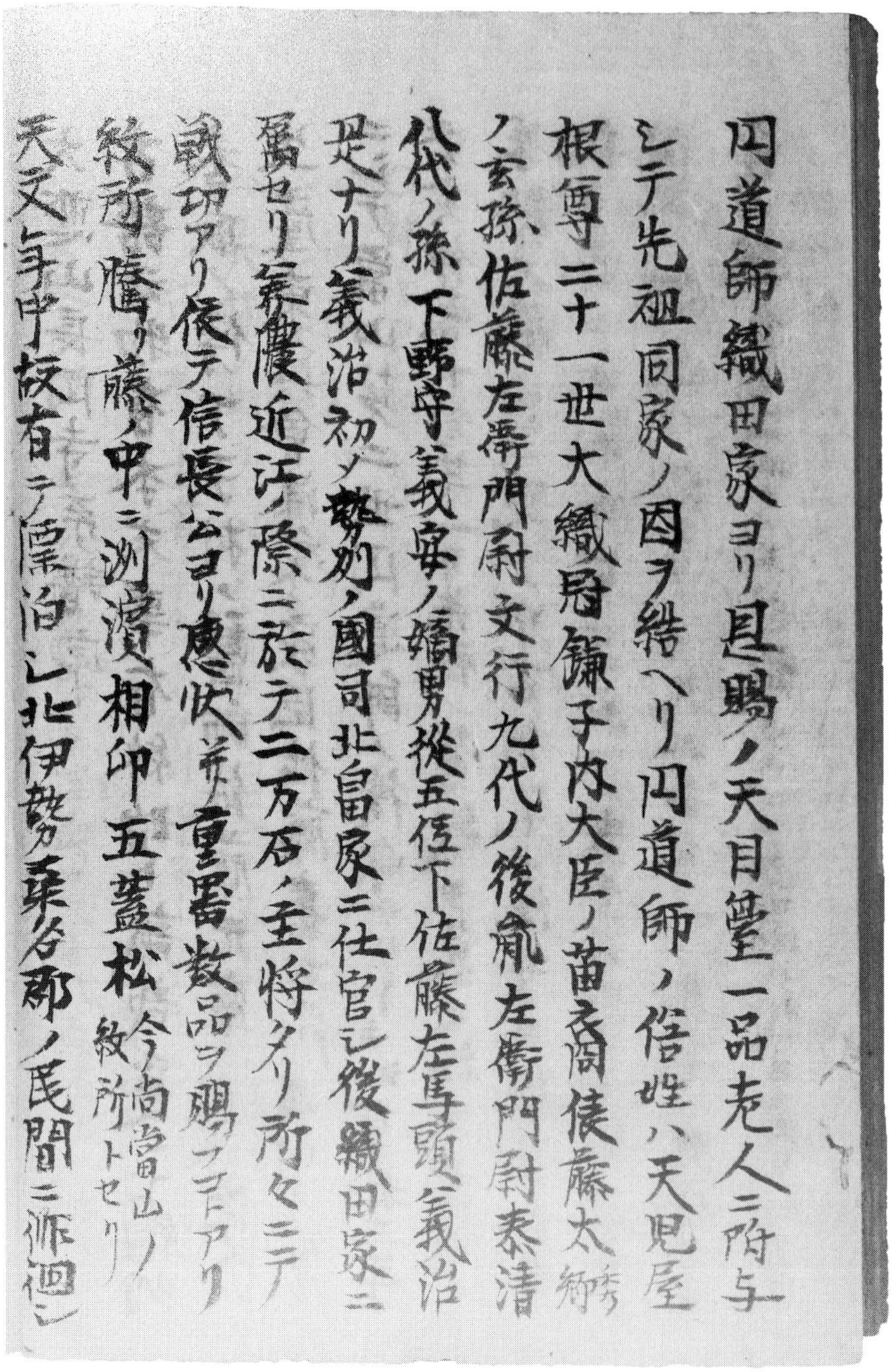

円道師織田家ヨリ恩賜ノ天目
臺一品老人ニ附与／
シテ先祖同家ノ因ヲ結ヘリ円
道師ノ俗姓ハ天児屋
根尊二十一世大織冠鎌子内大
臣ノ苗裔俵藤太秀郷／
ノ玄孫佐藤左衛門尉文行九代
ノ後胤左衛門尉秦清／
八代ノ孫下野守義安ノ嫡男従
五位下佐藤左馬頭義治／
是ナリ義治初メ勢州国司北畠
家ニ仕官シ後織田家ニ／
属セリ美濃近江ノ際ニ於テ
二万石ノ主将タリ所々ニテ／
戦功アリ依テ信長公ヨリ感状
并重器数品ヲ賜フコトアリ／
紋所騰リ藤ノ中ニ洲濱相卯五
蓋松今尚當山ノ紋所トセリ／
天文年中故有テ漂泊シ北伊勢
桑名郡ノ民間ニ徘徊シ／

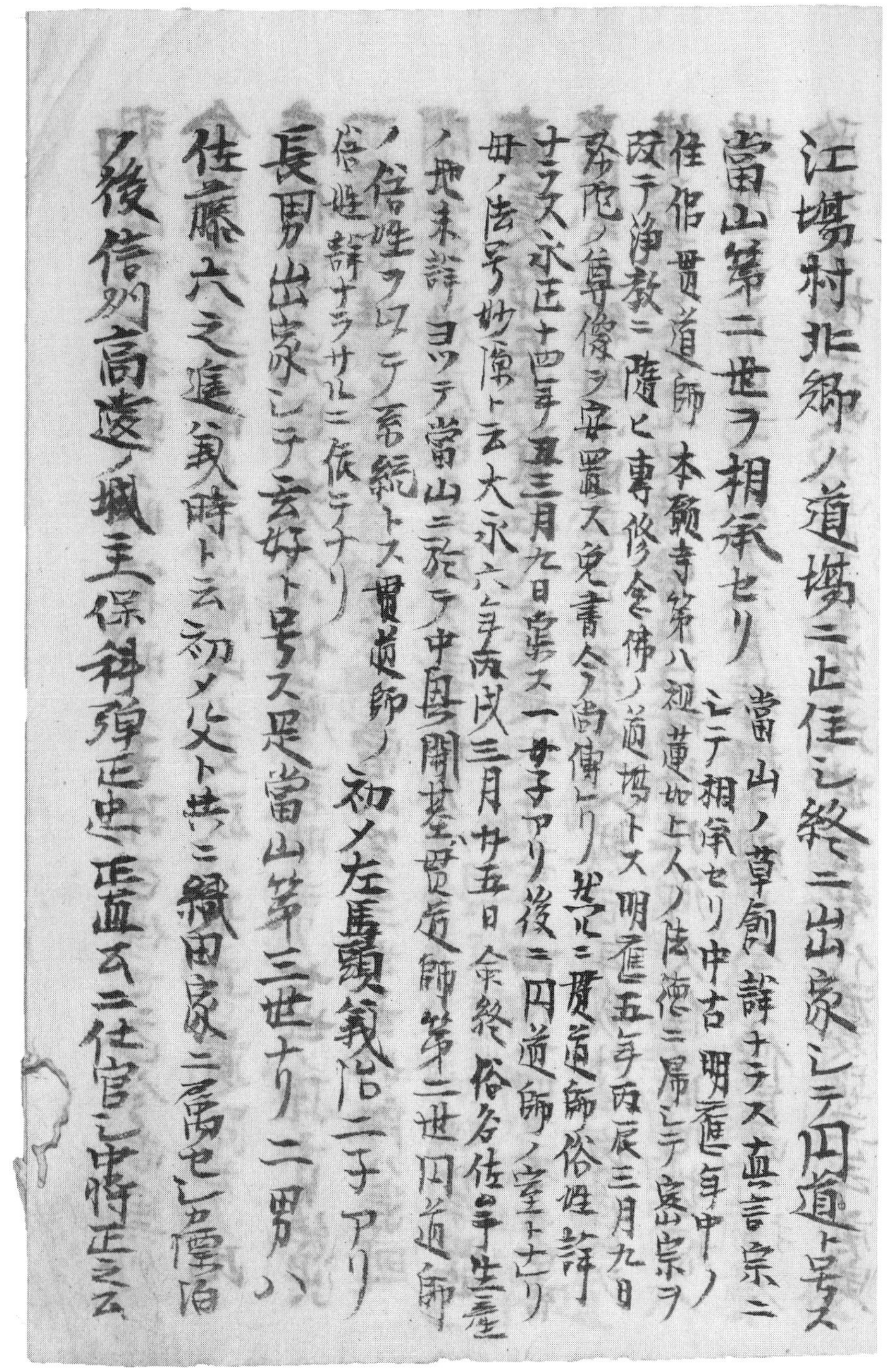

江場村北郷ノ道場ニ止住シ終
ニ出家シテ円道ト号ス／
當山第二世ヲ相承セリ
當山の草創詳ナラス真言宗ニ／シテ
相承セリ中古明應年中ノ／住僧貫道
師本願寺第八祖蓮如上人ノ法徳ニ帰
シテ密教ヲ／改テ浄教ニ随ヒ専修念
佛ノ道場トス明應五年丙辰三月九日
／弥陀ノ尊像ヲ安置ス免書今尚傳レ
リ然ルニ貫道師俗姓詳／ナラス永正
十四年丑三月九日寂ス一女子アリ後ニ
円道師ノ室トナレリ／母ノ法号妙源ト
云大永六年丙戌三月廿五日命終俗名
佐牟生産／ノ地未詳ヨツテ當山ニ於
テ中興開基貫道師第二世円道師／ノ
俗姓ヲ以テ系統トス貫道師ノ／俗姓
詳ナラサルニ依テナリ
初メ左馬頭義治ニ子アリ／
長男出家シテ玄好ト号ス是當
山第三世ナリ二男ハ／
佐藤六之進義時ト云初メ父ト
共ニ織田家ニ属セシカ漂泊／
ノ後信州高遠ノ城主保科弾正
忠正直公ニ仕官シ中将正之公／

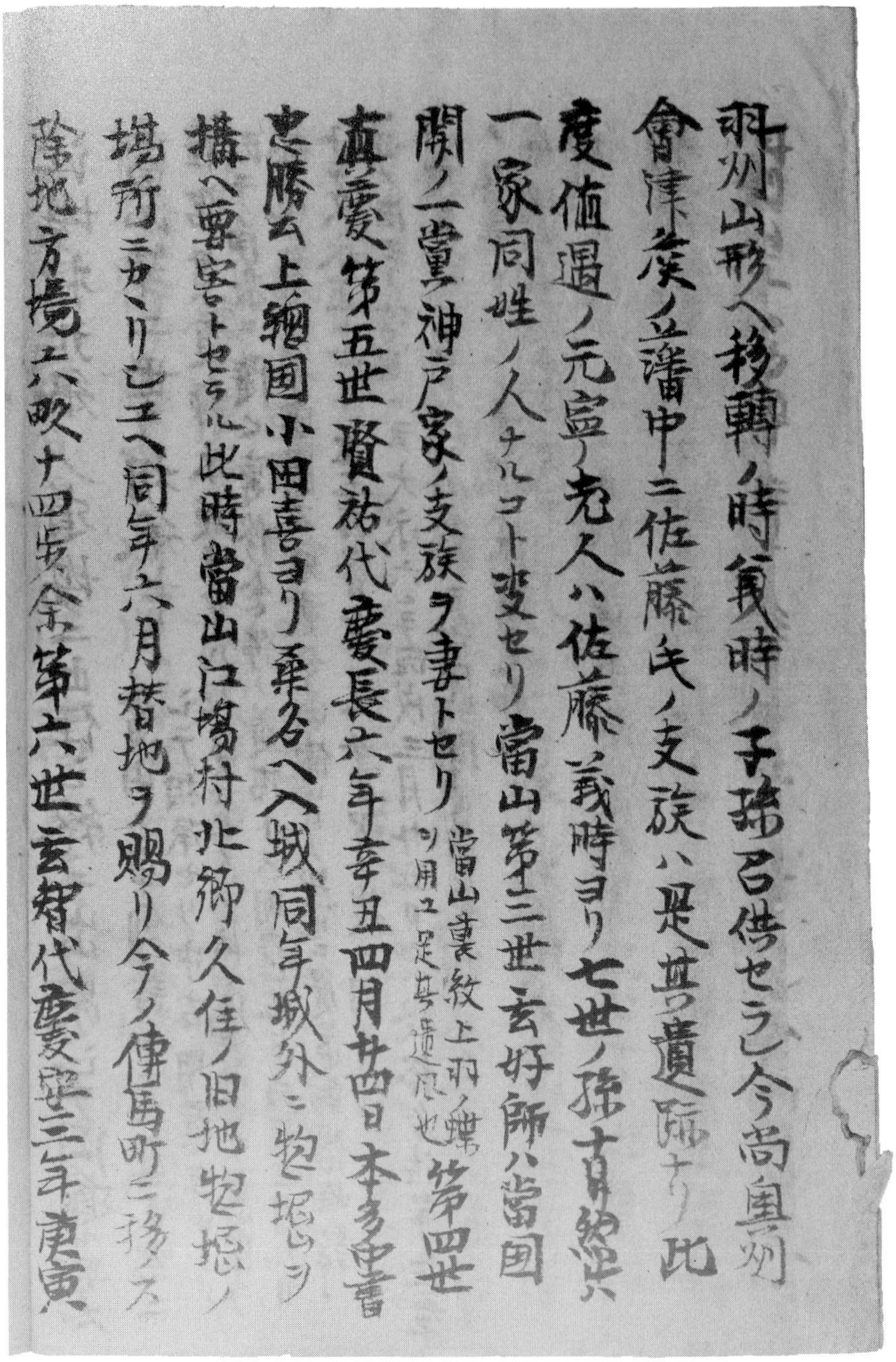

羽州山形へ移轉ノ時義時ノ子
孫召供セラレ今尚奥州／
會津侯ノ藩中ニ佐藤氏ノ支族
ハ是其遺跡ナリ此／
度値遇ノ元寧老人ハ佐藤義時
ヨリ七世ノ孫ナリ然レハ／
一家同姓ノ人ナルコト叟セリ
當山第三世玄好師ハ當国／
関ノ一黨神户家ノ支族ヲ妻ト
セリ 當山裏紋上羽ノ蝶ヲ用ユ是其遺風也 第四世／
直慶第五世賢祐代慶長六年辛
丑四月廿四日本多中書／
忠勝公上総国小田喜（大多喜）
ヨリ桑名へ入城同年城外ニ惣
堀ヲ／
構へ要害トセラル此時當山江
場村北郷久住ノ旧地惣堀ノ／
場所ニカヽリシユへ同年六月
替地ヲ賜リ今ノ傳馬町ニ移ス／
除地方境六畝十四歩余第六世
玄智代慶安三年康寅／

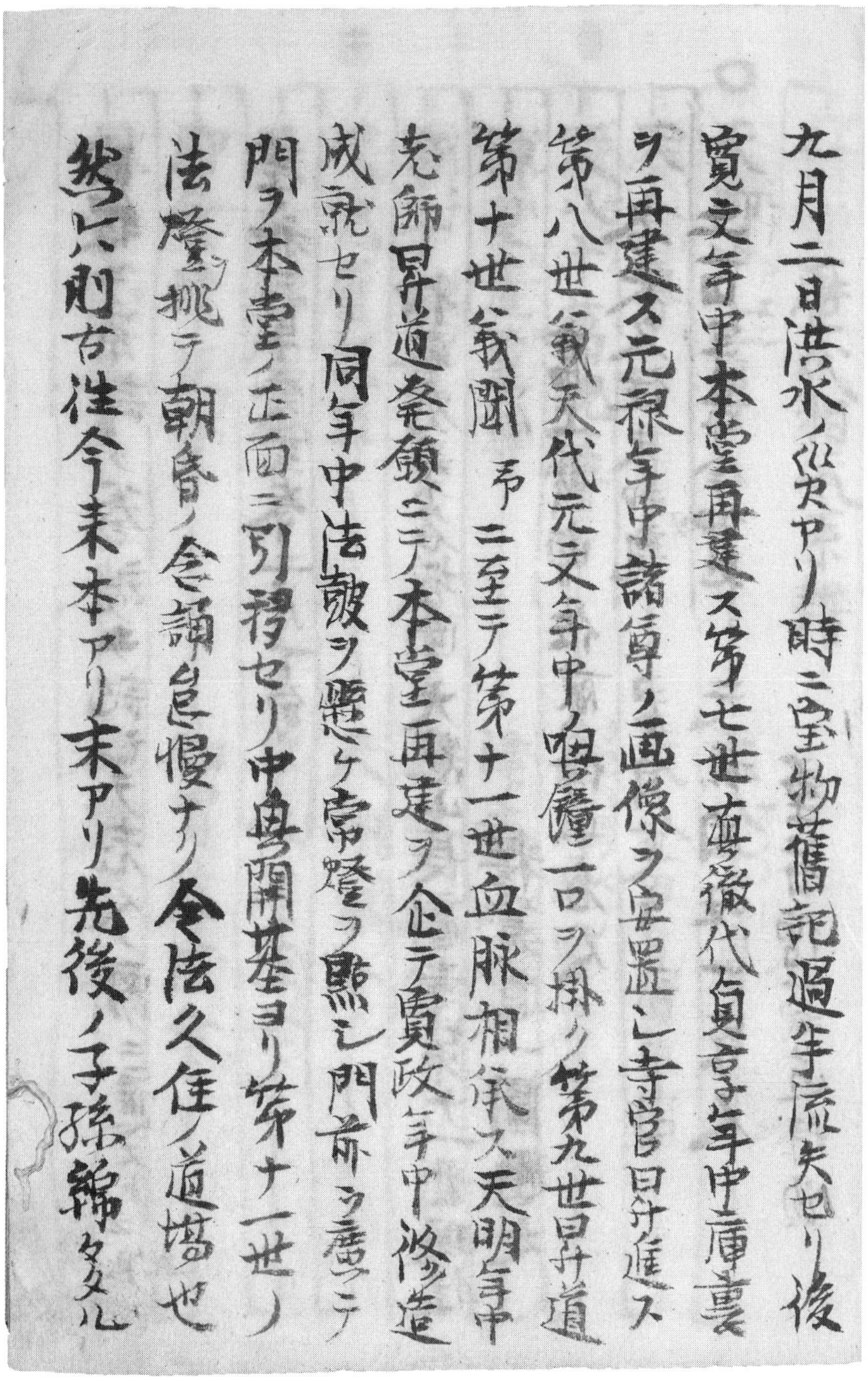

九月二日洪水ノ災アリ時ニ宝
物舊記過半流失セリ後／
寛文年中本堂再建ス第七世直
徹代貞享年中庫裏／
ヲ再建ス元禄年中諸尊ノ画像
ヲ安置シ寺官昇進ス／
第八世義天代元文年中喚鐘一
口ヲ掛ク第九世昇道／
第十世義聞予ニ至テ第十一世
血脈相承ス天明年中
老師昇道発願ニテ本堂再建ヲ
企テ寛政年中修造／
成就セリ同年中法鼓ヲ懸ケ常
燈ヲ點シ門前ヲ廣テ／
門ヲ本堂ノ正面ニ引移セリ中
興開基ヨリ第十一世ノ／
法燈ヲ挑テ朝昏ノ念誦怠慢ナ
リ令法久住ノ道場也／
然レハ則古往今来本アリ末ア
リ先後ノ子孫綿々タル／

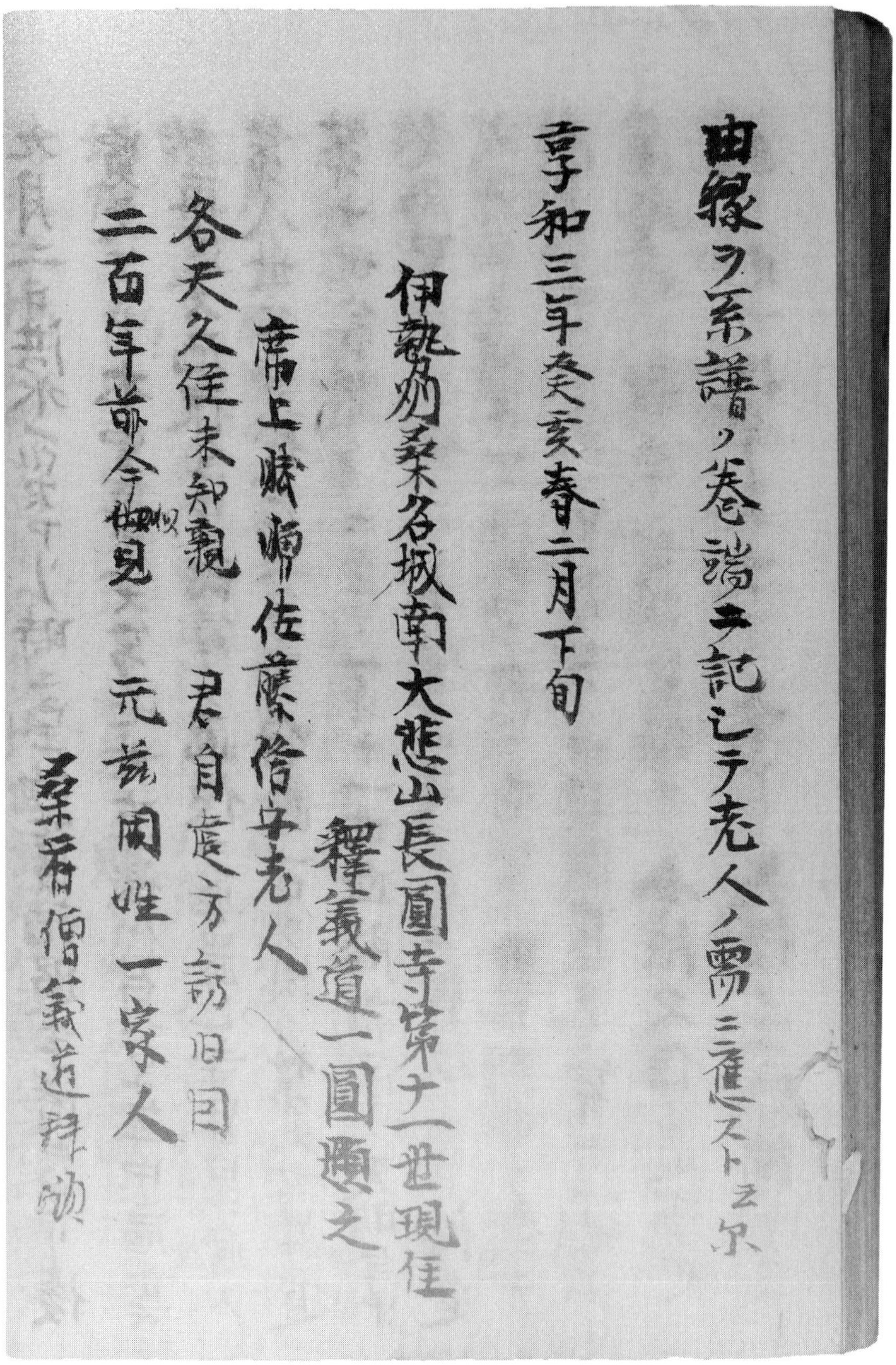

由縁ヲ系譜ノ巻端ニ記シテ老人ノ需
ニ應スト云尓／

享和三年癸亥春二月下旬

伊勢州桑名城南大悲山長圓寺第
十一世現住／

釋義道一圓題之

席上賦贈佐藤信安老人

各天久住未知親　君自遠方訪旧回
二百年前今以見　元茲同姓一家人

桑府僧義道拝領

『縞庵随筆』に記された義道の系譜

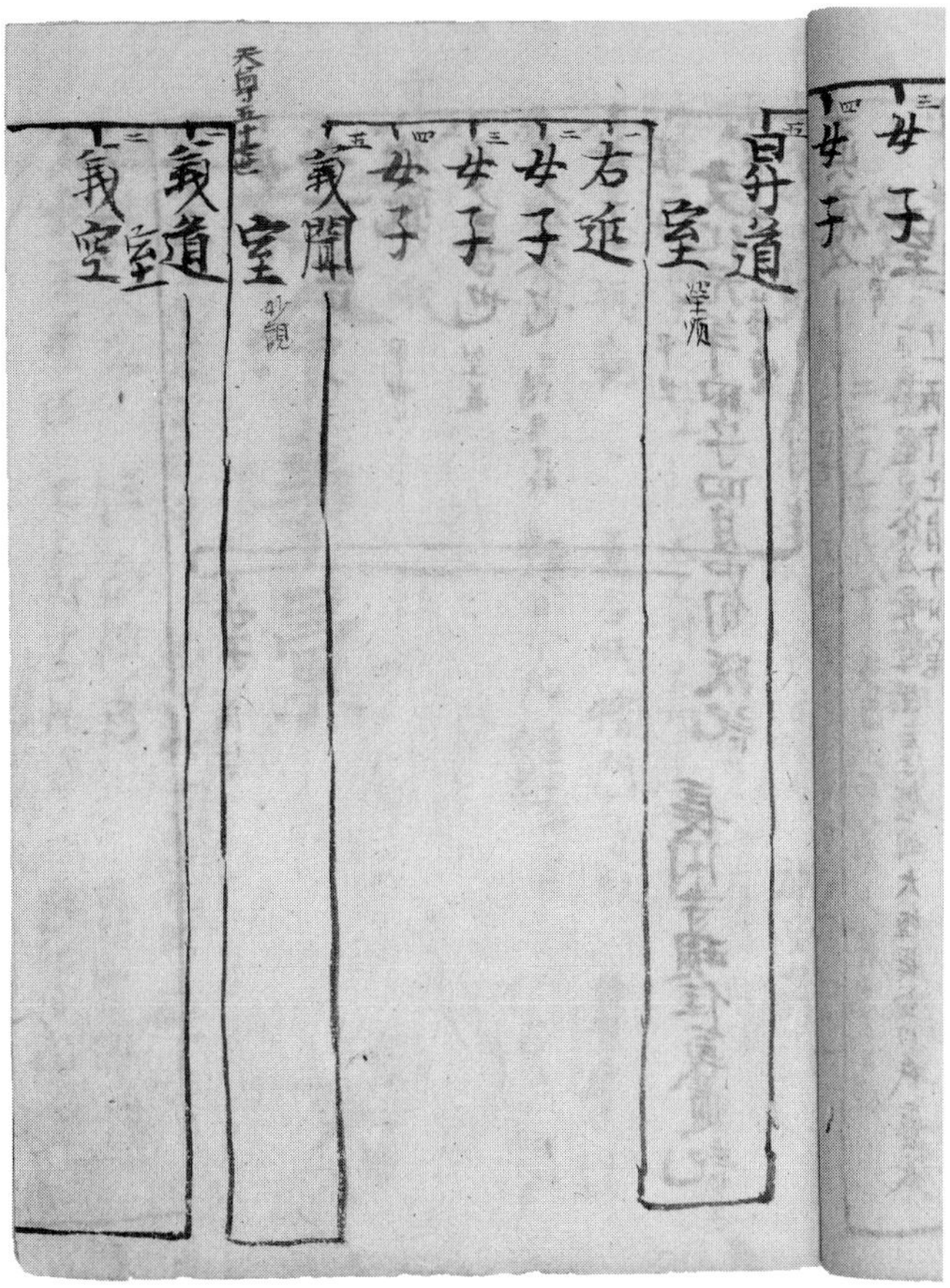

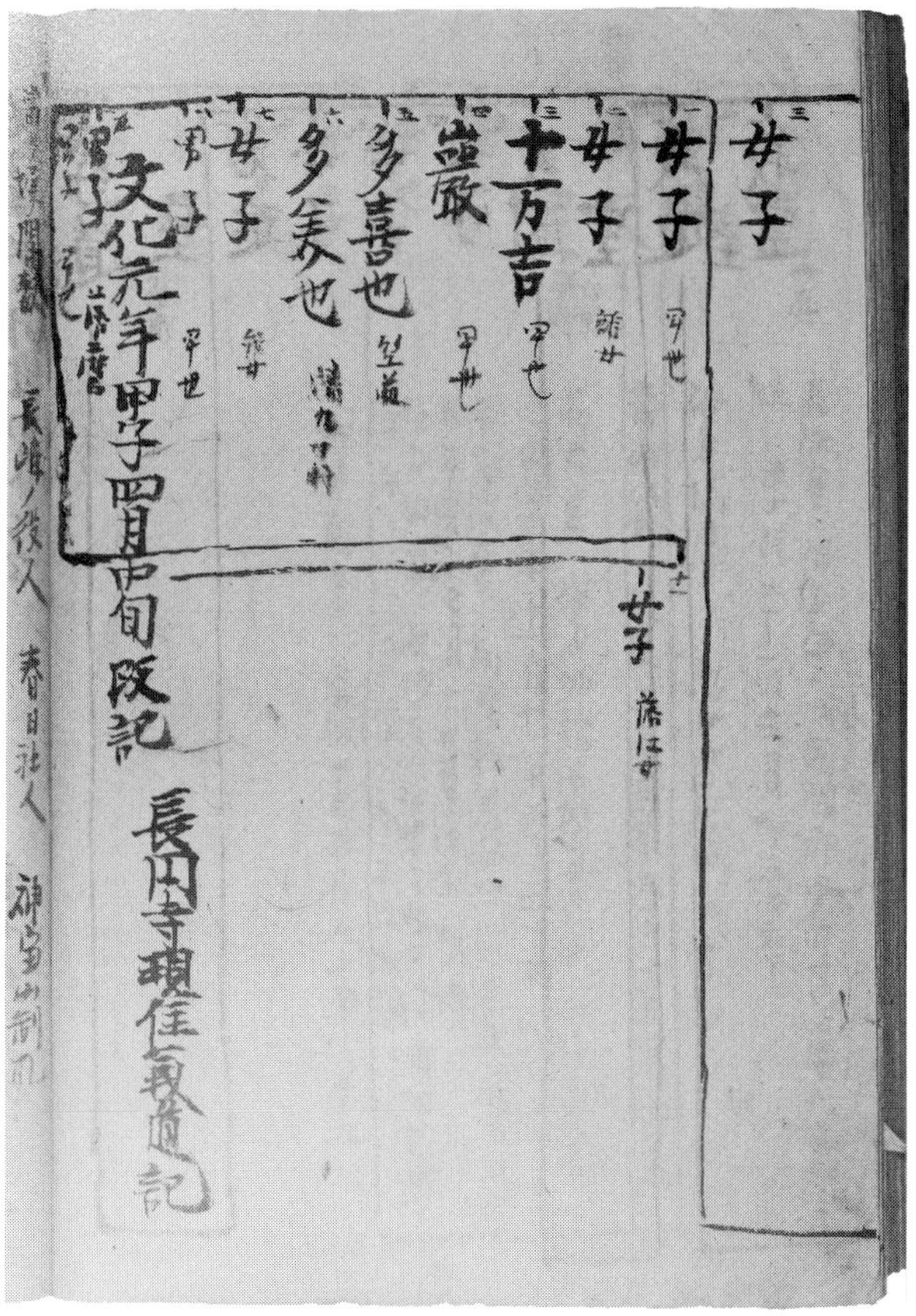

参考　義道略系図

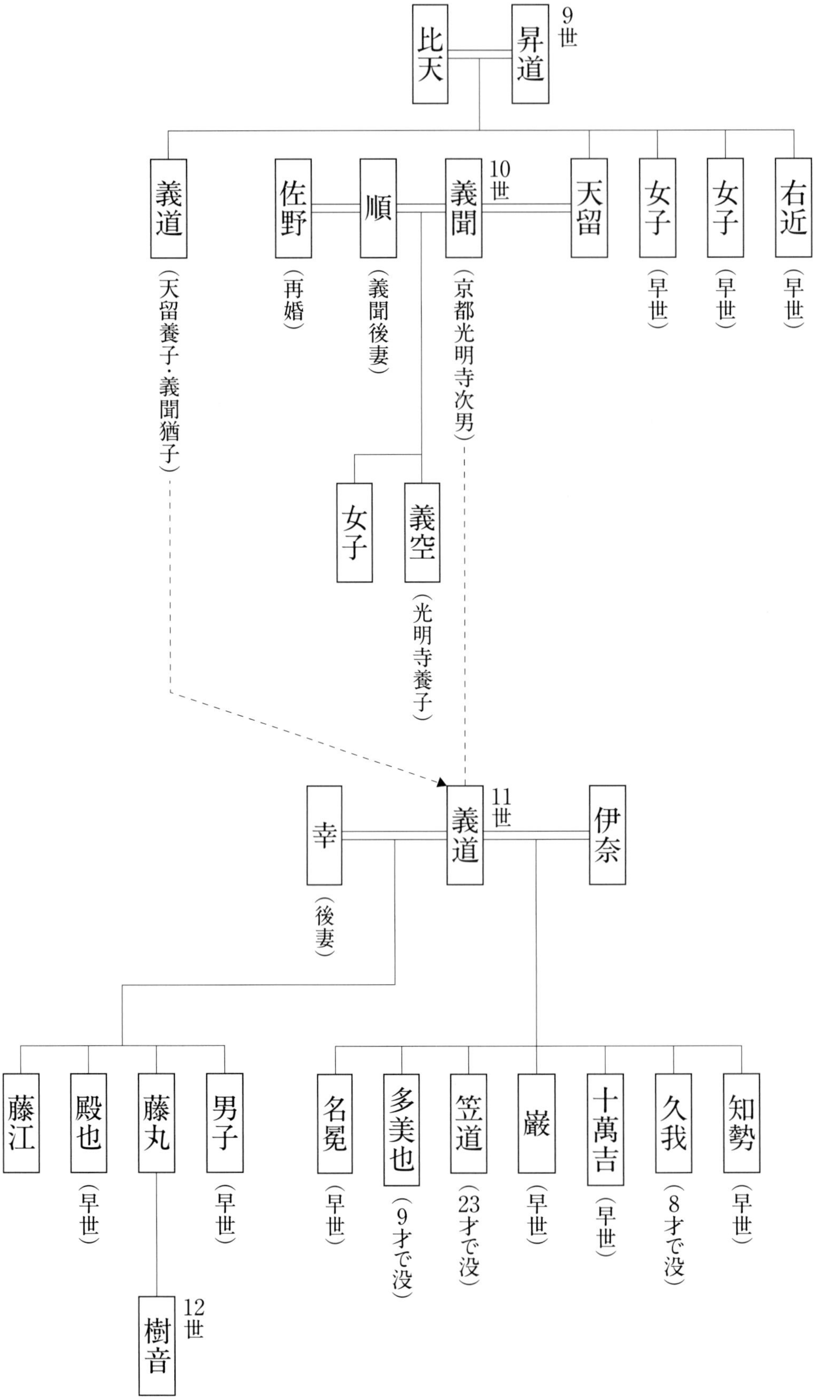
9世
昇道
比天
10世
右近
（早世）
女子
（早世）
女子
（早世）
天留
義聞
（京都光明寺次男）
順
（義聞後妻）
佐野
（再婚）
義道
（天留養子・義聞猶子）
義空
（光明寺養子）
女子
11世
伊奈
義道
幸
（後妻）
知勢
（早世）
久我
（8才で没）
十萬吉
（早世）
巌
（早世）
笠道
（23才で没）
多美也
（9才で没）
名冕
（早世）
男子
（早世）
藤丸
殿也
（早世）
藤江
12世
樹音

魯縞庵義道の著作物

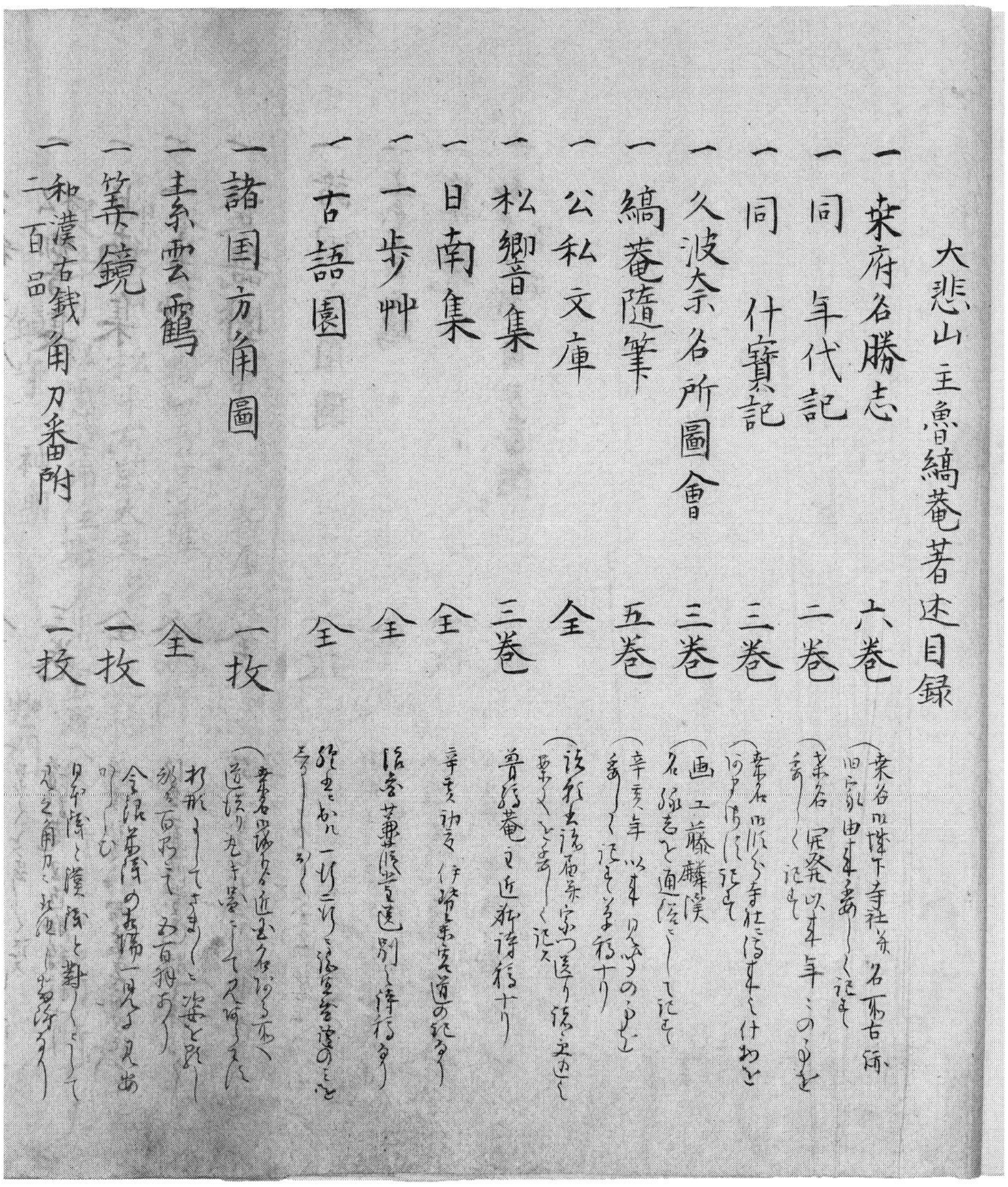
大悲山主魯縞菴著述目録
一 桑府名勝志 六巻
一 同 年代記 二巻
一 同 什寶記 三巻
一 久波奈名所圖會 三巻
一 縞菴随筆 五巻
一 公私文庫 全
一 松響集 三巻
一 日南集 全
一 一歩艸 全
一 古語園 全
一 諸国方角圖 一枚
一 素雲鶴 全
一 篝鏡 一枚
一 和漢古銭角刀番附 二百品 一枚

魯縞庵義道の著作は『桑府名勝志』巻末の一覧が一番詳しい（上記）。しかし、ここには系譜など長圓寺に関する著作や仏門に関する記録は無く、文学的な著作しか掲載されていない。

そして、これらの著述で現在現存が確認されているのは、書写本を含め七種類に過ぎない。

桑府名勝志（書写）
久波奈名所図会（直筆）
縞庵随筆（直筆及び書写）
松響集（直筆）
日南集（直筆）
素雲鶴（直筆）
新撰　素雲鶴（直筆）

『桑府名勝志』

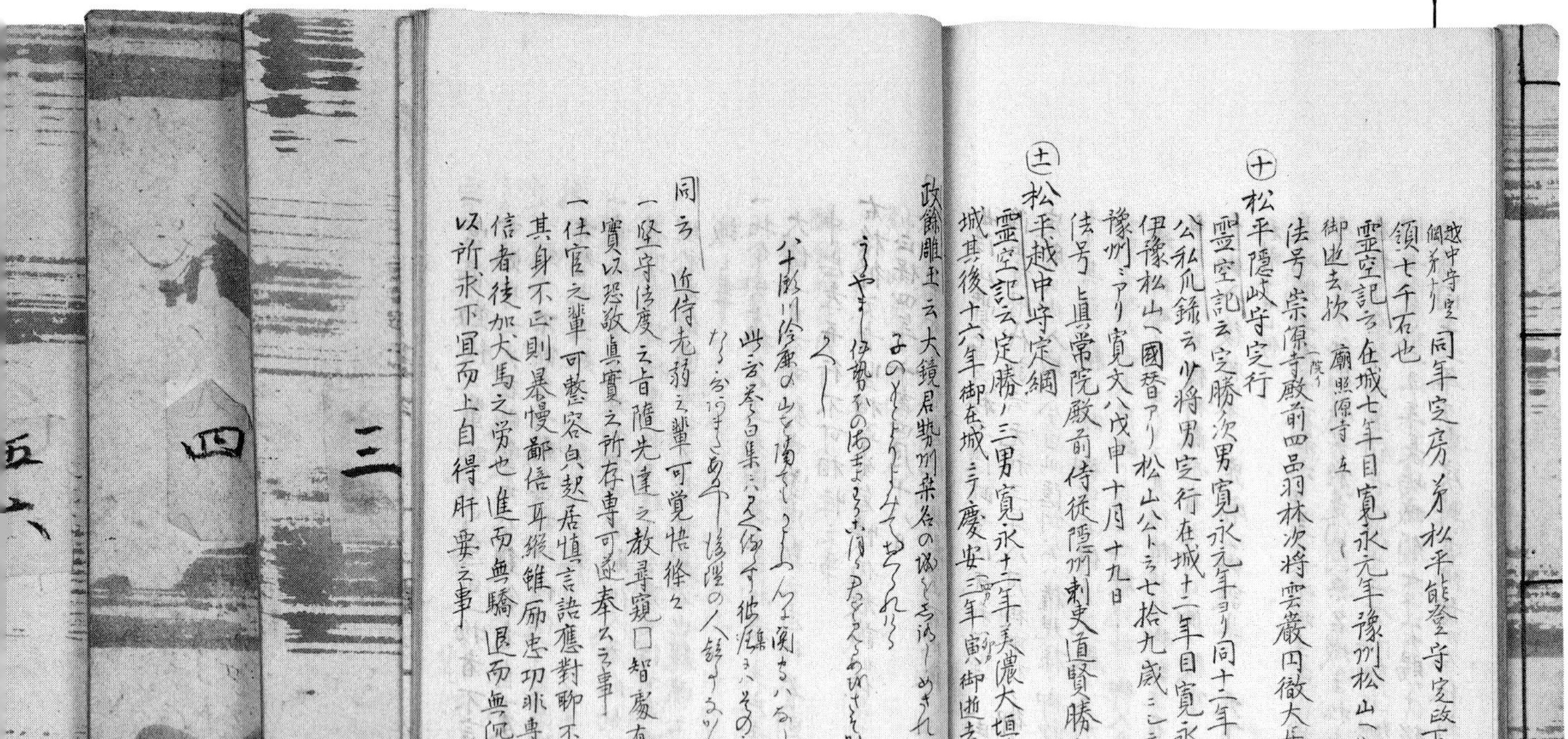

桑名市指定文化財

魯縞庵義道の代表的な著作の一つで、寛政一〇年（1798）に脱稿している。六巻五冊から成る。

義道の自筆は伝わっておらず、本書は写本で、「楽亭文庫」「桑名文庫」の朱方印が押印されており、もとは桑名藩校立教館の蔵書であったことがわかる。現在は長圓寺の什物で、明治になってから長圓寺に奉納されたのであろうか。

著述目録には「桑名御城下寺社并名所古跡旧家由来を記す」とあるように、江戸時代の桑名を知る貴重な史料である。

『桑府名勝志』の内　長円寺部分

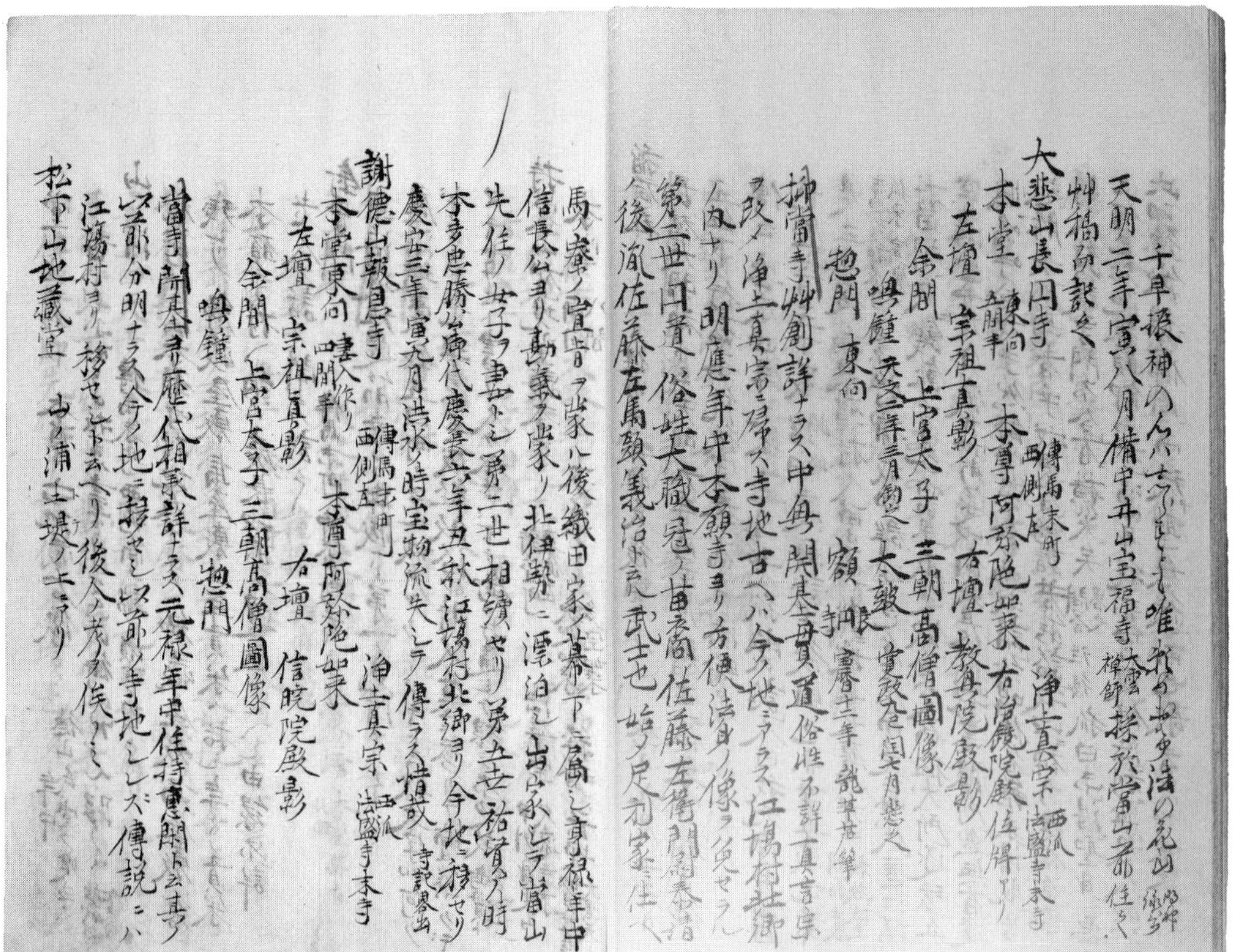

天明二年寅八月備中井山宝福寺大雲禅師採於當山而住之
艸稿而識之
大悲山長円寺　浄土真宗西派　法盛寺末寺　傳馬末町　西側ニ在
本堂　東向　五間半　本尊阿弥陀如来　右厨院殿位牌アリ
左壇　宗祖真影　右壇　教如院殿影
余間　上宮太子　三朝高僧図像
喚鐘　天文二年三月鋳之　太鼓　寛政二年七月造之
惣門　東向　額　寺號　宝暦十二年　龍草廬筆
抑當寺ハ創詳ナラス中興開基母貫道俗姓不詳一真言宗
ヲ改メ浄土真宗ニ帰ス寺地古ヘハ今ノ地ニアラス江場村北郷
ノ内ナリ明應年中本願寺ヨリ方便法身ノ像ヲ免セラル
第二世円貴俗姓大藏氏其先ハ佐藤左衛門尉泰清
後胤佐藤左馬頭義治ト云武士也始ハ足利家ニ仕ヘ
馬寮ノ宣旨ヲ蒙ル家ハ後織田家ノ幕下ニ属ス寺禄年中
信長公ヨリ勘気ヲ蒙リ北伊勢ニ漂泊ス出家シテ當山
先住ノ女子ヲ妻トシ第二世相續セリ第五世祐賢ノ時
本多忠勝公御代慶長六年丑秋江場村北郷ヨリ今地ニ移セリ
慶安三年寅九月焼失ノ時宝物流失シテ傳ラス惜哉　寺記略出
謝徳山報恩寺　浄土真宗西派　法盛寺末寺　傳馬中町　西側在
本堂東向　四間半　本尊阿弥陀如来
左壇　宗祖真影　右壇　信暁院殿影
余間　上宮太子　三朝高僧図像
喚鐘　惣門
當寺開基ヨリ歴代相承詳ナラス元禄年中住持恵閑ト云者ヨリ
以前分明ナラス今ノ地ニ移セシ以前ノ寺地シレス傳説ニハ
江場村ヨリ移セシトモ云ヘリ後人ノ考ヲ俟ノミ
松下山地蔵堂　山ノ浦土堤ノ上ニアリ

『久波奈名所図会』

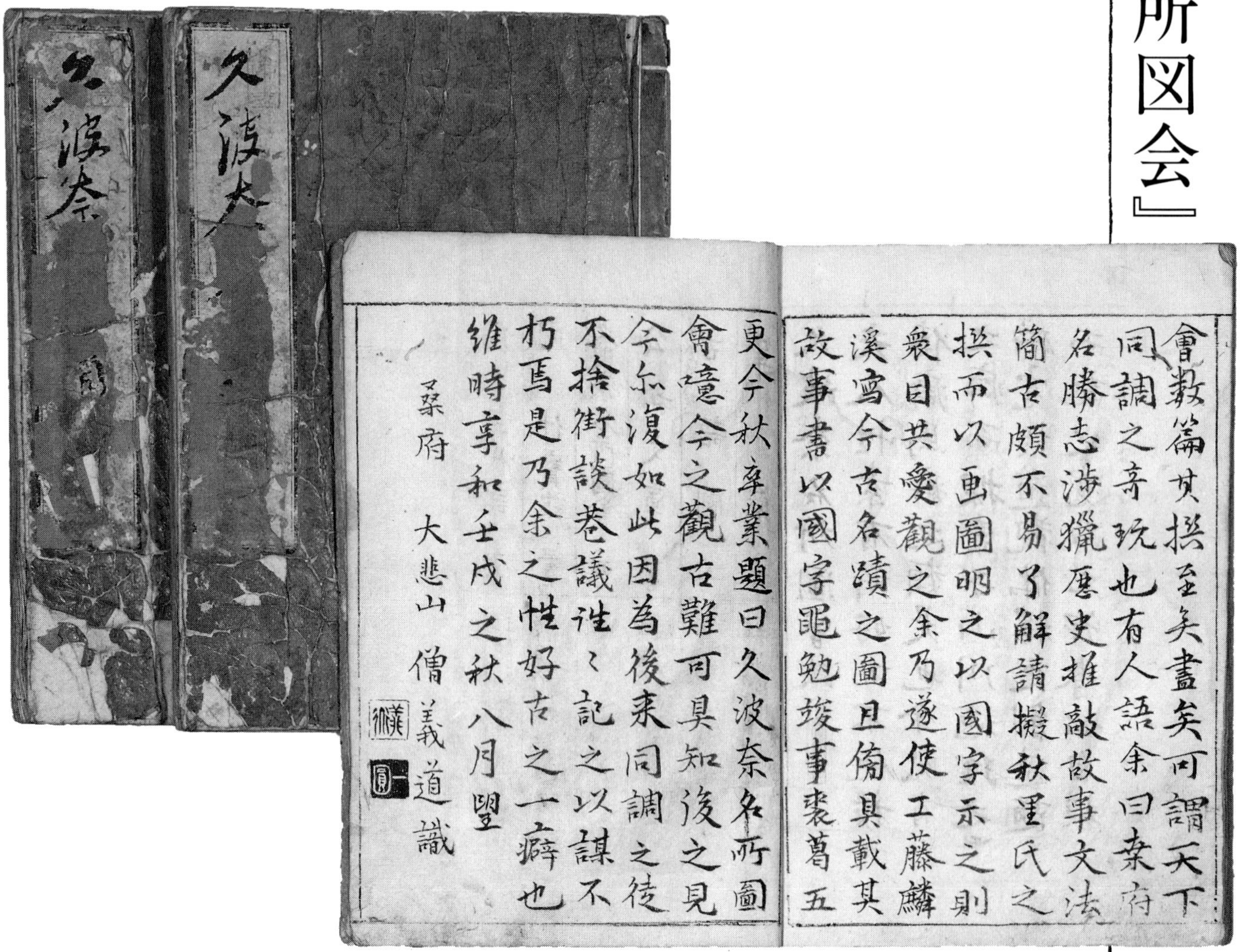

桑名市指定文化財

『桑府名勝志』に挿絵を入れて読みやすくしたもので、義道は秋里離島の『東海道名所図会』に触発されたとも言われている。挿絵は鍋屋町に住んでいた工藤麟溪が描いている。享和二年（１８０２）の完成で、文化元年（１８０４）の序文がある。本書は刊行を目指していたと思われる編集であるが、刊行された形跡は無い。

序文を書いた「山田鳳蕭亭主人」は誰であるか判明していないが、長圓寺十世義聞の後妻順は、桑名藩家老山田氏の家臣佐野氏に再嫁しており、その縁で序文を依頼した可能性がある。

『久波奈名所図会』の写本は数種類あり、中には本書と編集が異なるものもあり、本書が版下本であるとの説を裏付けている。

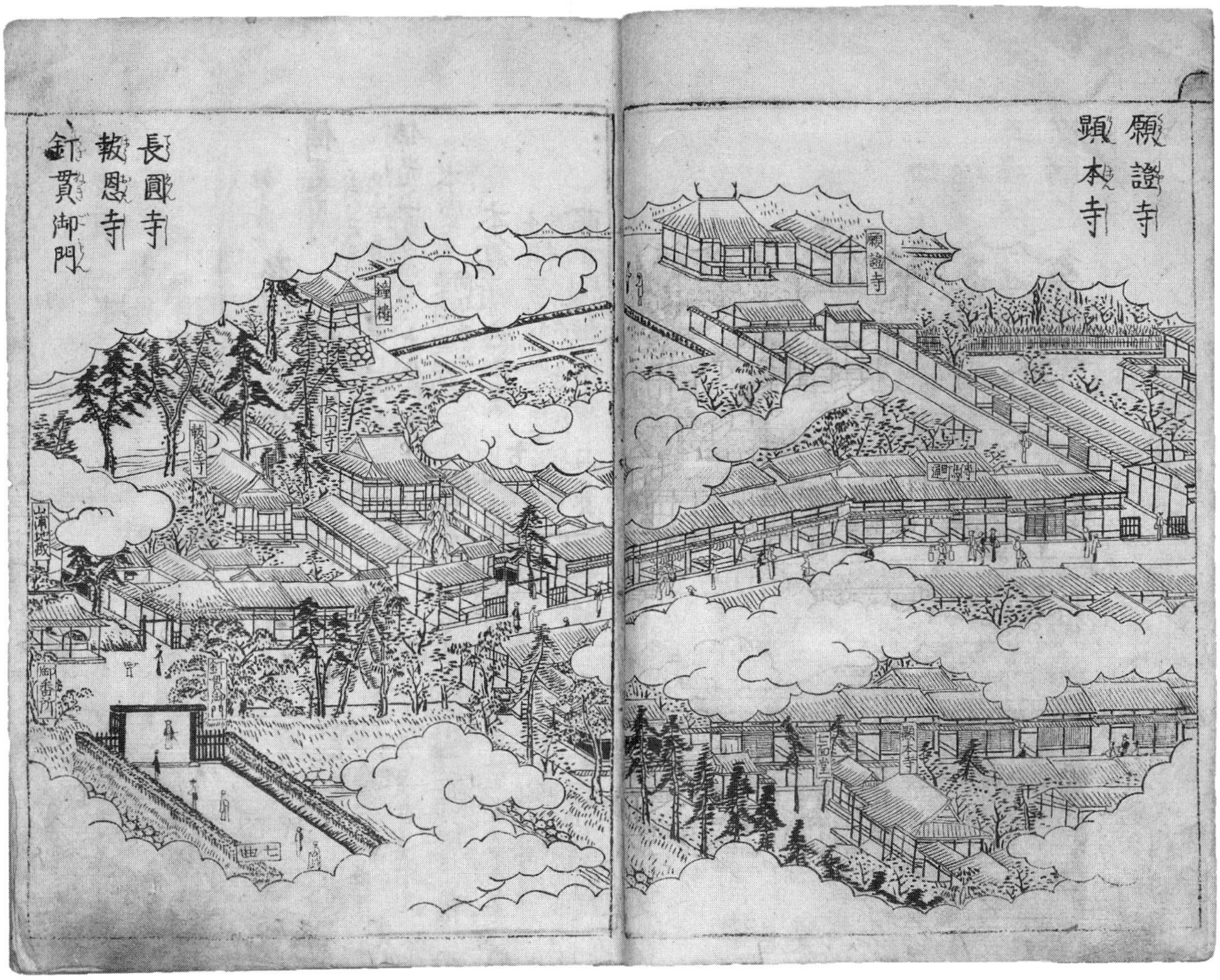

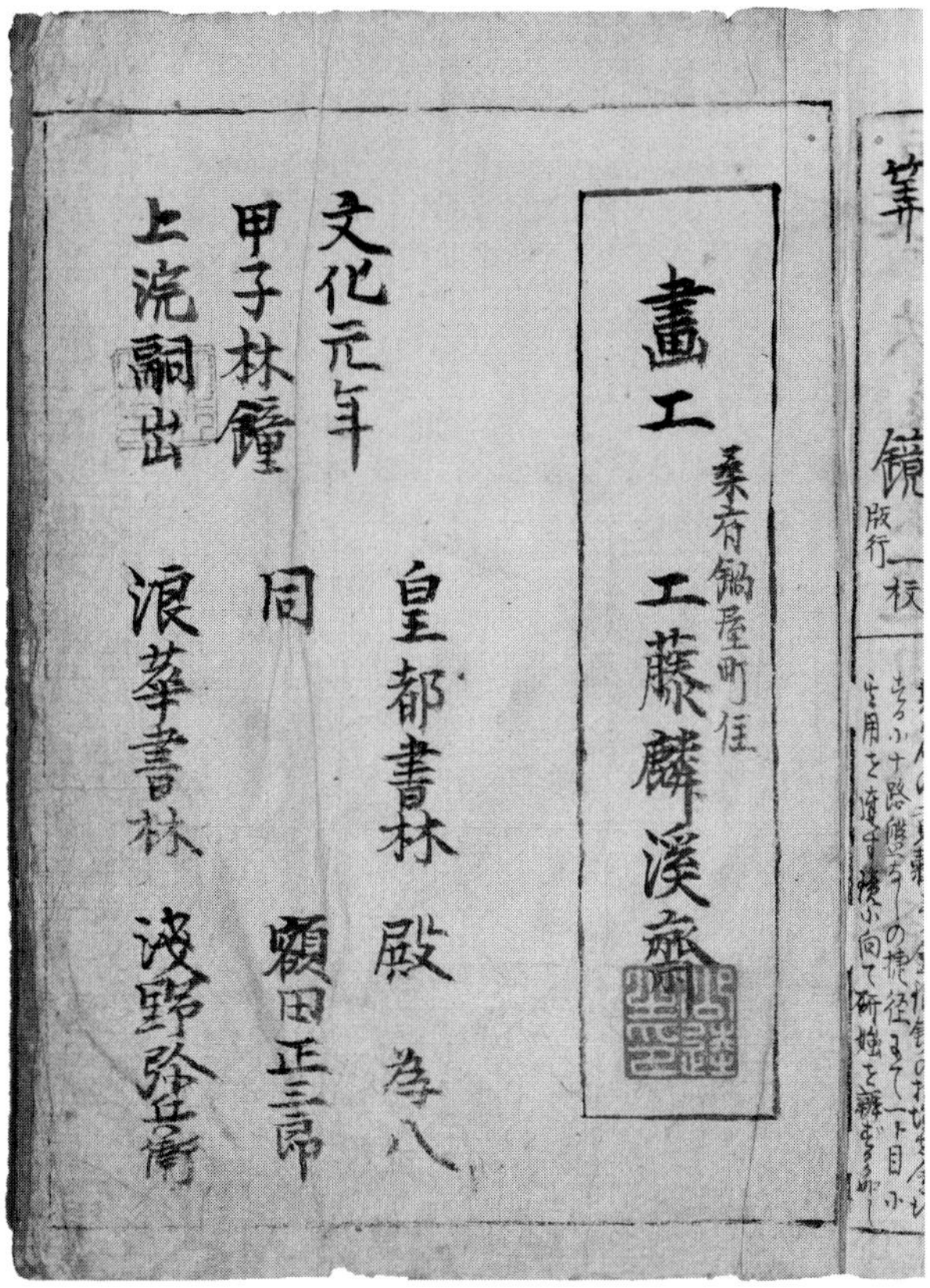

畫工 桑名鍋屋町住 工藤麟溪齋

文化元年
甲子林鐘
上浣嗣出

皇都書林 殿 為八
同 額田正三郎
浪華書林 淺野彌兵衛

上記は、『久波奈名所図会』に描かれた長圓寺周辺である。「釘貫御門」は、桑名城下を通る東海道の見附の一つで、この見附付近には、長圓寺を含む周辺に寺町が形成されており、城下の守りの一拠点であった。

左は、『久波奈名所図会』の奥付である。これを見る限り、義道は京都大坂の書林からの出版を考えていたようである。

『縞庵随筆』

桑名市指定文化財

『桑府名勝志』の目録には本書のことを「辛亥年以来見聞の事を委しく記す。草稿なり」と紹介している。『桑府名勝志』の亡備録のようなものであったと思われるが、実に色々な記述があり、中には古書の書写もあって、桑名の歴史を知る上で貴重な史料である。

先の長圓寺の由来や系譜もここに納められている。

全六巻であるが、現在一巻を欠き五冊が現存する。

『縞庵随筆』の内「慶長自記」

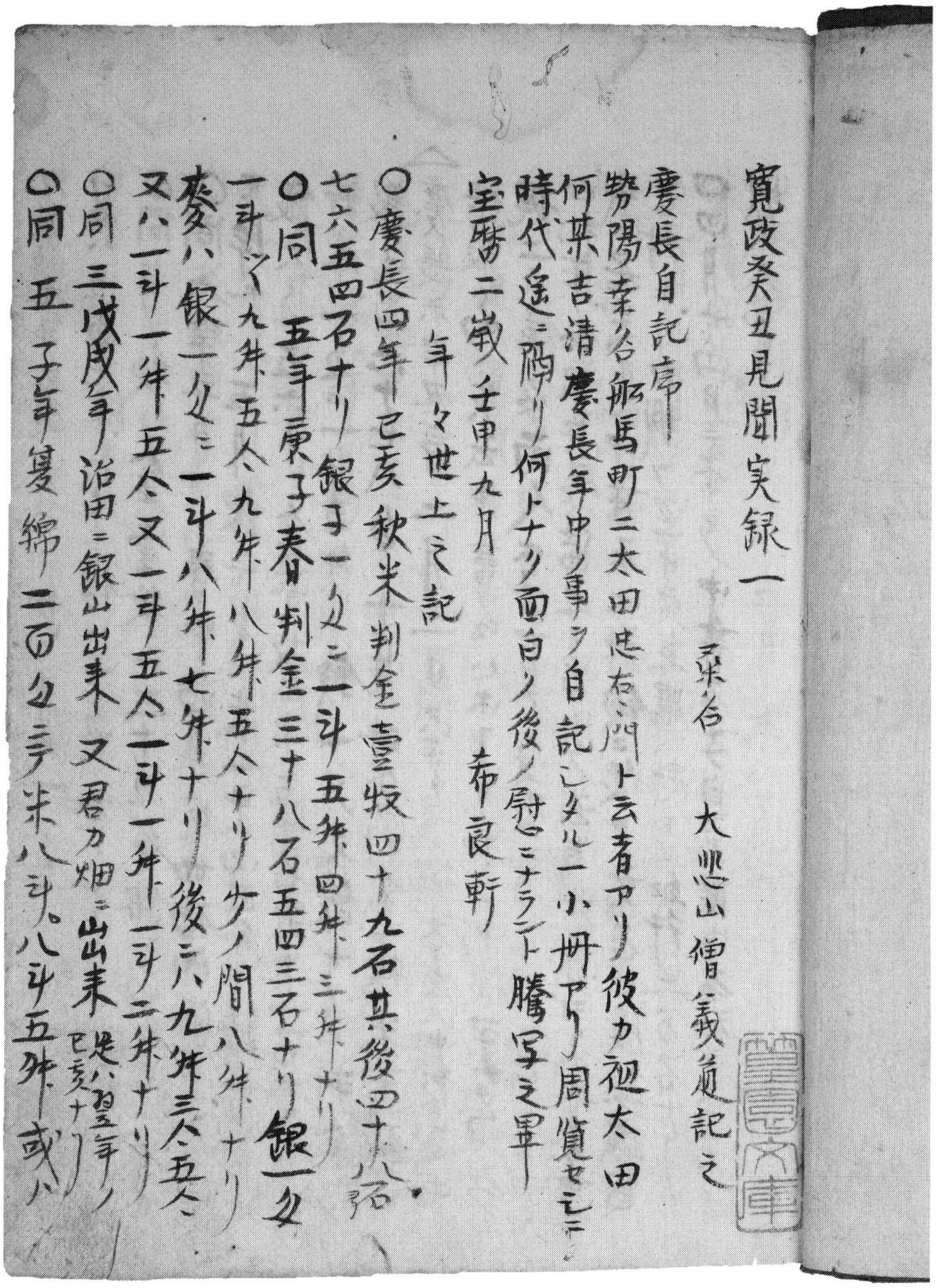
寛政癸丑見聞実録一
桑名　大忠山僧義道記之
慶長自記序
勢陽桑名船馬町ニ太田忠右衛門ト云者アリ彼カ祖太田
何某吉清慶長年中ノ事ヲ自記シタル一小冊アリ周覧セシニ
時代遥ニ隔リ何トナク面白ノ後ノ慰ニナランド謄写之畢
宝暦二歳壬申九月　希良軒
年々世上之記
○慶長四年己亥秋米判金壹枚四十九石其後四十八石
七六五四石ナリ銀子一匁ニ一斗五升四升三升ナリ
○同　五年庚子春判金三十八石五四三石ナリ銀一匁
一斗ヾ九升五合九升八升五合ナリ少ノ間八升ナリ
麦ハ銀一匁ニ一斗八升七升ナリ後ニハ九升三合五合
又ハ一斗一升五合又一斗五合一斗一升一斗二升ナリ
○同　三戊戌年治田ニ銀山出来　又君カ畑ニ出来
○同　五　子年　夏綿　二百匁ニテ米八斗八斗五升或ハ

本多忠勝が桑名を領し、町割りを行った時期の貴重な記録である「慶長自記」を書写したものである。義道はこれを『桑府名勝志』や『久波奈名所図会』に引用している。「寛政癸丑見聞実録」とあるので、寛政五年（1793）に書き写したものである。

「堇園文庫」の印があり、桑名市内の竹内文平の旧蔵であったことが分かる。

『松響集』

この度長圓寺から新発見された史料で、状態は良くない。

題簽には「甲寅草稿　魯縞庵松響集」とあるが、本紙には「魯縞庵松響集」としている。

『桑府名勝志』の紹介では「魯縞庵主近躰詩稿なり」とあり、全体は漢詩集で、寛政六年（1794）の成立である。

『素雲鶴』跋文もここに収録されており、十時梅厓らに贈った詩なども収められている。

『松響集』の内

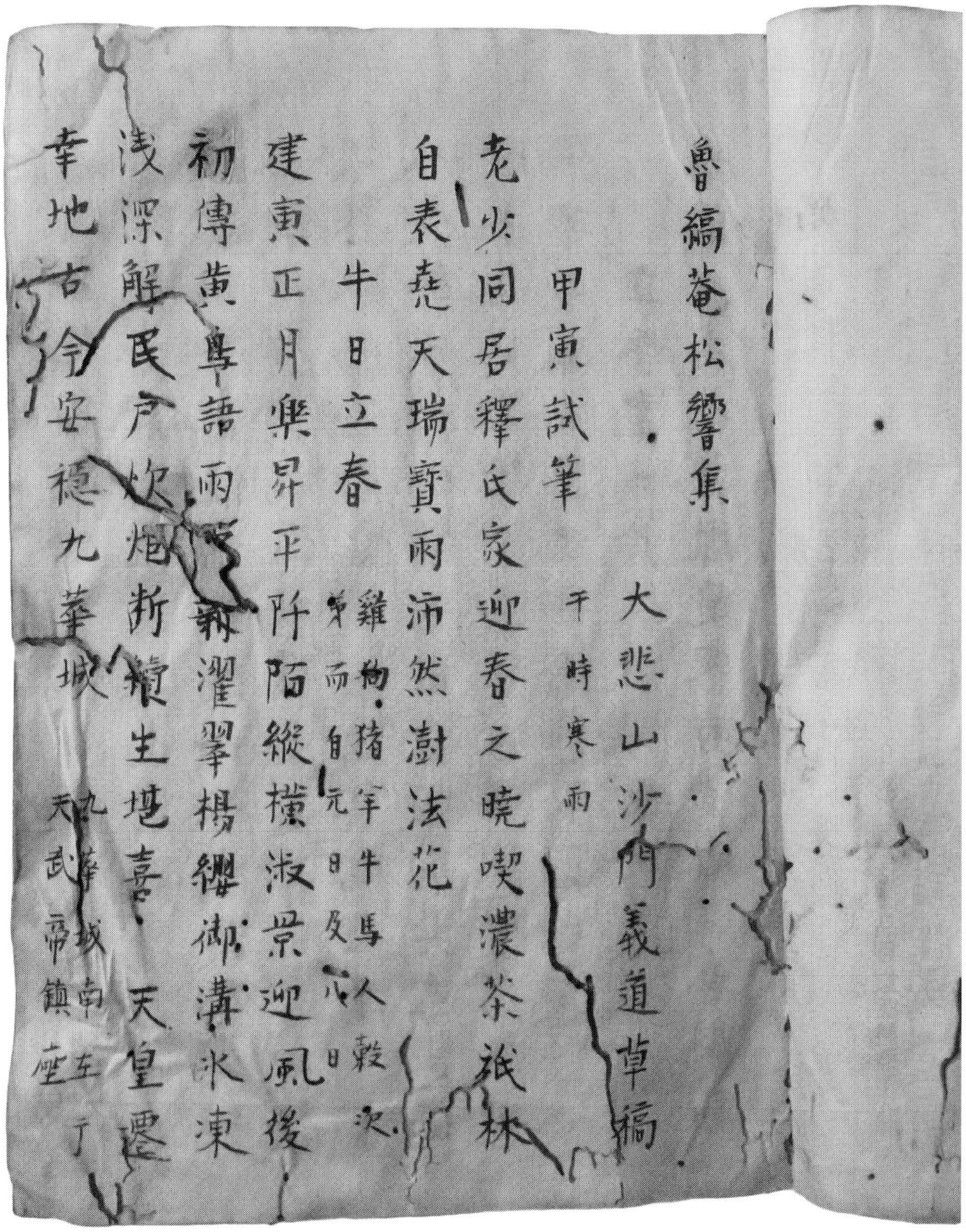

魯縞菴松響集
大悲山沙門義道草稿
甲寅試筆　干時寒雨
老少同居釋氏家迎春之曉喫濃茶祇林
自表堯天瑞寶雨沛然澍法花
牛日立春　雞狗猪羊牛馬人穀次第而自元日及八日
建寅正月樂昇平阡陌縱横淑景迎風後
初傳黄鳥語雨[illegible]新濯翠楊纓御溝氷凍
浅深解民戸炊烟断續生地喜　天皇遷
幸地古今安穏九華城　九華城南在丁天武帝鎮座

迎春の二首を記した頁であるが、異なる文体で書かれており、義道が積極的に新しい詩歌の試みをしていた様子が分かる。

題簽に「草稿」とある様に、本書には様々な文や漢詩が収められており、内容としてはまとまりに欠けている。

『日南集』

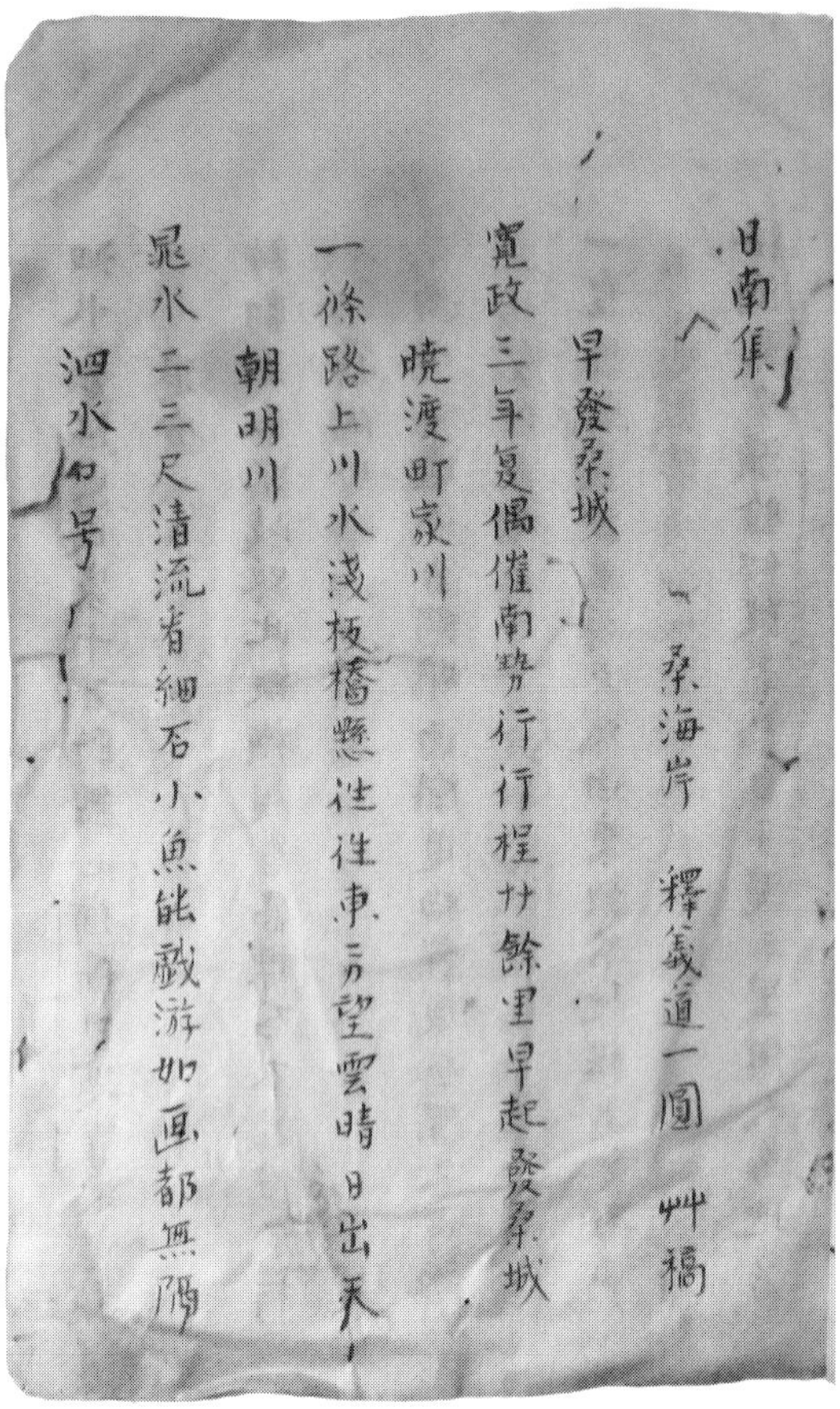

日南集

桑海岸　釋義道一圓　艸稿

早發桑城

寛政三年夏偶催南勢行程廿餘里早起發桑城

曉渡町家川

一條路上川水淺板橋懸往往東方望雲晴日出天

朝明川

混水二三尺清流皆細石小魚能敵游如画都無隠

泗水如号

『日南集』は題簽が無い。『桑府名勝志』の紹介によれば、「辛亥初夏伊勢参宮道の記なり」とあり、義道が寛政三年（1791）伊勢参りをした時の道々の記録を、漢文で綴ったものである。道中記が漢文であるというのも、義道らしい。

　早起きをして出発し、町屋川を渡る時日の出を見ている。外宮・内宮に参拝し、朝熊山に登り二見まで行っている。義道は仏門の身であるが神式の神宮を参拝するのは、神仏習合で抵抗が無かった様子が良く分かる。

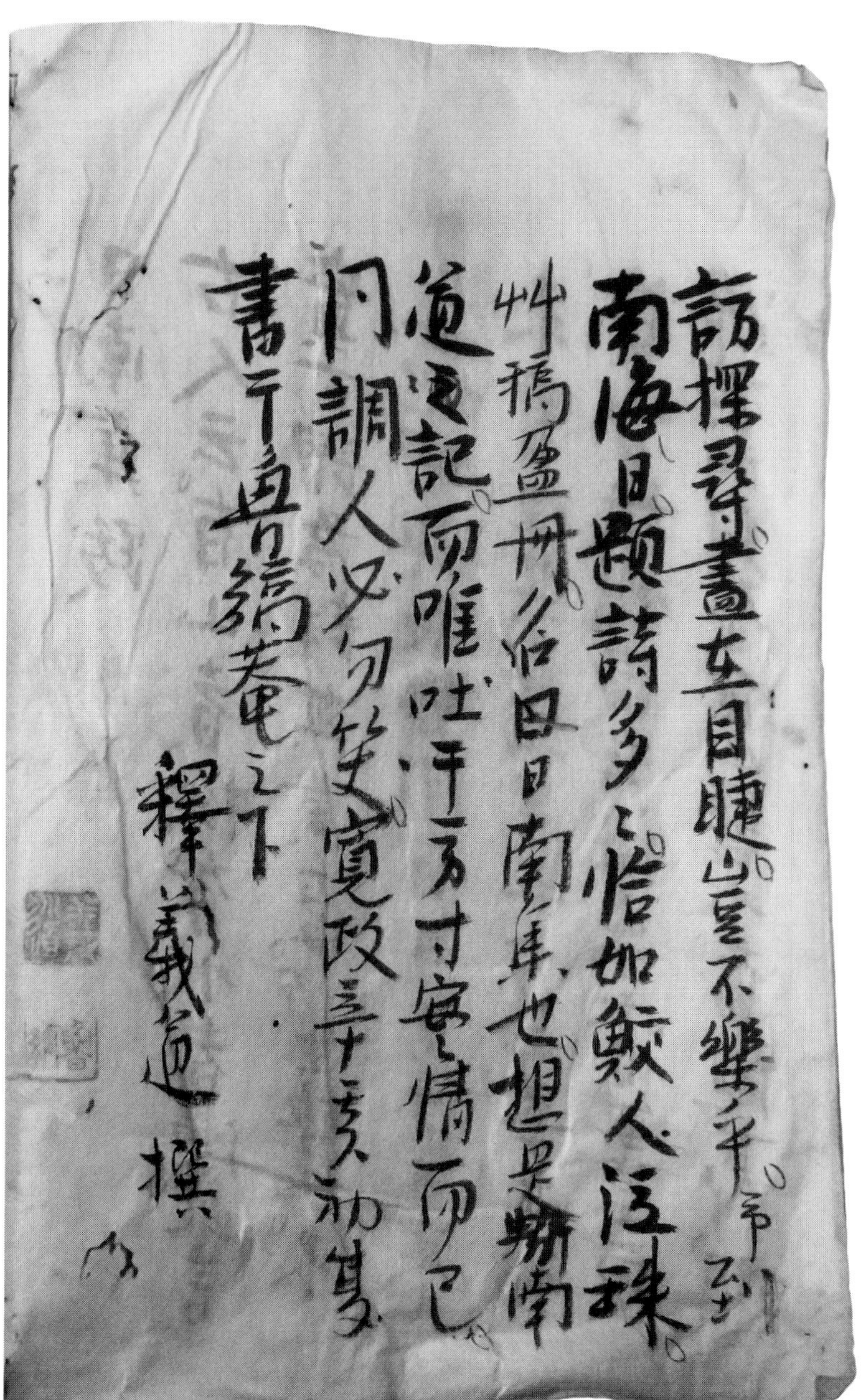

訪擇[illegible]書畫左目聴豈不楽乎[illegible]
南海日題詩多々恰如數人注珠
州稿盈冊名曰日南集也想是[illegible]南
道之記而唯吐于方寸[illegible]情而已
門調人必勿笑 寛政[illegible]
書于魯縞菴之下
釋義道撰

『日南集』の文末には跋文があり、義道の落款が押されている。「義道」は白文方印で、「魯縞」は朱文方印である。この落款は、一葉の『素雲鶴』に押印されたものとも、『秘伝千羽鶴折形』に押印されたもの、また、『久波奈名所図会』跋文の落款とも違っている。

義道と文人の交流

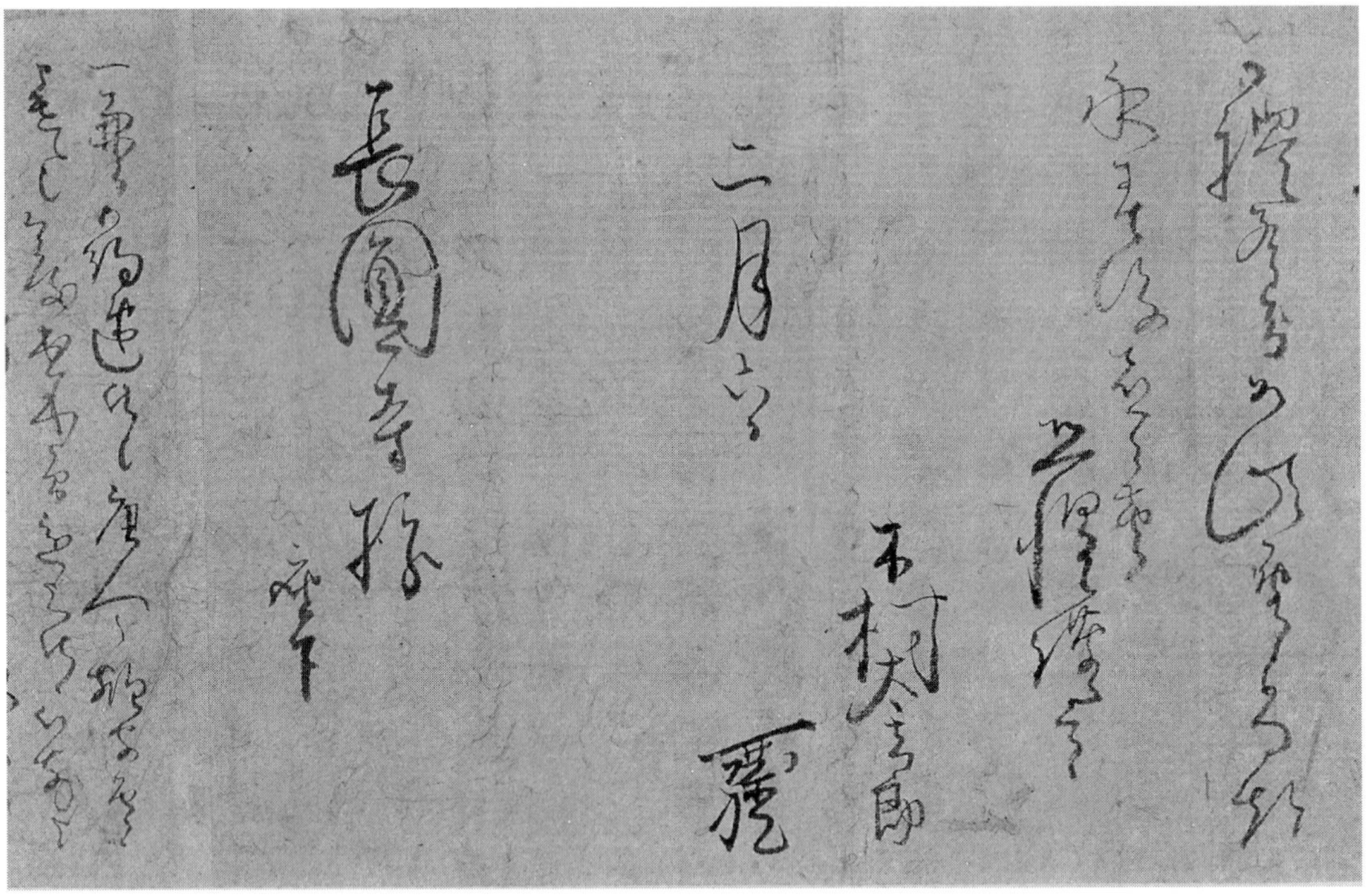

義道は、多くの文人と交流しており、書簡や記録からその交流範囲を推測すると、仏門関係を除くと藩学に関係する人物が多いが、例外が木村蒹葭堂と秋里離島である。

木村蒹葭堂は大坂の本草学者で、天下に轟いた著名人であり、長嶋藩主増山雪斎とも深い親交があった人物である。また、秋里離島は、『東海道名所図会』を始め多くの名所図会の編纂を手がけた手がけた大作家であった。京大坂に住む彼らと伊勢桑名に住む義道との接点は、運命的なものであった。

木村蒹葭堂は、家業の酒造の過料の咎を受けて一時逼塞するが、増山雪斎に飛領地の川尻村（現在の三重県四日市市川尻町）に場所を提供され、移り住んだ。義道は川尻村へ蒹葭堂を訪ねている。

秋里離島は取材で東海道を下り、文化人と名が高かった義道を訪問したと思われ、それが『東海道名所図会』に表れている。

『蒹葭堂日記』寛政二年十一月十一日条

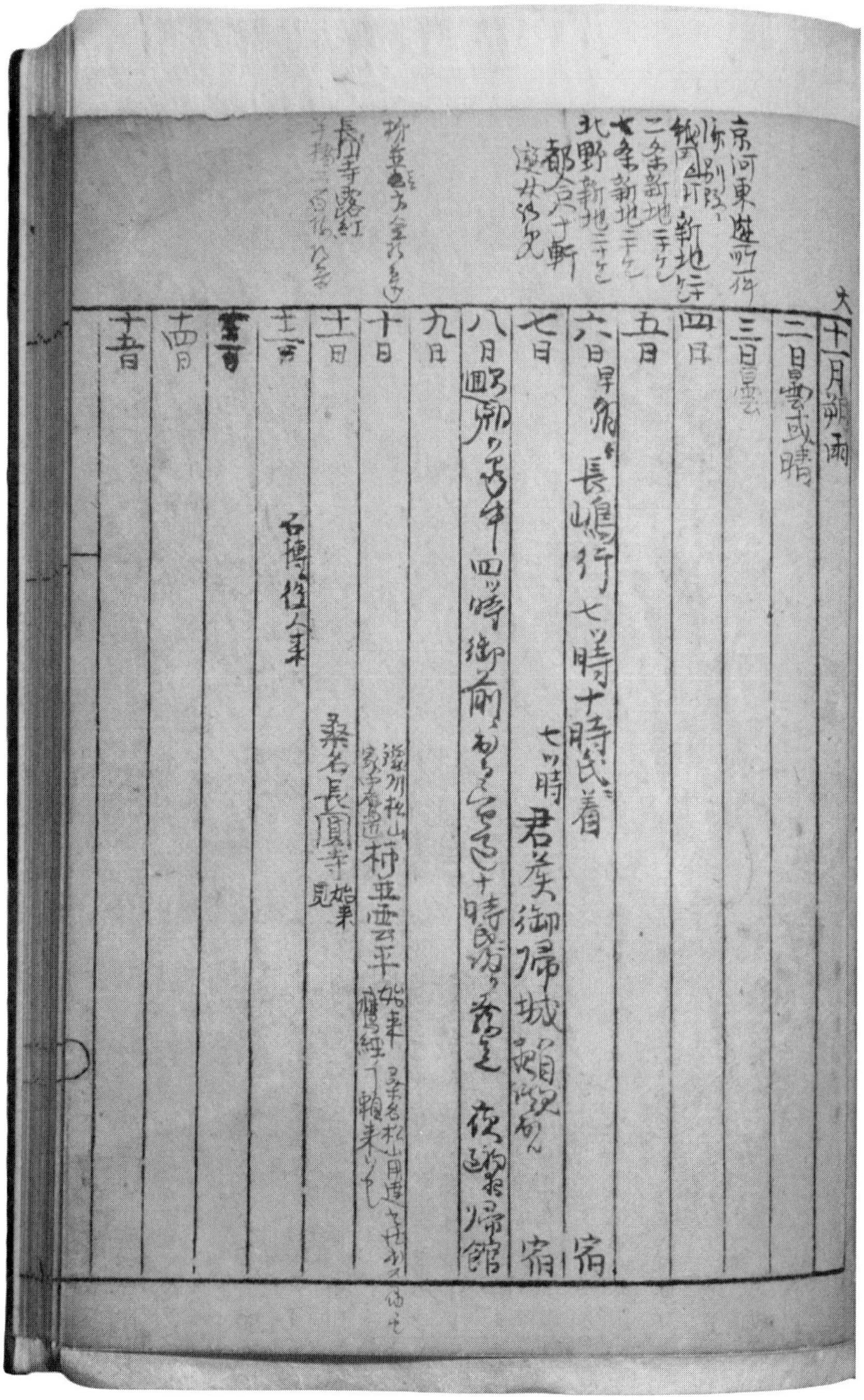

十一日　桑名長圓寺　始来
見
（欄外）長圓寺露紅
半楮二百枚持参

義道は楮紙を手土産にしている。このような記述は他に無く、義道の几帳面な性格が見て取れる。

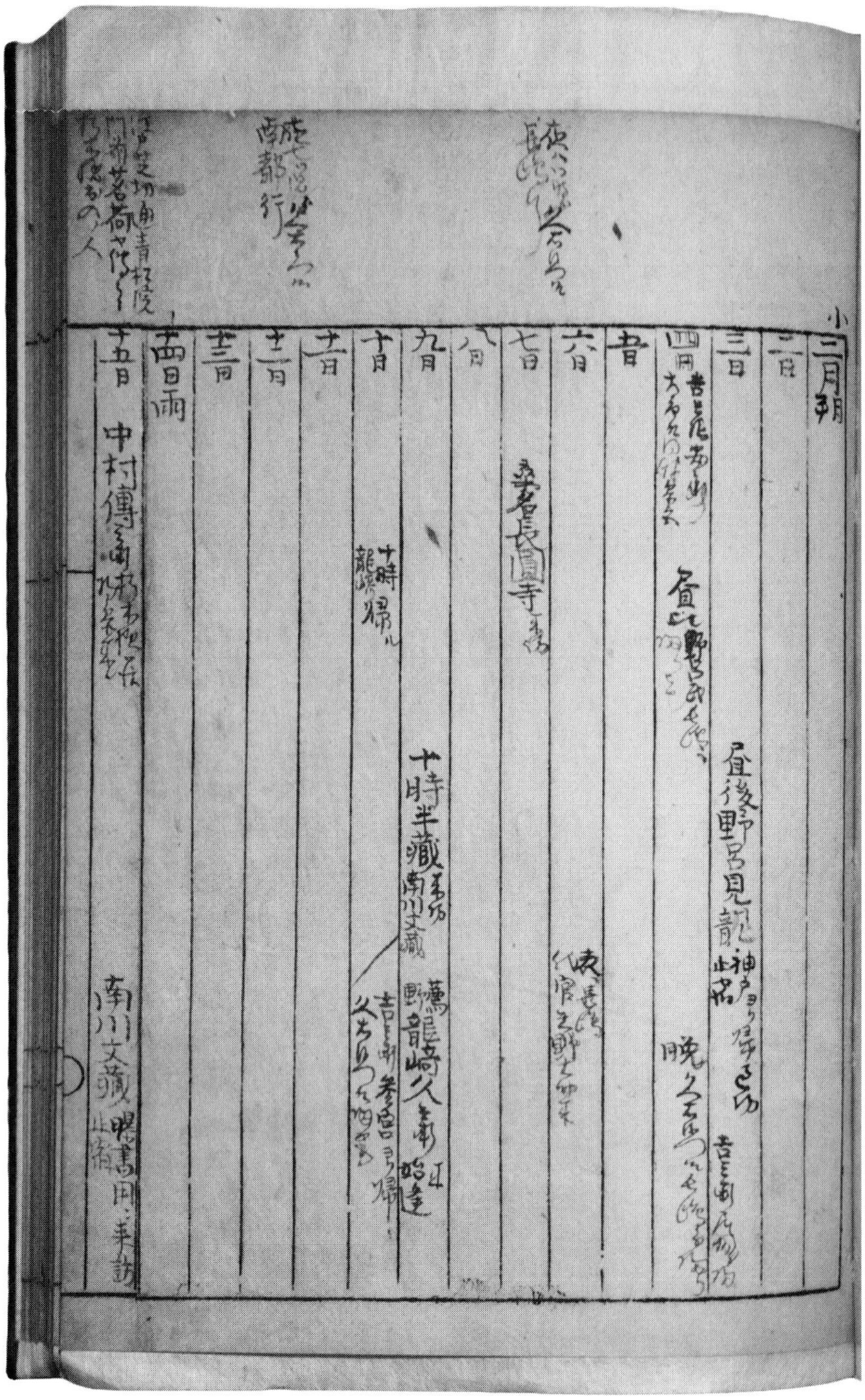

七日　桑名長圓寺　来訪

『蒹葭堂日記』寛政三年九月二四日条

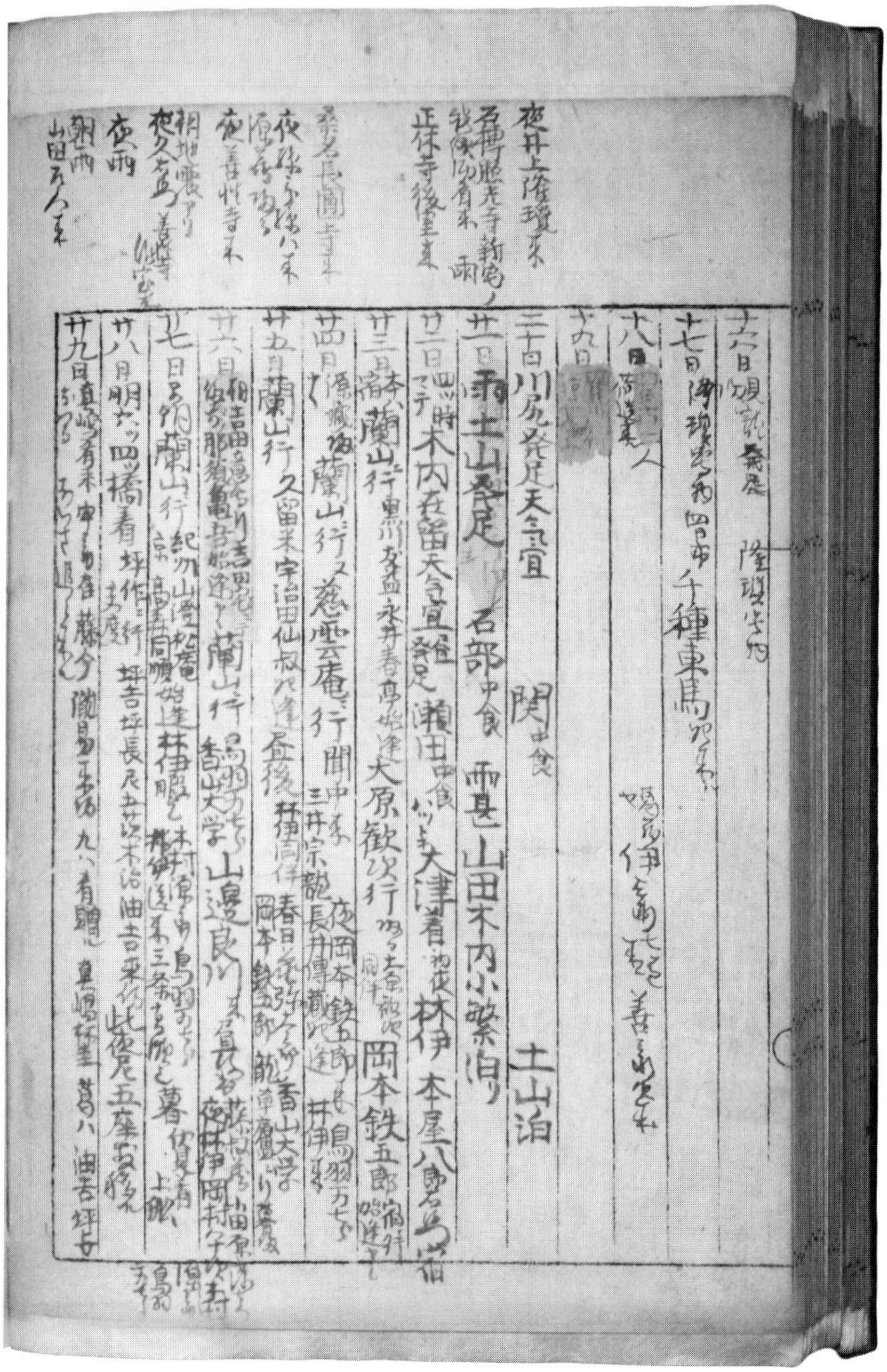

（欄外）
桑名長圓寺来

二四日の上段欄外に記されているが、蒹葭堂は二〇日に川尻村を出て大津や大坂に行っており、川尻村へ帰ったのは一一月二一日である。義道はいつ、どこへ蒹葭堂を訪ねたのであろうか。

『蒹葭堂日記』寛政五年正月一四日条

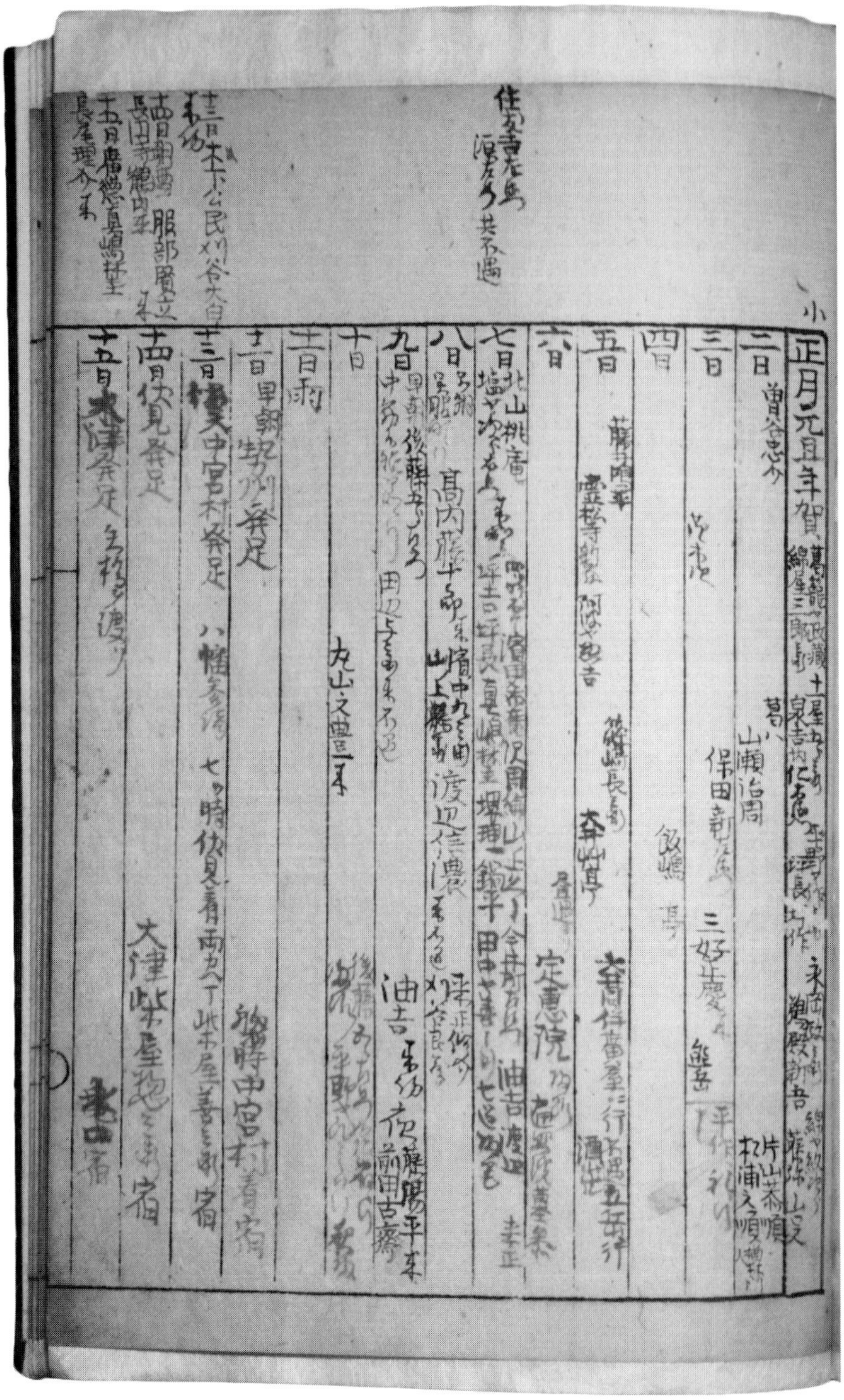

（欄外）
桑名長圓寺鶴円来

一四日上段の欄外に記されているが、この時も蒹葭堂は伏見に滞在しており、川尻村には居ないので、義道はどこへ訪問したのか不詳である。

『兼葭堂日記』寛政五年二月三日 四日条

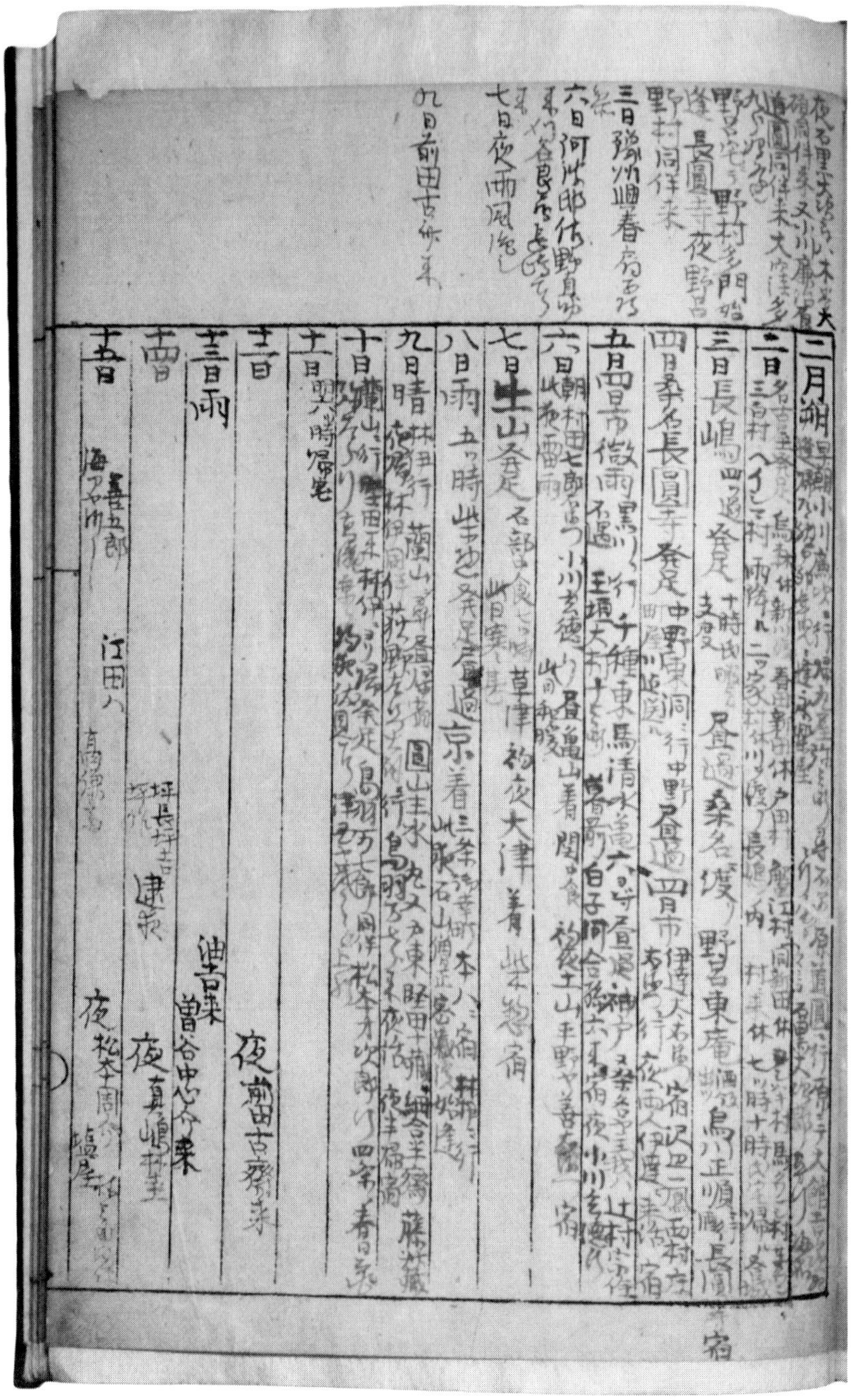

三日　長嶋四ッ過発足（中略）
昼過桑名ニ渡リ野呂東庵酒飯出ッ
（中略）長円寺宿

（欄外）
野呂宅ニテ野村多聞始／逢長
円寺夜野呂野村同伴来

四日　桑名長円寺発足
中野東洞ニ行中野
町屋川迄送ル　（下略）

兼葭堂が大坂へ帰るにあたって長嶋城へ挨拶に出向き、その夜は長圓寺に宿泊している。そして、翌朝、兼葭堂は長圓寺から大坂へ旅立っている。

義道の著作目録には、兼葭堂へ送別の詩稿『一歩艸』を贈ったとある。

『蒹葭堂日記』　寛政八年一〇月二四日　二五日　二六日条

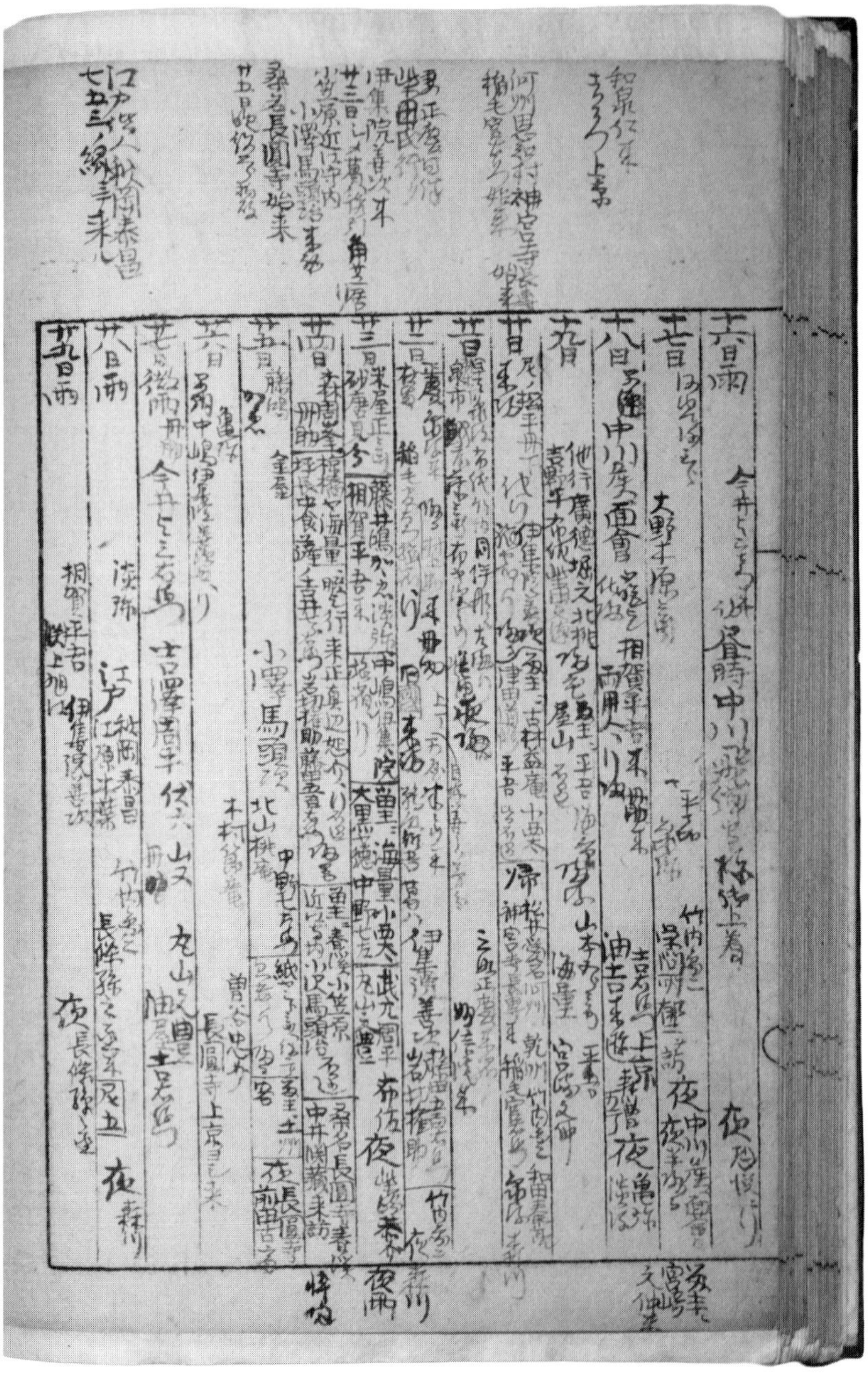

廿四日　桑名長圓寺／中井淵
蔵来訪
（欄外）　桑名長圓寺始来
廿五日　夜　長圓寺／前田古斎
廿六日　長圓寺上京ノヨシ来

義道が大坂の蒹葭堂の自宅を初めて訪問した時の記録である。「上京ノヨシ」とあるので、京都へ行くついでに寄ったと考えられる。義道の上京の用件は不詳。

『蒹葭堂日記』　享和元年六月二十六日条

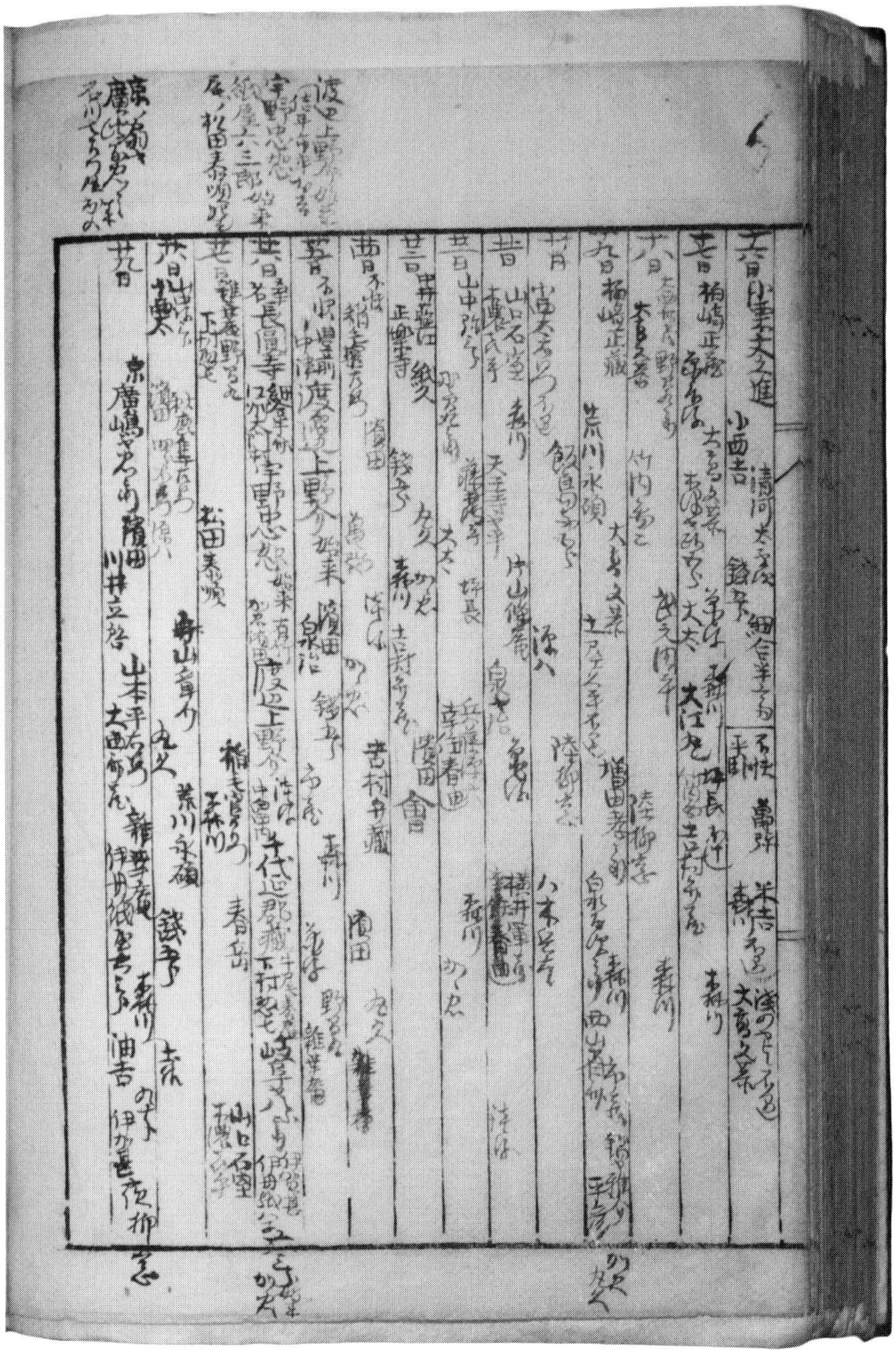

廿六日　桑名長圓寺

義道がわざわざ蒹葭堂を訪ねていったのか、また上京のついでであったのかなど状況は分からないが、『蒹葭堂日記』に表れる義道の最後の記録である。

木村蒹葭堂から魯縞庵義道への書簡

義道と蒹葭堂の交流は、蒹葭堂が大坂へ帰郷してからも続いていた事は、『蒹葭堂日記』でも明らかであるが、この蒹葭堂の書簡により、季節の贈答が交わされていた事や頼み事ができる間柄であった事が分かる。

ただ、この書簡は、全体が巻子本となっており書簡が文の途中から始まっていたり、表装に矛盾があったりしているので、数枚の書簡の断簡が継ぎ合わされたように見受けられる。また、日付のみで何年に書かれたかは不明である。

※この書簡の翻刻は元大阪歴史博物館学芸員（現在は埼玉大学教授）の井上智勝氏によるものである。

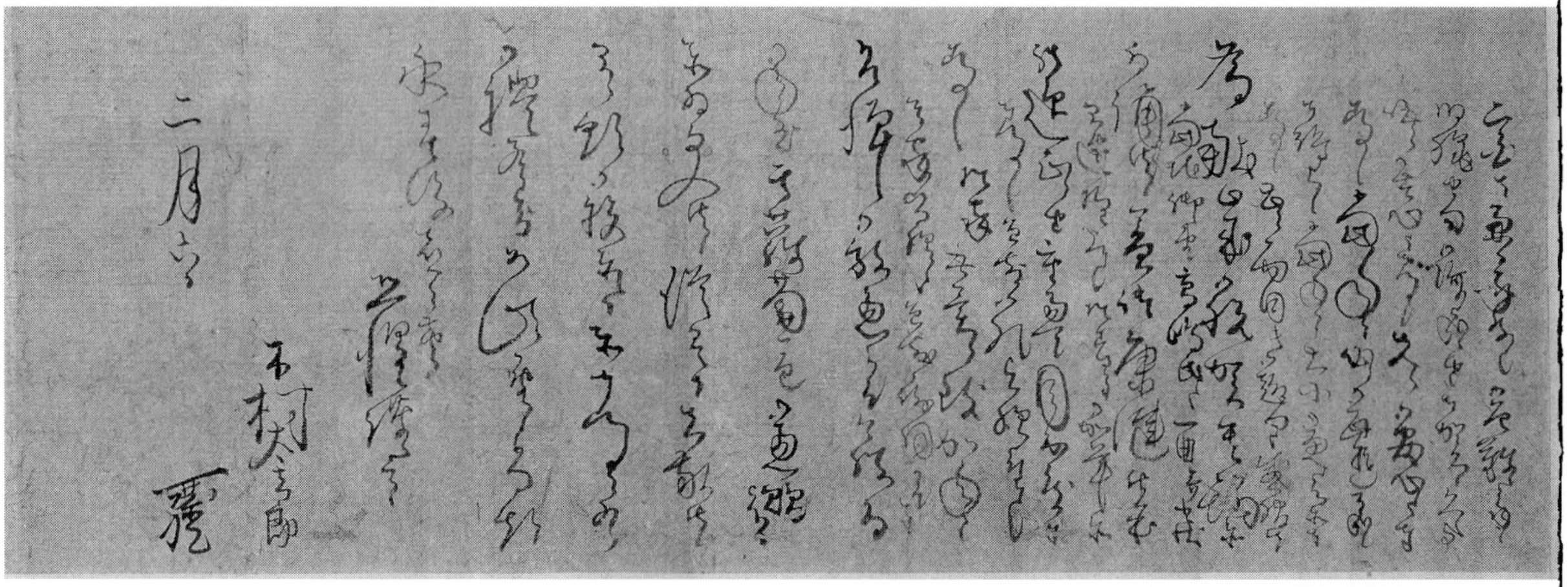

二白者　兼而承存候御災難義
旧臘中旬御済被成候由奉賀候　久々事
唯無心被存候　先々御安心ニ奉
存候　当年者必御無遊可成候
奉得上候　当年之大小御□□有品奉
存候　甚面白き趣向感服仕候
当地御座候高島氏ニ一曲并書状
草速持セ上カ候　拙家事御賀年品
奉存候　宜敷御礼被下様付申候
貴家皆様ニも宜敷御例伺被下候　已上

為献歳御祝貴翰忝
拝誦仕候　益御康健被成
被迎正之由重畳目出度奉
存候　拙家無悉ケ致加年候
乍憚御放慮可被下候　今般為
御年玉貴□籠蔔一包御恵贈被下候
忝拝受仕候　従是者先献仕候
早々預御拶忝候而忝奉存候　為
御礼□分如此御座候　期
永春後者□□候
恐惶謹言

二月六日

木村太吉郎（孔恭）

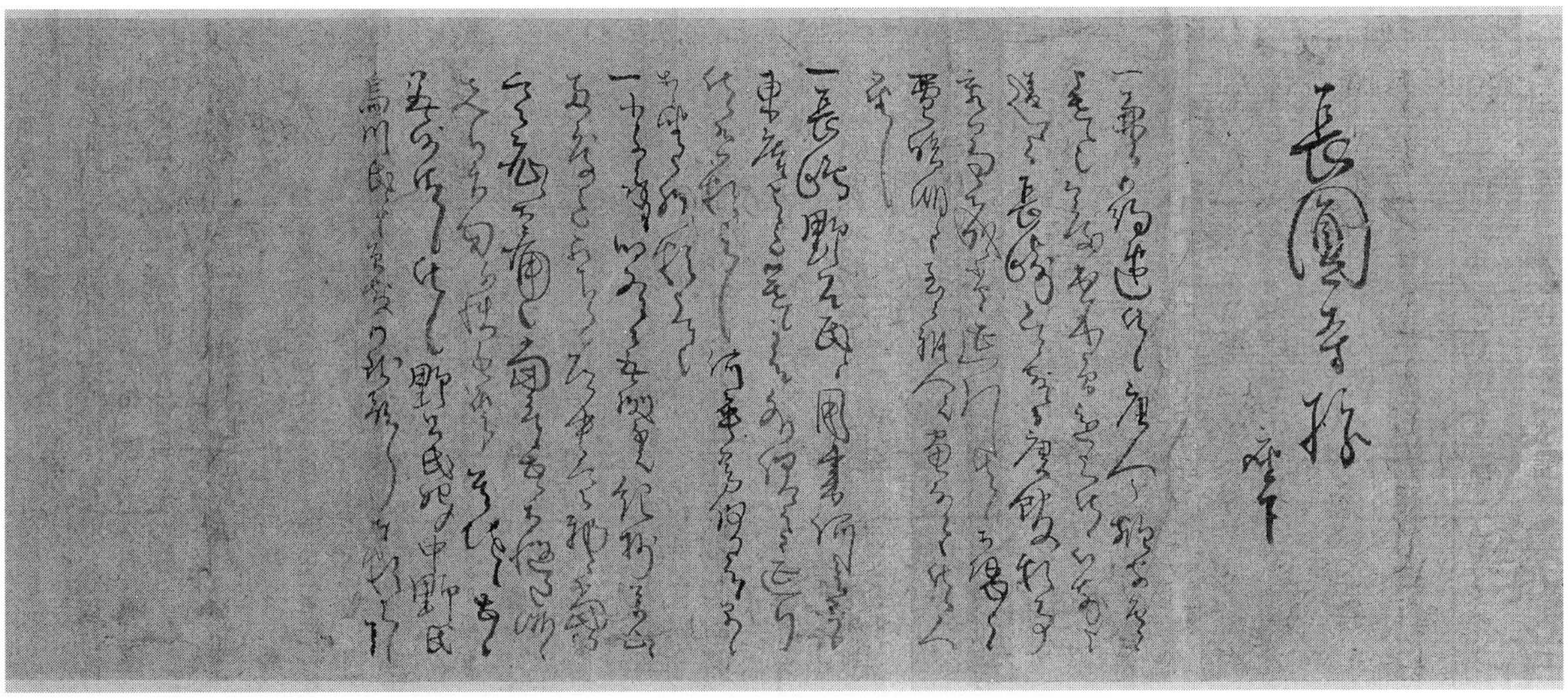

長圓寺様

座下

一兼而御約速仕候唐人之額字色々　以前申
申遣し候　今度出来候間進上仕候
違候間長崎□□唐館□事
□兼被成□□延引仕候　相認之
貫□□与申候　至而□人ニて画なとも仕候人
御座候
一長島野呂氏ニ用書あり候ハヽ
東庵老迄御遣し可被下候　外便ニて者延引
仕候故御願被下候　何卒分便被下候　草々
□□候様願上ケ候
一少子義も旧冬ニ無拠義ニて紀州若山へ
両度まで罷下候　道中□物ニ当り
寒症ニ而痛候　当春甚タ不随ニ候　漸々
先日下旬より快方御座候　貴地へ甚
御無沙汰も仕候　野呂氏始メ中野氏
烏川氏ニも宜敷御致□リ奉願上候　已上

『東海道名所図会』の内　長圓寺と義道の俳句

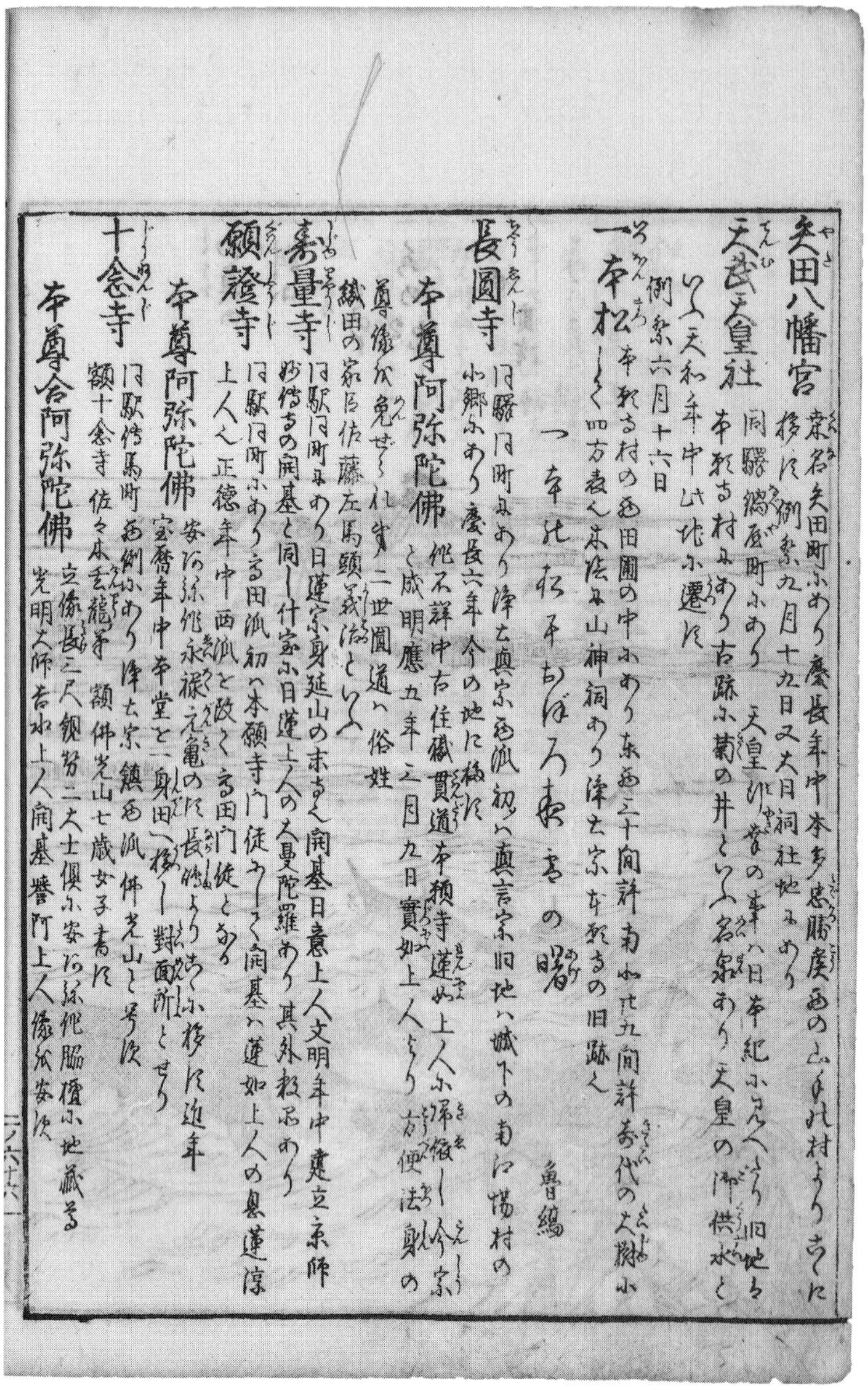

一本松

本願寺村の西田圃の中にあり東西三十間許南に廿五間許奇代の大樹に／して四方表也木根に山神祠あり浄土宗本願寺の旧跡也

一本の松におぼろや雪の曙　魯縞

長圓寺

同驛同町にあり浄土真宗西派初メハ真言宗旧地ハ城下の南江場村の／小郷にあり慶長六年今の地に移る

本尊阿弥陀佛

作不詳中古住職貫道本願寺蓮如上人に帰依し今宗／と成明應五年三月九日實如上人より方便法身の／尊像を免ぜられ第二世圓道ハ俗姓／織田の家臣佐藤左馬頭義治といふ

『東海道名所図会』は、寛政九年（1797）に刊行された一般的な道中記で、ここに義道の俳句が掲載されており、この編者秋里離島との関係を窺わせる。

『紙鶴記』（『桑名前修遺書』中『蒙斎先生文集』所載）

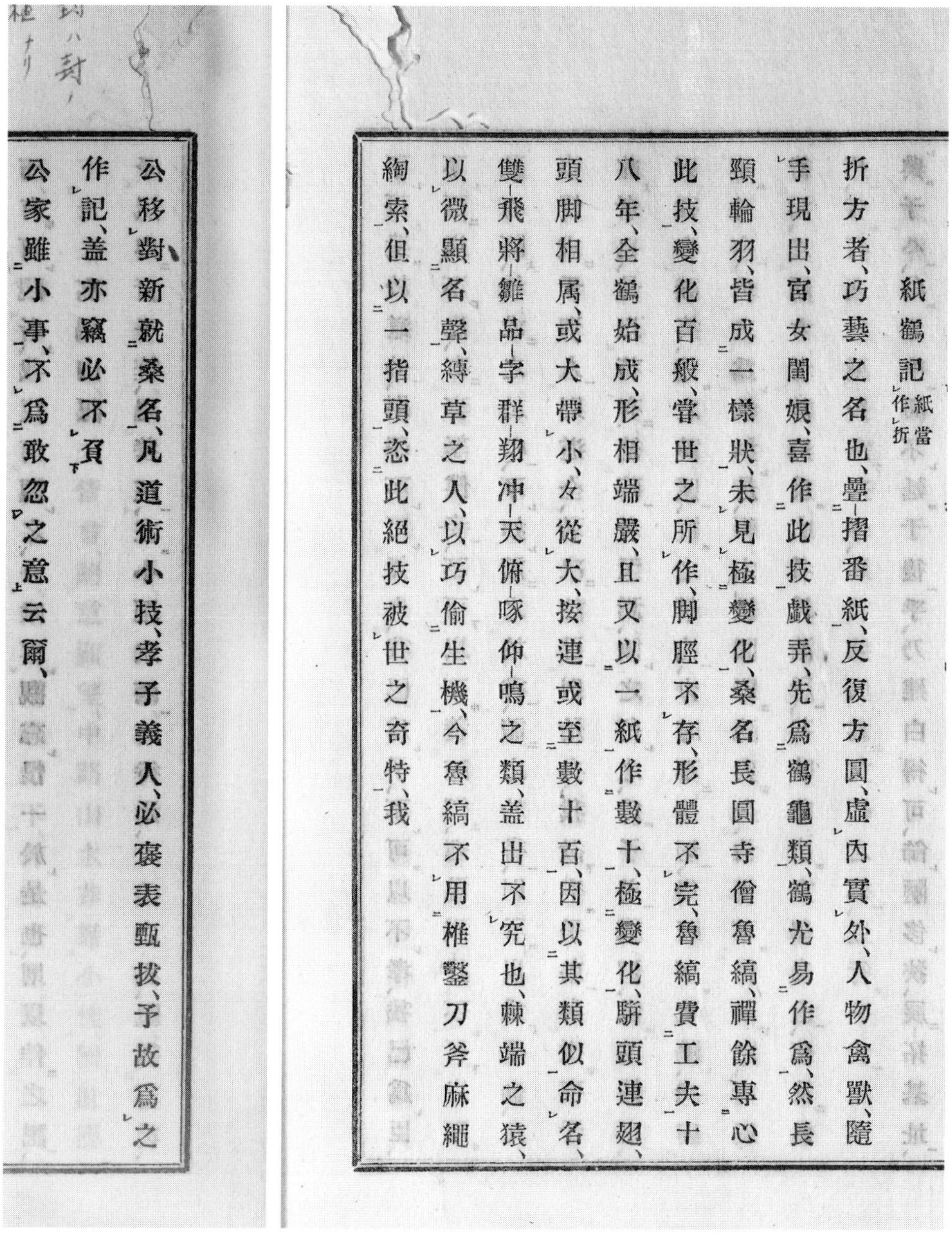

紙鶴記 紙當作折

折方者、巧藝之名也、疊摺番紙、反復方圓、虛內實外、人物禽獸、隨
手現出、宮女閨娘、喜作此技戲弄、先爲鶴龜類、鶴尤易作爲、然長
頸輪羽、皆成一様狀、未見極變化、桑名長圓寺僧魯縞、禪餘專心
此技、變化百般、嘗世之所作、脚脛不存、形體不完、魯縞費工夫十
八年、全鶴始成、形相端嚴、且又以一紙作數十、極變化、駢頭連翅、
頭脚相屬、或大帶小、々從大、按連或至數十百、因以其類似命名、
雙飛將雛品字群翔冲天俯啄仰鳴之類、蓋出不究也、棘端之猿、
以微顯名聲、縛草之人、以巧偸生機、今魯縞不用椎鑿刀斧麻繩
綯索、但以一指頭、恣此絶技被世之奇特、我
公移對新就桑名、凡道術小技、孝子義人、必褒表甄拔、予故爲之
作記、蓋亦竊必不負
公家雖小事、不爲敢忽之意云爾、

折鶴記 紙當作折

折方者、巧藝之名也、疊摺番紙、反復方圓、虛內實外、人物禽獸、隨／手現出、宮女閨娘、喜作此技戲弄、先爲鶴亀類、鶴尤易作爲、然長／頚輪羽、皆成一様状、未見極変化、桑名長圓寺僧魯縞、禪餘專心／此技、變化百般、嘗世之所作、脚脛不存、形體不完、魯縞費工夫十／八年、全鶴始成、形相端嚴、且又以一紙作數十、極變化、駢頭連翅、／頭脚相屬、或大帯小、々從大、按連或至數十百、因以其類似命名、／雙飛将雛品字群翔冲天俯啄仰鳴之類、蓋出不究也、棘端之猿、／以微顯名聲、縛草之人、以巧偸生機、今魯縞不用椎鑿刀斧麻繩／綯索、但以一指頭、恣此絶技被世之奇特、我／公移封新就桑名、凡道術小技孝子義人、必褒表甄抜、予故爲之／作記、蓋亦竊必不負／
公家雖小事、不為敢忽之意云爾、／

桑名藩立教館教授廣瀬蒙斎が、国替えで白河から桑名へ移り、文化の調査中、魯縞庵義道を尋ね、初めて連鶴に出会った時の驚きの感想を綴った文である。

『桑府名勝志』序文

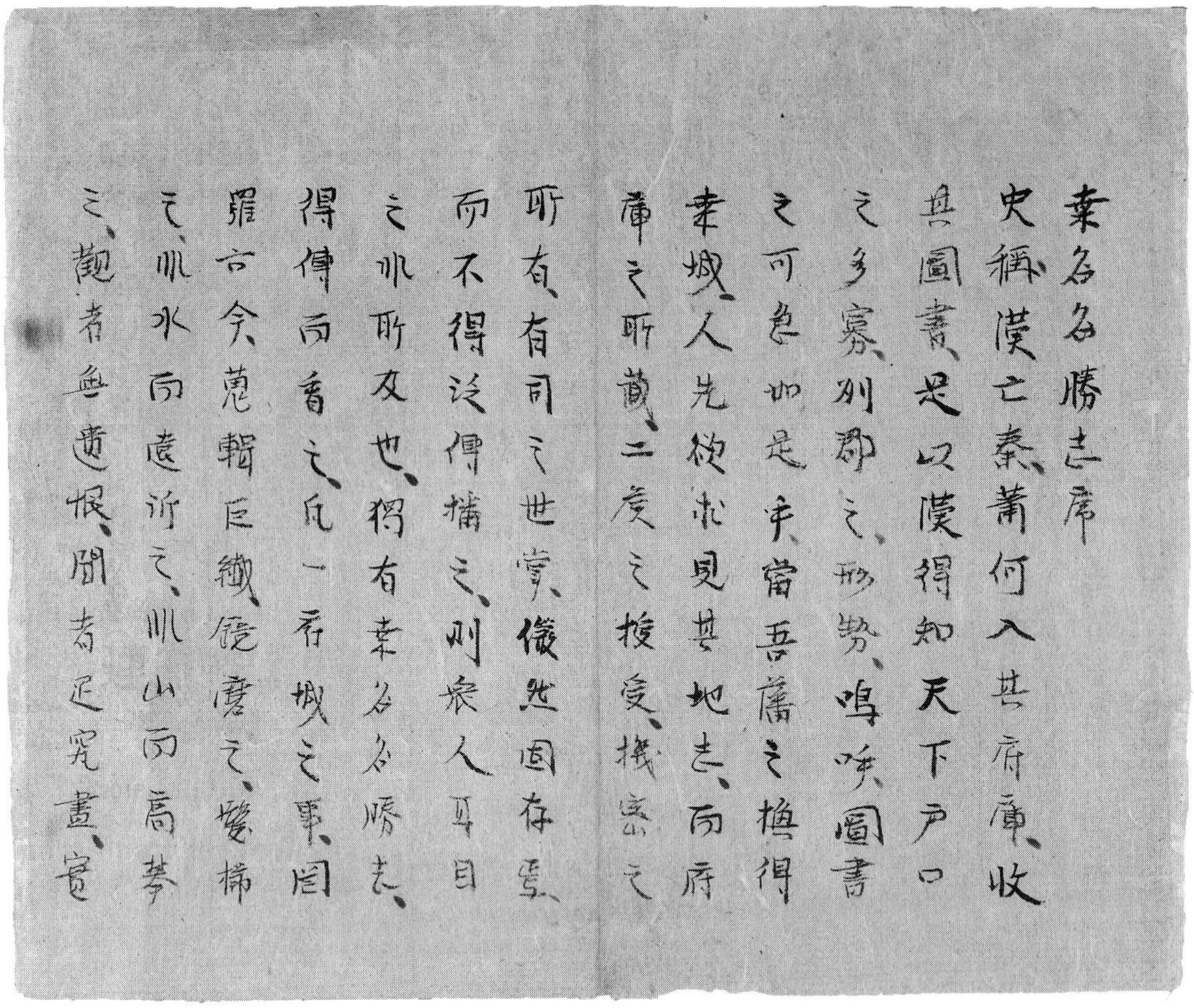

桑名名勝志序
史稱漢亡秦蕭何入共府廣收
其圖書是以漢得知天下户口
之多寡州郡之形勢嗚呼圖書
之可急加是乎當吾藩之換得
桑城人先欲求見其地志而府
庫之所蔵二侯之授受機密之
所有有司之世常俊然固存焉
而不得泛傳播之則衆人耳目
之非取及也獨有桑名名勝志
得傳而看亡凡一存城之事圏
羅古今蒐輯巨緅鏡磨之髮梯
之肌水而遠所之肌山而高焚
之観者忽遺恨間者足究畫實

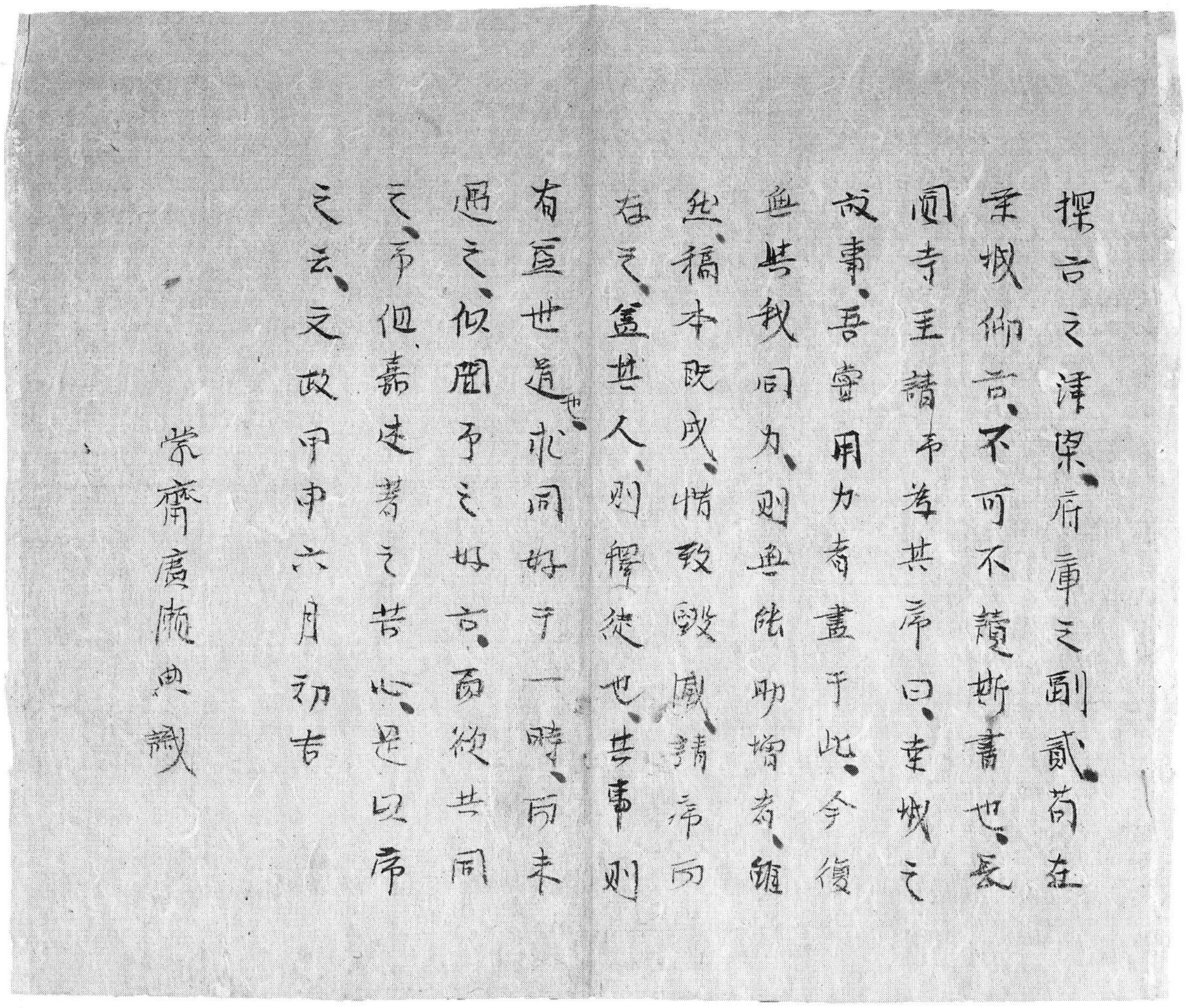

探言之津梁府庫之副貳苟在
桑城仰首不可不讀斯書也長
圓寺主請予為其序曰桑城之
故事吾實用力者畫于此今復
奐興我同力即奐鵲助増者雖
然稿本既成情致毀滅請序而
存之益其人則釋徒也其事則
有益世道也求同好于一時而未
過之似聞予之好古而欲共同
之予但嘉述著之苦心之以序
之云　文政甲子六月初吉

蒙斎廣瀬典識

廣瀬蒙斎（1767〜1829）は、本名政典と言い、松平定信とその子定永に仕え、藩政に参与し、藩校立教館の教授も務めた儒学者である。定永の治世に白河から桑名へ国替えとなり、蒙斎は義道に面識を得たと思われる。連鶴だけでは無く、恒斎は義道の『桑府名勝志』を絶賛し、序文を寄せている。

片山恒斎と魯縞庵義道の交流（『桑名前修遺書』中『恒斎先生遺書』所載）

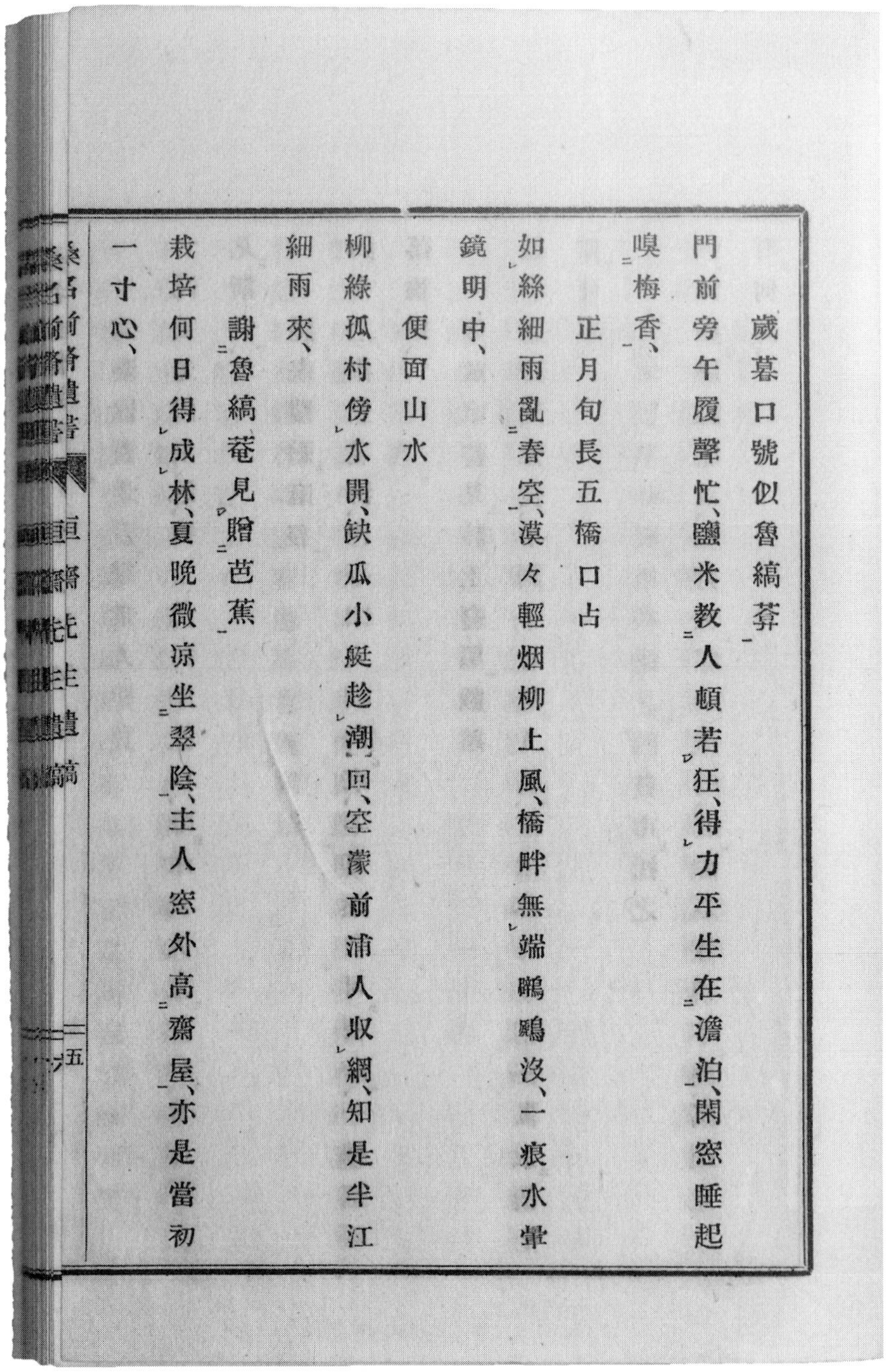

歳暮口號似魯縞葊
門前旁午履聲忙、鹽米教人頓若狂、得力平生在澹泊、閑窓睡起
嗅梅香、
正月旬長五橋口占
如絲細雨亂春空、漠々輕烟柳上風、橋畔無端鷗鷺沒、一痕水暈
鏡明中、
便面山水
柳綠孤村傍水開、缺瓜小艇趁潮回、空濛前浦人取網、知是半江
細雨來、
謝魯縞菴見贈芭蕉
栽培何日得成林、夏晩微涼坐翠陰、主人窓外高齋屋、亦是當初
一寸心、

歳暮口號似魯縞葊

門前旁午履聲忙、鹽米教人頓若狂、得力平生在澹泊、閑窓睡起／嗅梅花

謝魯縞菴見贈芭蕉

栽培何日得成林、夏晩微涼坐翠陰、主人窓外高齋屋、亦是當初／一寸心

片山恒斎（1849没）は、廣瀬蒙斎の弟子で、立教館教授を継いだ。義道とは頻繁に交流していたようで、また、川尻村に滞在していた蒹葭堂への言付けもしている。

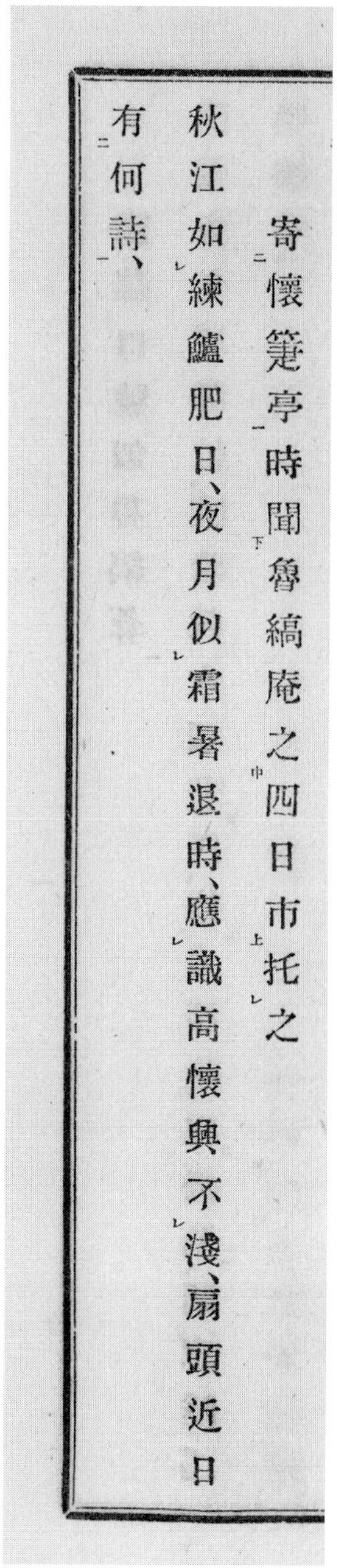

寄懐箑亭時聞魯縞庵之四日市托之
秋江如練鱸肥日、夜月似霜暑退時、應識
高懐興不淺、扇頭近日／有何詩

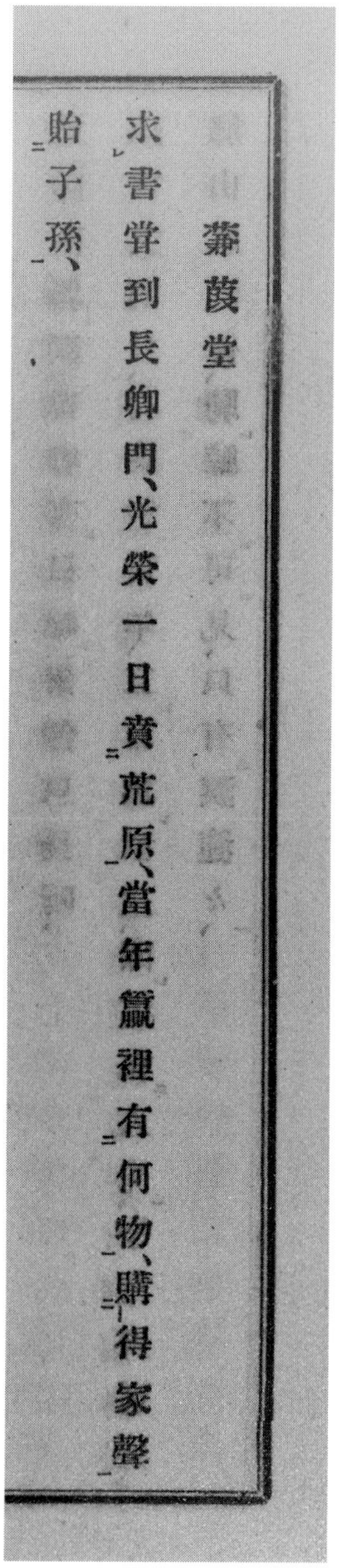

蒹葭堂
求書嘗到長卿門、光榮一日貴荒原、當年
籯裡有何物、購得家聲／貽子孫

義道と長嶋藩主増山雪斎との交流（『松郷集』内）

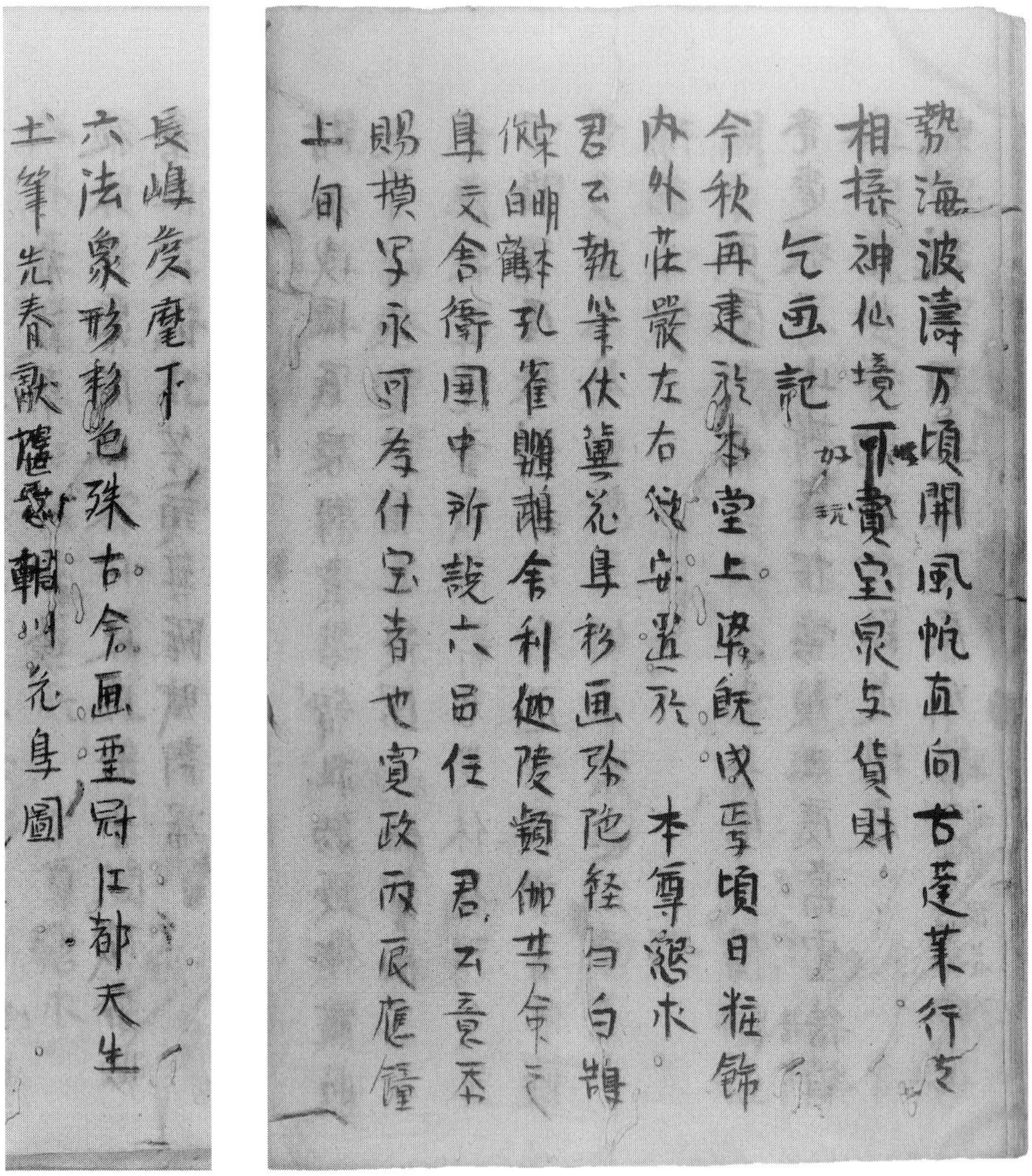

増山雪斎は伊勢長嶋藩主で、文人大名として名を馳せていた。木村蒹葭堂との交流は有名で、蒹葭堂は川尻村滞在中度々雪斎を訪問している。

義道と雪斎の交流の経緯は不詳であるが、本文は、『松響集』に収められていたもので、長圓寺本堂再建に当たって装飾の絵画（天井画か）依頼し、下賜された事を記している。

義道と十時梅厓との交流（『松郷集』内）

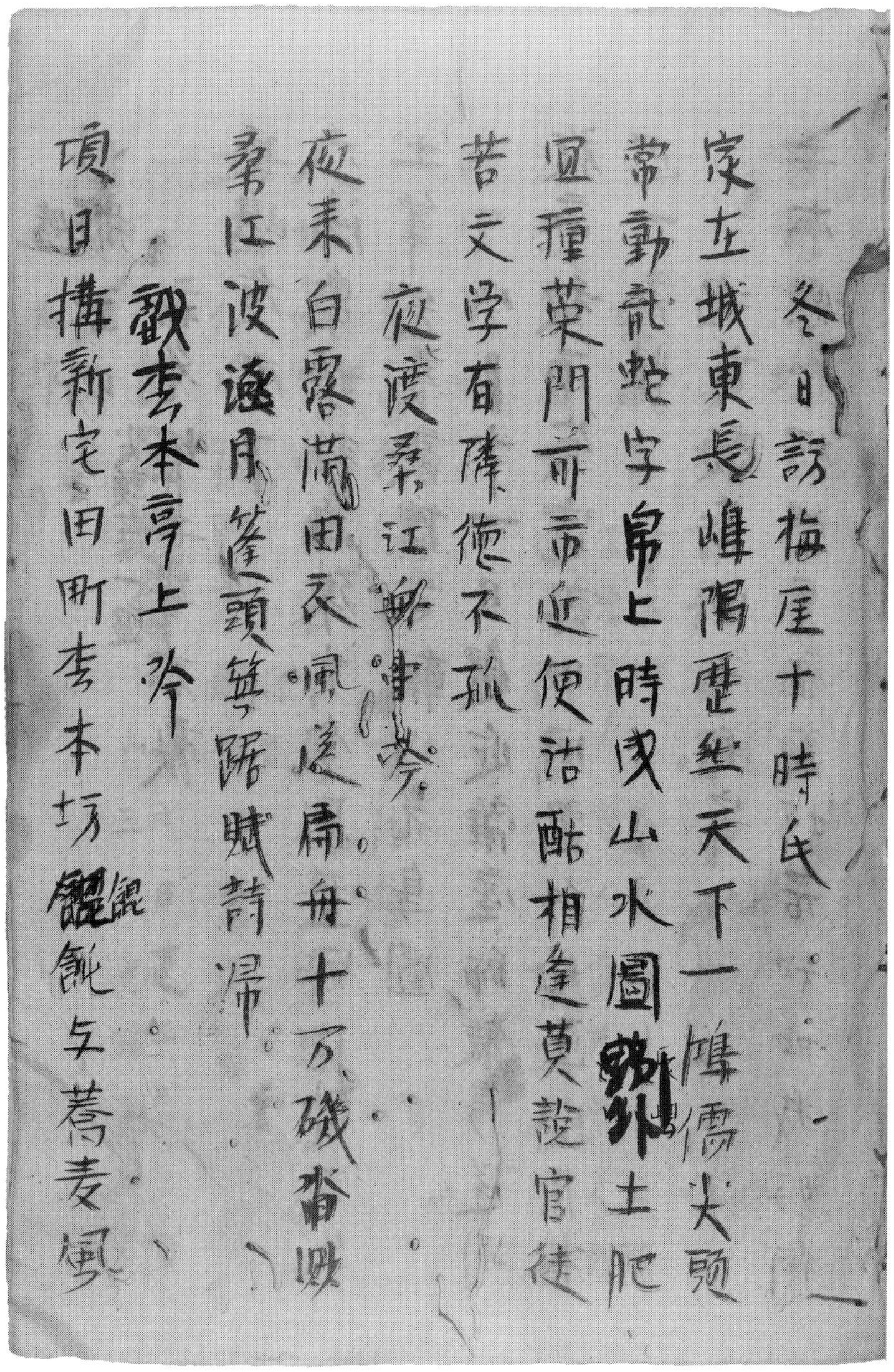
冬日訪梅厓十時氏
家在城東長嶋隅　歴然天下一雋儒　大頭
常勤乳蛇字　帛上時成山水圖　[illegible]土肥
宜種菜　門前市近便沽酤　相逢莫説官徒
昔文学有隣徳不孤
夜渡桑江舟中吟
夜来白露満田衣　風送帰舟十万磯　[illegible]
桑江波遠月　篷頭無踞賦詩帰
戯李本亭上吟
項日構新宅　田町李本坊　[illegible]飩与蕎麦風

十時梅厓は儒学者で、長嶋藩主増山雪斎に招聘されて藩校などを整備した。木村蒹葭堂と雪斎との折衝も務めていたようで、『蒹葭堂日記』にもよく名前が記されている。

義道とも交流があったようで、これは義道が長嶋の梅厓宅を訪れた時のものである。また、義道の著『久波奈名所図会』にも梅厓の「秋日遊走井山」の漢詩が掲載されている。

増山雪斎との交流「乞画記」翻刻

乞画記

今秋再建於本堂上梁既成焉焉頃日粧飾
内外荘厳左右欲安置於　本尊懇求
君公執筆伏輩花鳥彩画弥陀経曰白鵠
宋明本作白鶴孔雀鸚鵡舎利迦陵頻伽共命之
鳥文舎衛囲中所説六品任　君公意添
賜模写永可為什宝者也　寛政丙辰應鐘
上旬

*寛政丙辰は、寛政八年（1796）

長嶋侯麾下

六法象形彩色殊古今画霊冠江都天生
土筆先春献堰慰輞川花鳥圖

十時梅厓を尋ねた時の漢詩翻刻

『松響集』に記されていた、義道が梅厓を尋ねた時の漢詩である。

冬日尋梅厓十時氏

家在城東長嶋隅歴然天下一鴻儒尖頭
常動哉蛇字帛上時成山水圖野外土肥
宜種栄門可近便沽酤相逢莫説官徒
苦文学有隣徳不孤

参考

秋日遊走井山

磴道踏分黄葉深　清泉一掬洗塵心
満渓万籟秋林響　聴取天風観世音
（『久波奈名所図会』に掲載された梅厓の漢詩）

その他の史料に見る義道

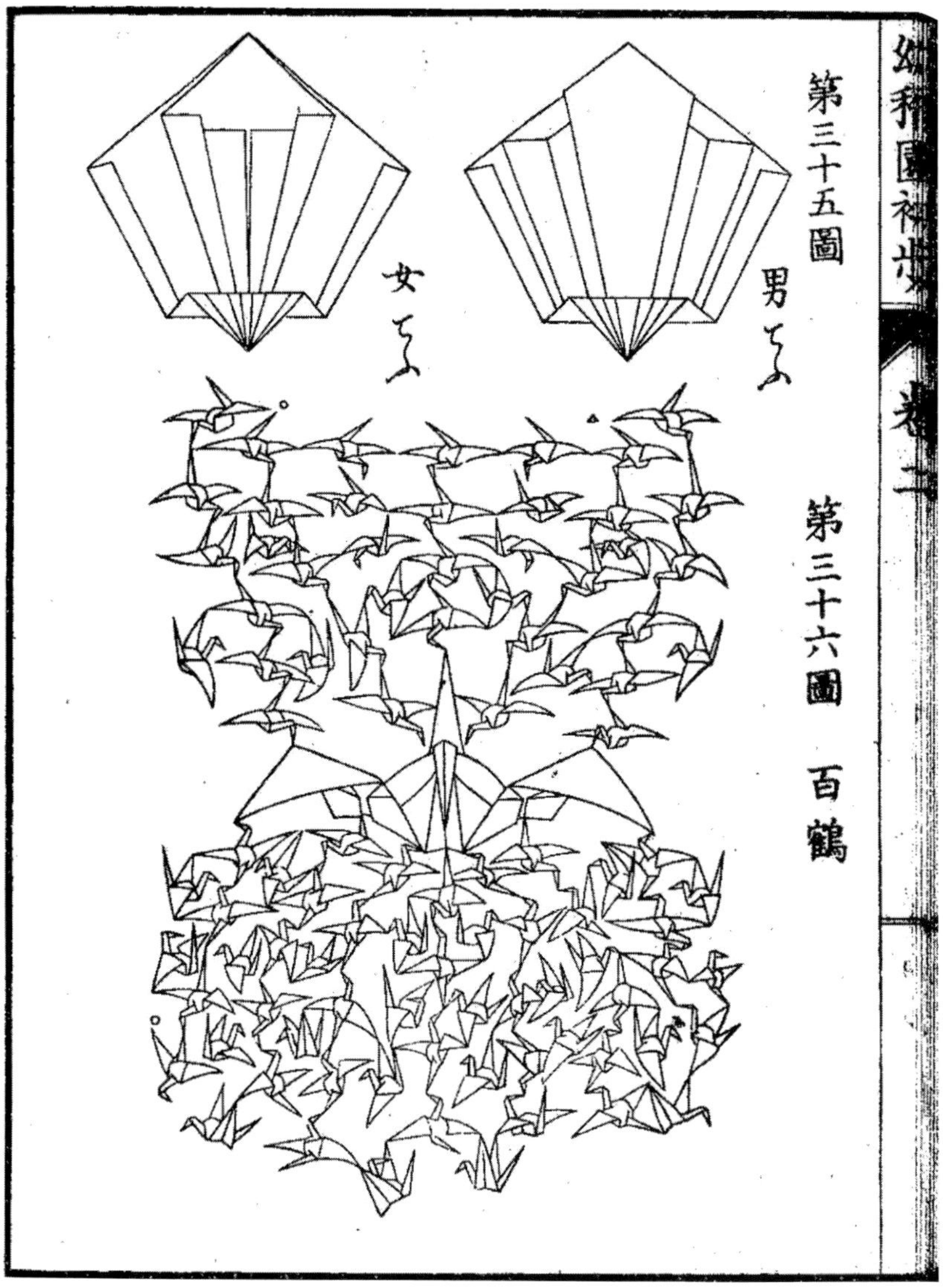

長圓寺は戦災と伊勢湾台風によって殆どの史料を失っており、義道の墓すら無い状態である。現在同寺に残存する唯一の江戸時代の墓石は義道が建立したものである。

長圓寺の本堂は戦災で焼失したが、本堂には今も鶴の家紋が掲げられている。

また、明治時代に、百鶴が幼稚園の指導書に掲載されるなど、義道の精神は受け継がれている。

鶴の家紋

長圓寺には鶴の家紋が本堂に掲げられている。寺の伝承によれば、藩主から下賜されたものであるという。

鶴であるので、義道の時代に下賜されたと推定されるが、時期の可能性としては、次の二つが考えられる。

①奥平松平家就封百年を記念して藩主松平忠翼に一〇一羽の連鶴を献上した時。

②廣瀬蒙斎の『紙鶴記』文末に記載されているように、白河から移封してきた新藩主松平定永は、優れた人材を表彰したので、蒙斎の推薦によって義道が褒表された。

義道の寺宝など史料管理

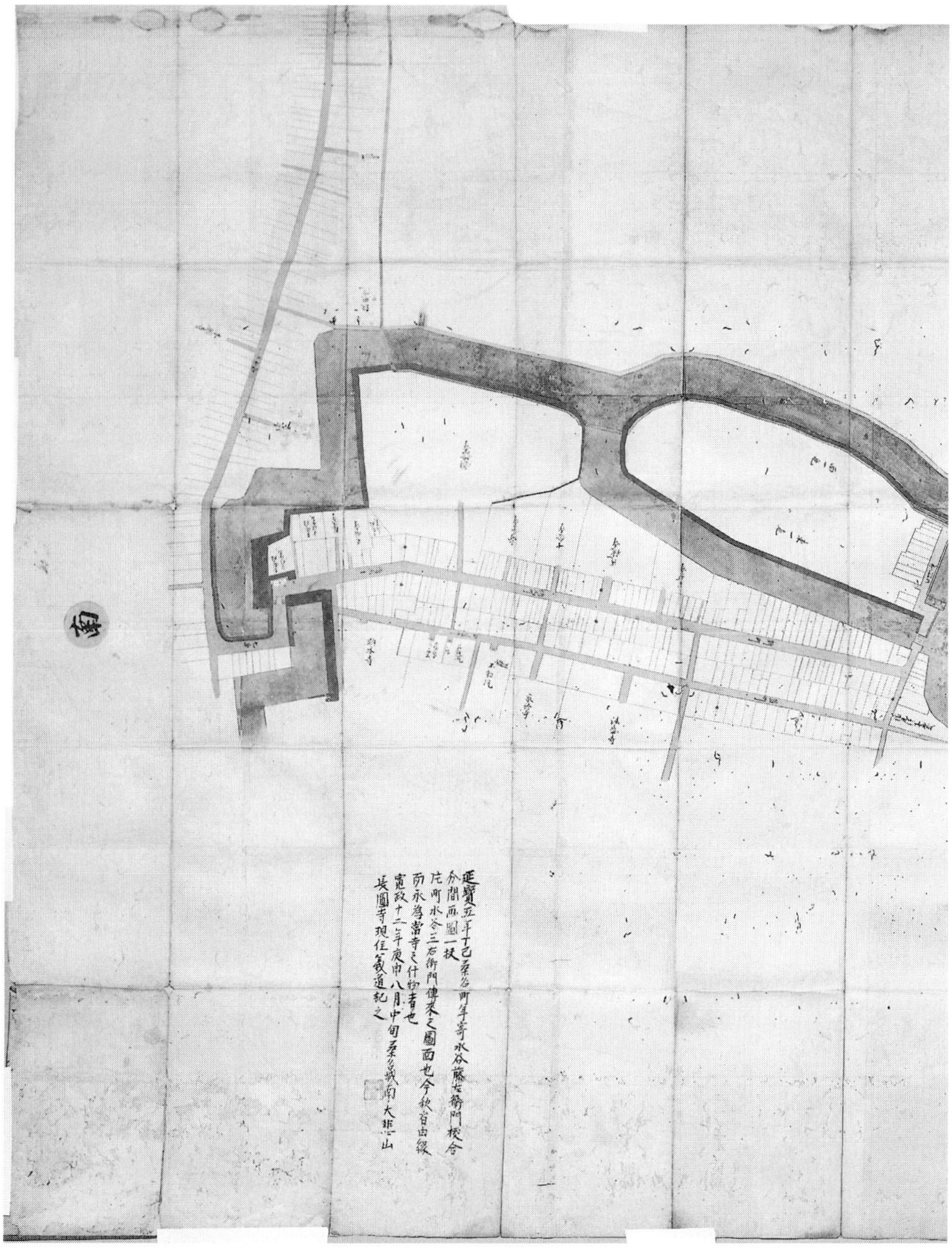

義道は、『縞庵随筆』で桑名周辺の故事来歴を丹念に蒐集して書写したり、寺の系譜を整理して書き残したりして、几帳面で研究熱心な一面を見せている。本図は延宝五年（１６７７）に描かれた城下絵図であるが、これが長圓寺什物となった経緯が義道によって記されており、来歴が良く分かる。本図は後年竹内文平の篁園文庫の所蔵となり、昭和三三年同文庫から売立てられた時、桑名市教育委員会が購入し、現在は桑名市博物館で保管されている。

延宝五年丁巳桑名町年寄水谷藤左衛門校合／分間画図一枚／片町水谷三右衛門伝来之図面也今秋有由縁／而永為當寺之什物者也／寛政十二年庚申八月中旬桑名城南大悲山／長圓寺現住義道記之

長圓寺十一世と十二世

義道の自署には十一世と十二世と二通りが見られる。先に記したように、長圓寺系譜を整理するまでは十二世を名乗っている。本図は、掛軸を修理した時の裏書きであるが、ここには十二世とある。

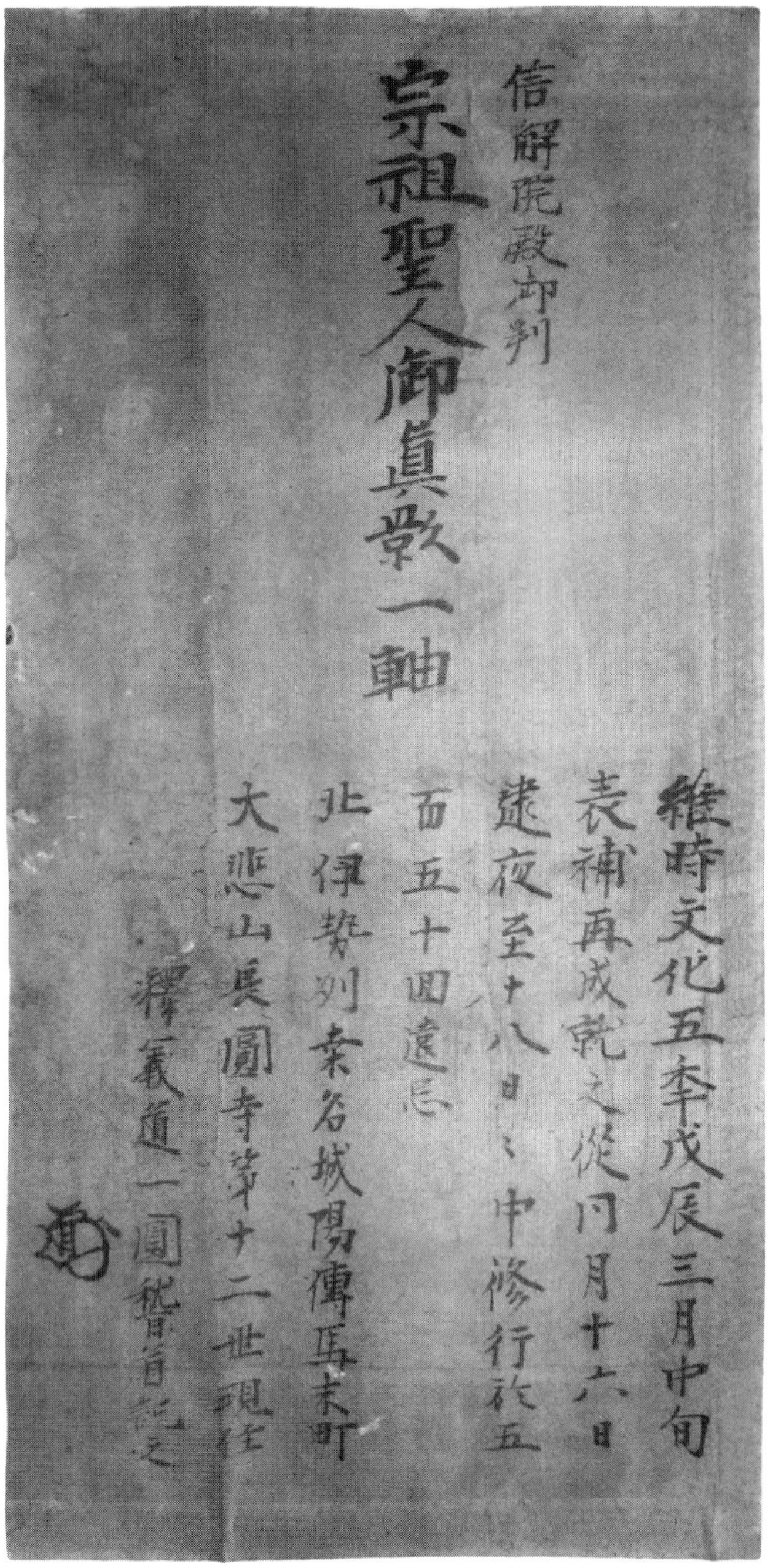

信解院殿御判
宗祖聖人御眞影一軸
維持文化五季戊辰三月中旬
表補再成就之従同月十六日
逮夜至十八日々中修行於五
百五十回遠忌
北伊勢州桑名城陽傳馬末町
大悲山長圓寺第十二世現住
釋義道一圓稽首記之
（花押）

力士千田川の墓碑銘

長圓寺に残る唯一の江戸時代の墓である。

「千田川」は力士で、本名善太郎。文筆の才があったため、代筆を頼まれる事が多かったという。しかし、ある時代書を頼まれた筆の先に毒を塗られて桑名で絶命した。それを聞いた義道は手厚く葬ったという。銘文では、やはり義道は十二世となっている。

墓碑の正面は「釈　宗春」　左側面には「千田川善太郎　大坂／北新地／二町」とある。本来の住所は大坂であったと思われる。

右側面の銘は風化して殆ど判読できないので、『桑名市史』より転載する。

文化改元歳次甲子十月九日
難波力士千田川於当駅命終
春秋五十有一　家族石碑建之
銘曰　一大丈夫　力量魁首
英号雄号　其名不朽
當山第十二世僧義道撰

『幼稚園初歩』に掲載された「百鶴」

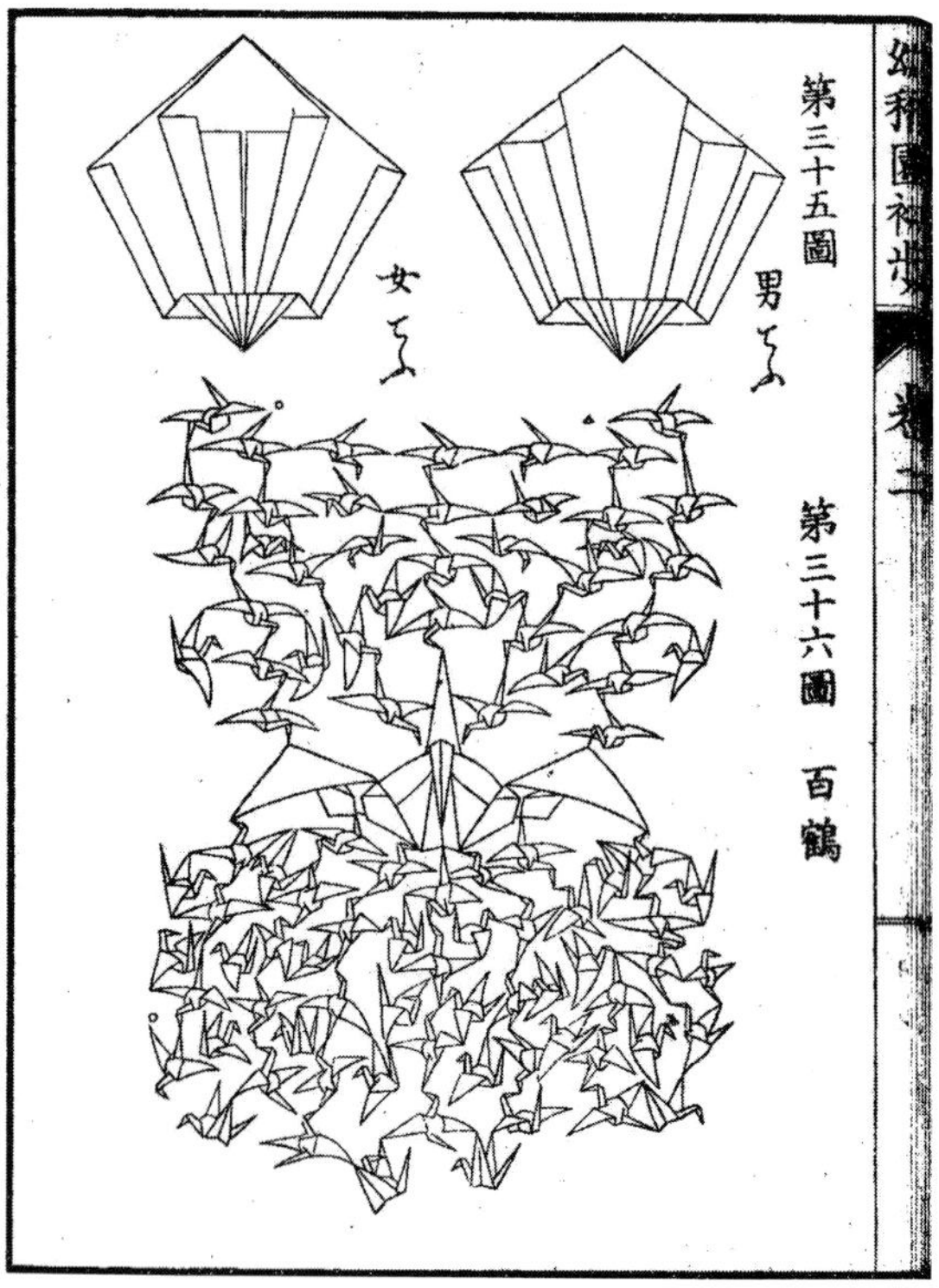

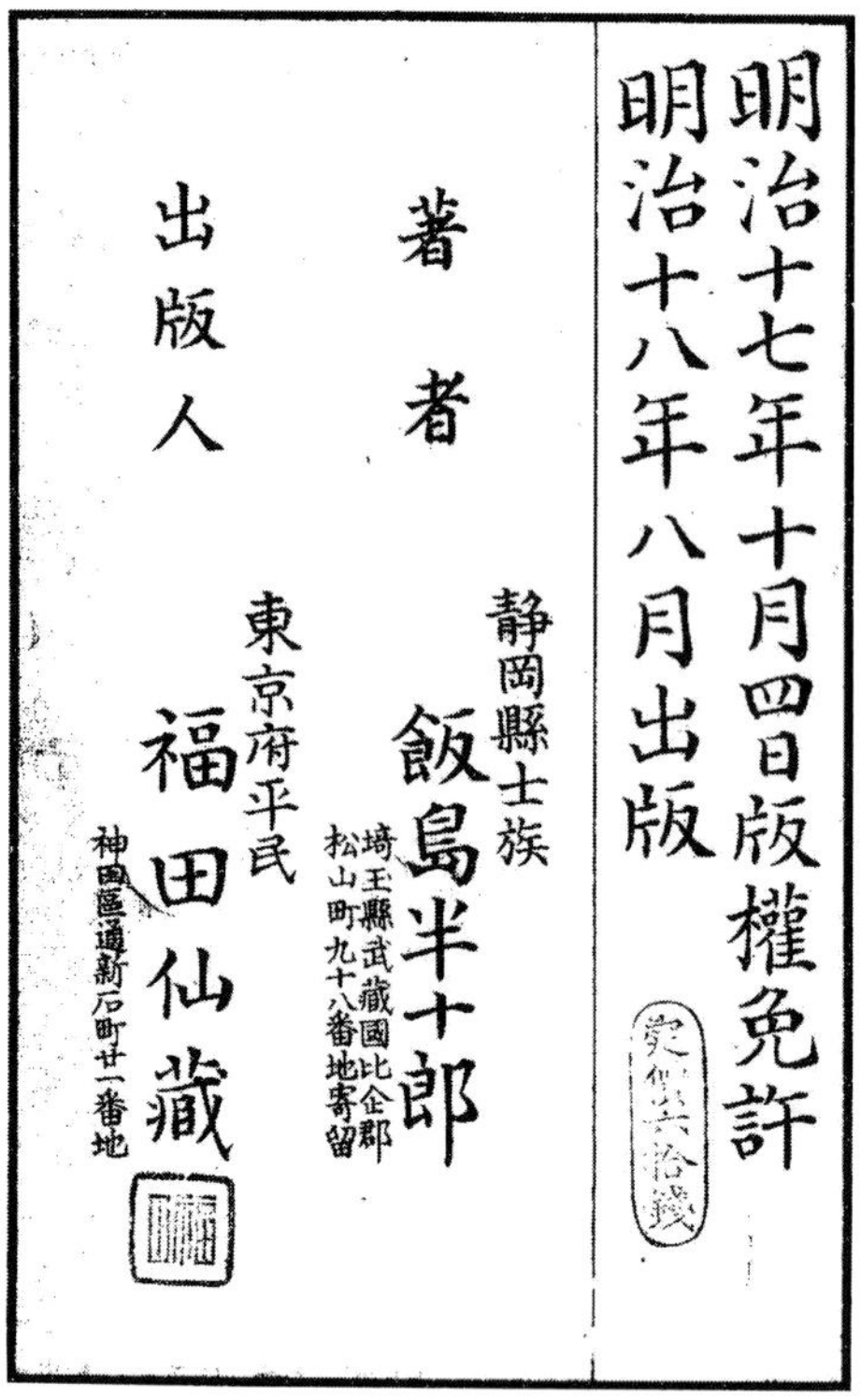
明治十七年十月四日版權免許
明治十八年八月出版

著者　静岡縣士族
飯島半十郎
埼玉縣武藏國比企郡
松山町九十八番地寄留

出版人　東京府平民
福田仙藏
神田區通新石町廿一番地

『幼稚園初歩』は明治一八年（１８８５）に出版された幼稚園教諭の指導書である。この中の折紙に関する項目に『秘伝千羽鶴折形』の中から「百鶴」が紹介されている。

著者の飯島半十郎は幕臣で、戊辰戦争にも従軍している。後に文部省からの依頼でこの本を書いているが、彼は、浮世絵の研究者として知られた人物である。

『幼稚園初歩』は、現代から見れば、幼稚園教育としては非常に程度の高い内容である。「折紙」の項には、儀礼的な折紙や遊びの折紙まで巾広く収録されているが、百鶴が収録されているという事は、『秘伝千羽鶴折形』がこの時も認識されていた事になる。

『桑名郡人物志』に紹介された義道

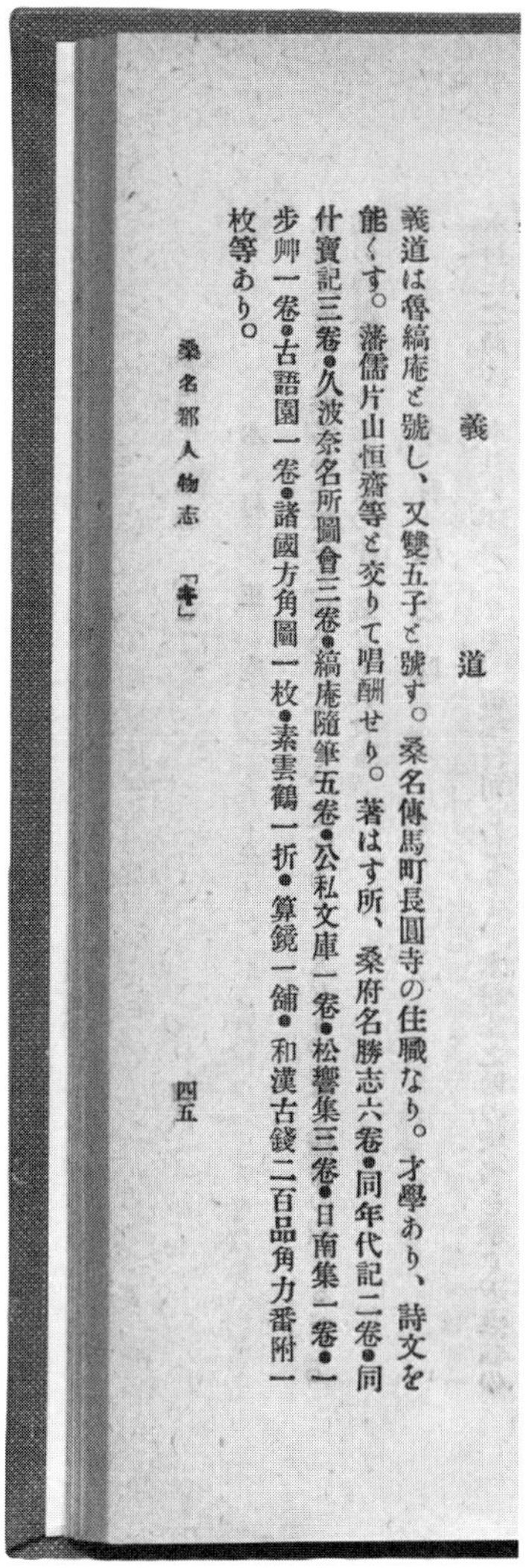

義道

義道は魯縞庵と號し、又雙五子と號す。桑名傳馬町長圓寺の住職なり。才學あり、詩文を能くす。藩儒片山恒齋等と交りて唱酬せり。著はす所、桑府名勝志六卷・同年代記二卷・同什寶記三卷・久波奈名所圖會三卷・縞庵隨筆五卷・公私文庫一卷・松響集三卷・日南集一卷・一歩艸一卷・古語園一卷・諸國方角圖一枚・素雲鶴一折・算鏡一舗・和漢古錢二百品角力番附一枚等あり。

桑名郡人物志　「[illegible]」　四五

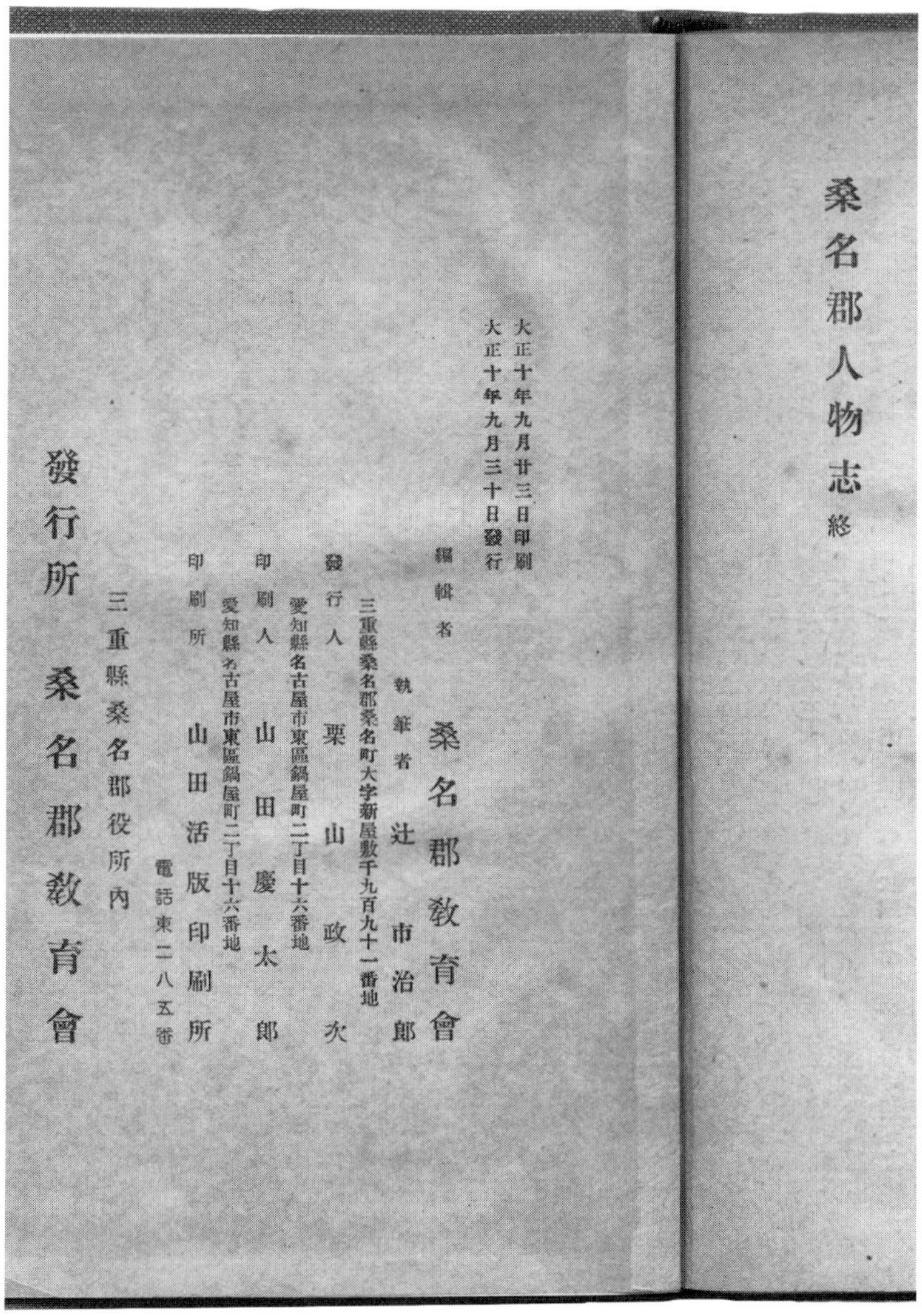

桑名郡人物志　終

大正十年九月廿三日印刷
大正十年九月三十日發行

編輯者　桑名郡教育會
執筆者　辻　市治郎
三重縣桑名郡桑名町大字新屋敷千九百九十一番地
發行人　栗山政次
愛知縣名古屋市東區鍋屋町二丁目十六番地
印刷人　山田慶太郎
愛知縣名古屋市東區鍋屋町二丁目十六番地
印刷所　山田活版印刷所
電話東二八五番

發行所　桑名郡教育會
三重縣桑名郡役所内

大正一〇年（1921）に刊行された『桑名郡人物志』に義道が掲載されている。

参考資料

桑名藩主一覧

代	襲封	藩主名（生没）	備考
初代	慶長6年（1601）	本多忠勝（1548～1610）	元和3年（1617）姫路へ移封
2代	慶長14年*（1609）	忠政（1575～1631）	伏見より移封
3代	元和3年（1617）	松平（久松）定勝（1560～1624）	寛永12年（1635）伊予松山へ移封
4代	寛永元年（1624）	定行（1578～1668）	大垣より移封
5代	寛永12年（1635）	松平（久松）定綱（1592～1651）	
6代	承応元年（1652）	定良（1632～1657）	宝永7年（1710）越後高田へ移封
7代	明暦3年（1657）	定重（1644～1717）	福山より移封　定逵
8代	宝永7年（1710）	松平（奥平）忠雅（1683～1746）	定輝
9代	延享3年（1746）	忠刻（1718～1782）	定儀
10代	明和8年（1771）	忠啓(1746～1786）	定賢（白河移封）
11代	天明7年（1787）	忠功（1756～1830）	定邦
12代	寛政5年（1793）	忠和（1759～1802）	定信
13代	享和2年（1802）	忠翼（1780～1821）	定永
14代	文政4年（1821）	忠堯（1801～1864）	文政6年（1823）忍へ移封
15代	文政6年（1823）	松平（久松）定永（1791～1838）	白河より移封
16代	天保9年（1838）	定和（1812～1841）	
17代	天保12年（1841）	定猷（1834～1859）	
18代	安政6年（1859）	定敬（1846～1908）	
19代	明治2年（1869）	定教（1857～1899）	
	明治4年（1871）	廃藩置県	

*寛政重修諸家譜は慶長15年とする

魯縞庵義道略年譜

平成28年1月現在

＜略記＞

「大悲山歴代本系譜」→「大」　『秘伝千羽鶴折形』→「秘」　『蒹葭堂日記』→「日」
『素雲鶴』→「素」　『桑府名勝志』→「桑」　『松響集』→「松」
『新撰　素雲鶴』→「新」　『久波奈名所図会』→「久」

年	西暦	月日	歳	事項
宝暦12年	1762	6月晦日	0	誕生　幼名岩松（大）　9世昇道の二男（佐藤氏系譜）　幼少より折紙を好む　（松）
年不詳				京都の光明寺次男義聞、9世昇道の娘天留と結婚して長圓寺10世を継ぐ（大）
年不詳				長圓寺9世昇道養子（大）　※「佐藤氏系譜」では実子とある
年不詳				長圓寺10世義聞猶子（大）
年不詳				得度　一圓　号魯縞（大）
明和6年	1769	11月28日	7	10世義聞妻天留（9世昇道娘）没（19歳）（大）
安永2年	1773	3月13日	11	長圓寺11世に就任（明細帳）　※10世義聞存命中、天明2年の間違いか
安永4年	1775		13	この頃から連鶴を考案か（松）
安永7年	1778	月日不詳	16	『古語園』を著す（久）
天明元年	1781	10月7日	19	10世義聞寂（36歳）（大）
天明2年	1782	3月13日	20	※『明細帳』の誤記で、この年長圓寺11世に就任か
年不詳				鍋屋町佐藤正九郎の娘伊奈と結婚（大）
天明7年	1787	12月晦日	25	長女知勢没（当歳）（大）
寛政2年	1790	11月11日	28	蒹葭堂を川尻村に訪ねる（日）　※『蒹葭堂日記』には「露紅」とある
寛政3年	1791	2月7日	29	蒹葭堂を川尻村に訪ねる（日）
		初夏		伊勢参宮をする（桑）
		9月24日		蒹葭堂を川尻村に訪ねる（日）
		12月17日		次女久我（後に日南）誕生（大）
寛政5年	1793	1月14日	31	蒹葭堂を川尻村に訪ねる（日）

		2月		「連鶴30種類１０１羽」を記す（素）
		2月		10世義聞後妻順（野呂東庵娘）、吉之丸の山田氏譜代佐野氏に再嫁（大）
		2月3日		蒹葭堂、長圓寺に来、宿泊。夜野呂・野村が訪れる（日）
		2月4日		蒹葭堂、長圓寺を出発、大坂へ帰る（日）
		月日不詳		義道、蒹葭堂が大坂へ旅立つにあたり、送別の詩稿『一歩艸』を編む（桑）
		月日不詳		『算鏡』を版行する（久）
寛政6年以前				「百鶴品目」（30種類１００羽）、「続百鶴品目」（23種類１００羽）、「続後百鶴品目」（22種類１００羽）を考案（新）
寛政6年	1794	正月	32	『松響集』執筆（「素雲鶴 跋」掲載）（松）
		2月朔日		長男十萬吉没（当歳）（大）
		6月		『素雲鶴』成立（松）
		6月		この頃から25種類１００羽の連鶴を折り始める（新）
		月日不詳		この頃から追々折り始めた連鶴「方紙裁断６種類５３８羽」を考案。この中に『秘伝千羽鶴折形』の「百鶴」有（新）
		9月		10世義聞の娘、吉之丸の山田氏譜代稲垣仙蔵に嫁（大）
寛政7年	1795	2月	33	３００年正当法会の為本尊軸補修（軸芯墨書）
寛政8年	1796	9月22日	34	本堂再建上梁　長島藩主増山雪斎より絵の模写を賜う（松）
		10月23日		大坂の蒹葭堂宅訪問（日）
		10月24日		大坂の蒹葭堂宅訪問（日）
		10月25日		大坂の蒹葭堂宅訪問（日）
		10月26日		大坂の蒹葭堂宅訪問（日）
		月日不詳		『桑府什宝記』を著す（久）
寛政9年	1797	新春	35	『秘伝千羽鶴折形』刊行される（秘）
		冬		『東海道名所図会』に義道の俳句が収録されている（同書「一本松」）
寛政10年	1798	2月24日	36	次男巌没（当歳）（大）
		10月21日		9世昇道妻比天没（75歳）（大）

年	西暦	月日	歳	事項
寛政10年	1798	月日不詳	36	『桑府名勝志』脱稿（同書序文）
		月日不詳		『桑府年代記』を著す（久）
寛政11年	1799	6月6日	37	9世昇道寂（80歳）（大）
		12月19日		次女久我没（大）
寛政12年	1800	正月18日	38	三男善也誕生（大）
		8月		延宝5年（1677）の桑名町地図校註
享和元年	1801	6月26日	39	義道、大坂へ蒹葭堂訪問（日）
享和2年	1802	月日不詳	40	『久波奈名所図会』を著す（久）
		月日不詳		『縞庵随筆』を著す
		月日不詳		『公私文庫』を著す（久）
享和3年	1803	正月24日	41	四男清麿（後に多美也）誕生（大）
		2月21日		下総国香取から祖を同じくする佐藤元寧来桑、義道と面談し系図を照合（佐藤氏系譜）
		2月下旬		「大悲山長圓寺系譜序」作成（縞庵随筆）
文化元年	1804	3月朔日	42	三女冕誕生（大）
		4月中旬		「歴代相承系譜」を改記（縞庵随筆）
		10月		力士千田川の墓碑銘を撰す（墓碑）　※この頃までは12世としている
		月日不詳		寛政6年から追々折り始めた連鶴「方紙裁断6種類538羽」を改訂（新）
文化3年	1806	8月7日	44	義道妻伊奈没（39歳）　法名栄眞（大）
年不詳				義道、太夫村山本七郎兵衛妹幸と再婚（大）
文化5年	1808	2月26日	46	三男善也、得度　笠道（大）
		9月26日		五男胎内死で誕生（大）
文化7年	1810	4月25日	48	六男藤丸誕生（大）

		月日不詳		奥平松平家桑名統治100年を記念し、藩主に101羽の連鶴献上（新）
		月日不詳		「真」「草」「行」各種類、各101羽合計303羽考案（新）
		夏		「大悲山歴代本系譜」作成（大）　※12世を11世と訂正
文化8年	1811	9月	49	七男殿也誕生（大）
		12月7日		七男殿也没（大）
文化9年	1812	11月24日	50	四男清麿（後に多美也）得度（大）
文化11年	1814	12月19日	52	次女久我没（長圓精舎歴代譜）　※「大悲山歴代本系譜」と違っている
文化12年	1815	1月27日	53	四女藤江誕生（大）
文化15年	1818	月日不詳	56	足のある鶴「真」「草」「行」各種、各101羽303羽考案（新）
		4月22日		改元
文政元年		9月		『新撰　素雲鶴』を記す（新）
		月日不詳		寛政6年6月から折り始めた25種類を改訂（新）
文政3年	1820	月日不詳	58	新組25種類100羽改正（新）
		5月		1種類53羽考案（新）
		7月16日		15種類100羽考案（新）
		8月		4種類52羽考案（新）
文政6年	1823	5月3日	61	三男笠道寂（大）
		月日不詳		1種類25羽考案（新）
				藩主国替えにつき、先行役儒者廣瀬蒙斎と面談か（紙鶴記）
文政7年	1824	月日不詳	62	長圓寺由来を藩に提出（由来書）
文政8年	1825	4月24日	63	六男藤丸の子樹音得度（長圓精舎歴代譜）
天保5年	1834	正月朔日	73	義道寂（大）
		2月7日		義道の孫樹音、長圓寺12世就任（明細帳）
萬延元年	1860	12月26日		義道後妻幸没（大）

修復前の史料の状態

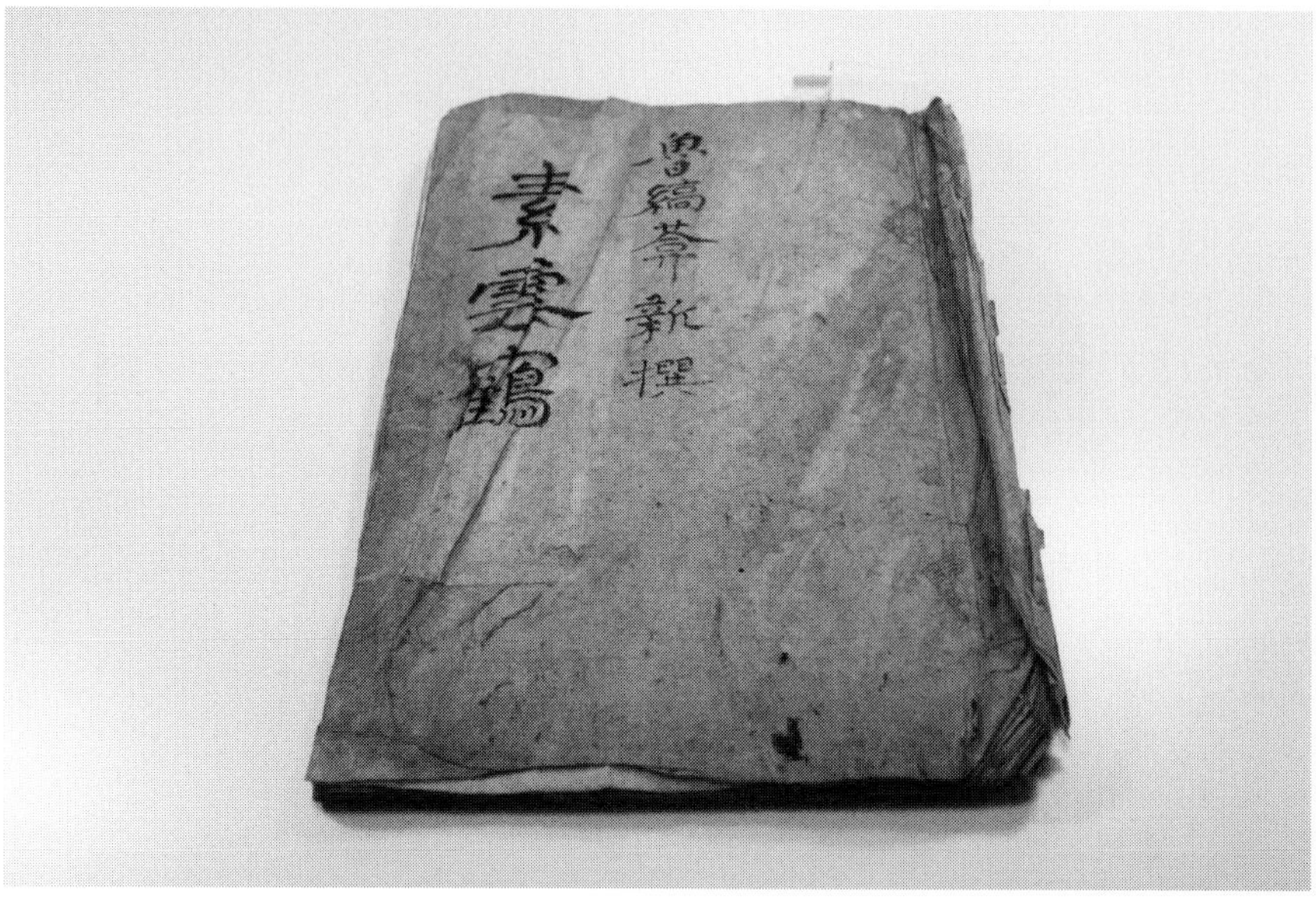

『新撰　素雲鶴』

義道所持の『秘伝千羽鶴折形』

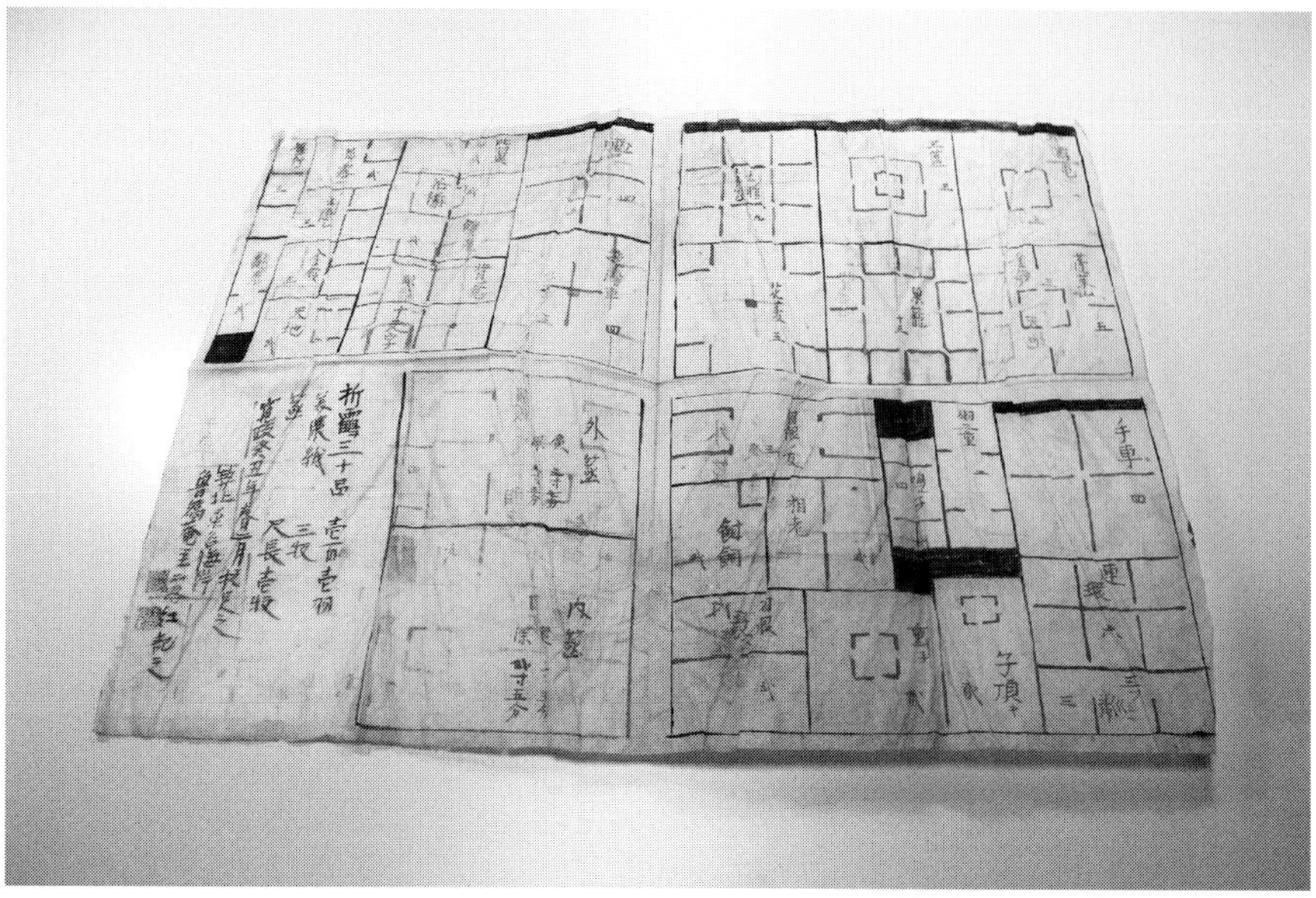

折鶴三十品　壱百羽の一葉

『新撰　素雲鶴』と『秘伝千羽鶴折形』の修復

リーフキャスティング

『新撰　素雲鶴』と『秘伝千羽鶴折形』は、昭和三四年（１９８２）の伊勢湾台風の水害で潮水に浸かり、平成二六年（２０１４）十一月に発見されるまで、冊子の状態のまま固まっており、頁をめくる事すら非常な注意を要する状態であった。

　そこで、この度修復をするに当たっては全て解体し、脱塩処理を行った。そして、元の冊子の状態に戻す方法として、現在一番史料に負担がかからない方法となっている「リーフキャスティング」を取り入れた。

「リーフキャスティング」とは、虫食いで空いた穴や欠損部分を埋めて補紙を形成する修復方法の一つで、ソビエトで１９５０年代に開発され、日本では１９７０年代から研究されてきた。現在紙資料修復の主流となっている。

　リーフキャスティングは、水の中に紙の繊維（この史料の場合は楮）を分散させて、その繊維を史料の欠損部分に充填させるので、本紙の厚みが増加しないことや、水素結合によって接着させるので、接着剤を使用しないという長所がある。

　今回は水頭圧式の機械が使用され、写真は支えネットの上に史料が置かれた状態である。

「折鶴三十品」の修復

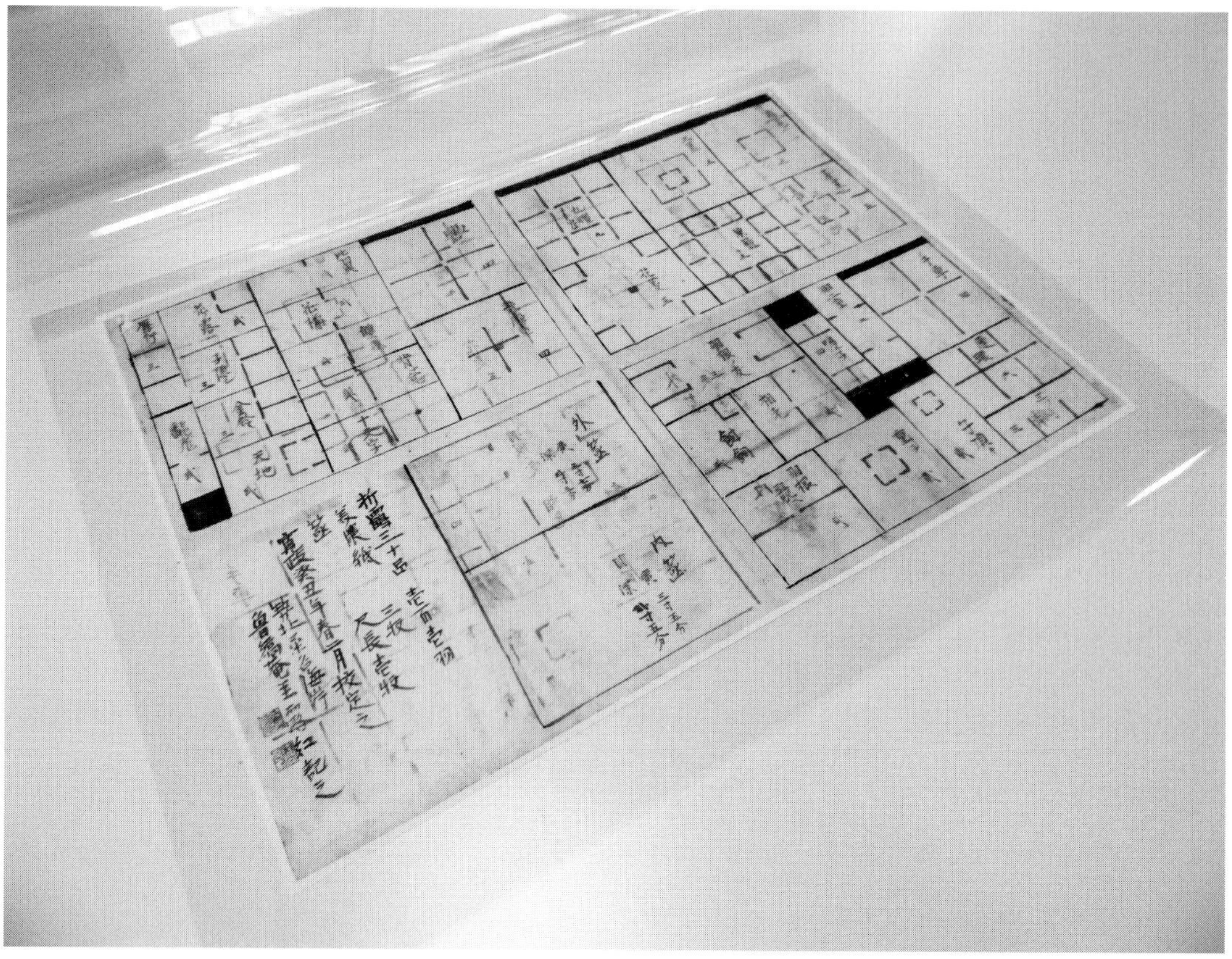

この史料は、折り畳まれて『秘伝千羽鶴折形』の表紙裏に挟まれている状態で発見された。四つ折りのまま『秘伝千羽鶴折形』の中で浸水被害にあったため、朱が反対側の部分に滲んで写ってしまっている。

脱塩やウエットクリーニングを施した後、この史料は一枚の紙状態なので、折り曲げずエンキャプシュレーションという方法で保存することとなった。

エンキャプシュレーションというのは、ポリエステルフィルムで両面から挟んで封入する方法で、そのまま閲覧や複写ができ、必要に応じてフイルムから取り出すことの出来る利点がある。

封入の方法は、以前は周囲をテープで留めるなどの方法が用いられていたが、現在は超音波による方法が行われている。気密性が高まった事によって大気中の汚染から史料を守る一方、湿度や温度変化にも穏やかに対応する事ができる。

写真は超音波による封入が終わった状態である。

参考資料

資料名		著者等	所蔵	撮影等
松響集	一冊	魯縞庵義道筆	長圓寺蔵	桑名市博物館
素雲鶴（折鶴三十品）	一葉	魯縞庵義道筆	長圓寺蔵	桑名市博物館
秘伝千羽鶴折形	一冊	魯縞庵義道所持	長圓寺蔵	桑名市博物館
新撰　素雲鶴	一冊	魯縞庵義道筆	長圓寺蔵	桑名市博物館
大悲山歴代本系譜	一冊	魯縞庵義道筆	長圓寺蔵	桑名市博物館
縞庵随筆	一冊	魯縞庵義道筆	桑名市博物館蔵	桑名市博物館
桑府名勝志	四冊	書写	長圓寺蔵	桑名市博物館
久波奈名所図会	三冊	魯縞庵義道筆　工藤麟溪画	長圓寺蔵	桑名市博物館
日南集	一冊	魯縞庵義道筆	長圓寺蔵	桑名市博物館
蒹葭堂日記	五冊	木村蒹葭堂筆	羽間文庫蔵	大阪市歴史博物館
蒹葭堂の書簡	一巻	木村蒹葭堂筆	大阪市歴史博物館蔵	大阪市歴史博物館
東海道名所図会	六冊	版本	桑名市博物館蔵	桑名市博物館
桑名前修遺書	二冊	版本	桑名市立中央図書館蔵	桑名市博物館
延宝年間桑名町	一舗	水谷藤左衛門校合・義道校註	桑名市博物館蔵	桑名市博物館
幼稚園初歩	二冊	版本	国立国会図書館蔵	国立国会図書館
桑名郡人物志	一冊	版本	国立国会図書館蔵	国立国会図書館
桑名市史		桑名市教育委員会篇	桑名市教育委員会刊	
徳川実紀		黒板勝美編	吉川弘文館刊	
寛政重修諸家譜		続群書類従刊行会篇	続群書類従刊行会刊	
大悲山長圓寺精舎歴代譜		長藤見道篇	長圓寺蔵	
国史大辞典		国史大辞典編纂会	吉川弘文館刊	

本書を刊行するに当たりまして、多くの方のご協力・ご尽力を賜りました。誌面を借りて厚く御礼申し上げます。

貴重な史料を発見し、ご提供いただきました長圓寺現住職長藤神証様、木村兼葭堂の史料をご提供いただきました大阪歴史博物館様、翻刻くださいました井上智勝様、そして、力強い題字を書いて本書に風格を添えてくださいました桑名在住の書家・江川香竹様、皆様には特にお世話になりました。

御芳名を記して謝意にかえさせていただきます。
（順不動・敬称略）

長圓寺
国立国会図書館
大阪歴史博物館
桑名市立中央図書館
長藤神証
井上智勝
木工博成
江川香竹

桑名叢書Ⅲ

連鶴史料集

—魯縞庵義道と桑名の千羽鶴—

2016年3月31日　第1刷発行

編纂　桑名市博物館
〒511-0039 三重県桑名市京町37-1
電話　0594-21-3171　FAX 0594-21-3173
E-mail : hakubutum@city.kuwana.lg.jp

発行者　岩崎弘明
発行所　株式会社 岩崎書店
〒112-0005 東京都文京区水道1-9-2
電話　03-3812-9131（営業）　03-3813-5526（編集）　00170-5-96822（振替）
印刷製本　大日本印刷株式会社

デザイン　株式会社レジア（石倉ヒロユキ）

Published by IWASAKI Publishing Co.,Ltd.　Printed in Japan
NDC090　ISBN978-4-265-80227-2

岩崎書店HP：http://www.iwasakishoten.co.jp
ご意見、ご感想をお寄せ下さい。hiroba@iwasakishoten.co.jp
落丁、乱丁本はおとりかえいたします。